Los hijos de Ogaiz

TOTI
MARTÍNEZ DE LEZEA

Los hijos de Ogaiz

Dos familias enfrentadas en el siglo de la peste negra

EMBOLSILLO

Diseño de cubierta: Romi Sanmartí
Fotografía de la autora y mapa: © Aritz Albaizar
Imagen de cubierta: *El censo de Belén (1566),* Pieter Bruegel.
Museo Real de Bellas Artes,
Bruselas, Bélgica / Agencia Agefotostock
Diseño de colección: Toni Inglès

1.ª edición: noviembre de 2007
2.ª edición: mayo de 2009
3.ª edición: junio de 2011

Benito Castro, 6
28028 MADRID (España)
emaeva@maeva.es
www.maeva.es

ISBN: 978-84-15140-53-5
Depósito legal: M-22.442-2011

Fotocomposición: Gráficas 4, S. A.
Impresión: Lavel, S. A.
Impreso en España / Printed in Spain

PEFC
PEFC/01-4-12
La madera utilizada para elaborar las páginas de este libro procede de bosques sujetos a un programa de gestión sostenible. Certificado por SGS según N.º: SGS-PEFC/COC-0405.

A Kike

Esta novela no hubiera sido la misma sin la colaboración de mi amigo el historiador Peio J. Monteano, a quien tanto agradezco su inapreciable ayuda.
También deseo agradecer la colaboración del doctor Salvador Santa Puche, especialista en la cultura e historia sefardí, y a los historiadores Jon Andoni Fernández de Larrea y Estibalitz González Dios, por sus aportaciones en los temas de los linajes alaveses de La Llanada y la judería de Estella, respectivamente.

Asimismo, quiero añadir un sentido recuerdo a la memoria de José María Jimeno Jurío, que tanto amó su tierra navarra y cuyo libro Estella y sus calles *me ha acompañado en todo momento a lo largo de esta historia.*

Estella - Lizarra
S. XIV
San Juan
El A

Puy
San Miguel
Olgacena
Jus
San
Martín
Zalatambor
Belnecher
Atalaya

Febrero de 1328

El cielo estaba completamente azul y el frío había helado el agua de los aljibes. El viento procedente de la sierra agitaba las ramas leñosas de fresnos y zumaques y secaba las ropas colgadas en los tendederos. Orti y Ane ascendieron por la callejuela y salieron por el portal de la muralla, dirigiéndose hacia el santuario bajo la atenta mirada de los soldados de la guardia. Todos los días a la misma hora, antes de que el sol estuviese en el mediodía, los dos hermanos realizaban el mismo recorrido llevando cogido por las asas un cántaro de barro repleto de leche. Era una cuesta empinada llena de escollos, algún saliente de roca y más de un socavón. La leche se balanceaba dentro del recipiente y, de vez en cuando, saltaba al suelo, pero ellos continuaban el camino y no respiraban tranquilos hasta dejarla en manos del monje, quien, a su vez, les entregaba otro cántaro vacío.

La vista de Tierra de Estella era excepcional desde el santuario, sobre todo los días claros y sin niebla. A los dos niños les encantaba reponer fuerzas sentados en el suelo mientras contemplaban la bulliciosa ciudad hormigueando abajo, la mole del Jurramendi al frente, la insondable sierra de Urbasa, con sus roquedales y barrancas, a sus espaldas. No duraba mucho el descanso. Sus pequeñas manos eran necesarias en la casa. La comida de cerdos, gallinas y patos era su cometido desde que habían tenido edad de comprender.

–Hay que trabajar si se quiere comer –decía el padre cuando alguien se quejaba o simplemente señalaba lo duro que era estar todo el día bregando desde la mañana hasta la noche.

Orti miró a su hermana pequeña, le llevaba cuatro años y él ya iba para los doce. Se sentía responsable; no en vano, cuando el padre muriera, él se haría cargo de la familia y debería ocuparse de ella y del pequeño Lucas. No es que su padre estuviera enfermo o fuera viejo, pero siempre le estaba diciendo que debía aprender y trabajar más que sus hermanos, puesto que algún día sería él el cabeza de familia. En el fondo, esperaba que esto no ocurriera, al menos todavía, porque él ya tenía sus planes aunque nunca se hubiera atrevido a expresarlos en voz alta. Aun sabiendo dónde estaba su puesto, confiaba en poder vivir algún tiempo por su cuenta, ver un poco de mundo, conocer lo que había más allá de las murallas. Algunas veces, pocas, se sentaba en el mojón limítrofe entre la población de San Juan y el burgo y contemplaba ensimismado a los peregrinos que, según le había explicado la madre, recorrían miles de leguas para ir a postrarse ante el señor Santiago, un santo muy importante cuya iglesia se hallaba muy lejos de Lizarra. En una oportunidad casi estuvo a punto de hablar con uno de ellos. El hombre se dirigió a él en una lengua que no entendió, pero no le dio tiempo a imaginarse la pregunta ni a expresarse por señas porque intervino uno de los guardas del portal del Pópulo, la entrada al burgo, y los dos comenzaron a hablar en aquella lengua extraña para él.

–Son extranjeros –le dijo su padre cuando él quiso saber por qué los del otro lado del río no hablaban como ellos.

–¿Por qué están aquí?

Su padre había reído sin ganas. Orti admiraba al hombre fuerte y barbudo sentado a la cabecera de la mesa los días de fiesta, vestido con unas calzas de cuero y una chamarra de piel de oveja encima del sayo negro. No era muy alto, pero Semeno Ogaiz no precisaba ser alto ni demostrar su fuerza pues, cuando abría la boca, los demás callaban para escuchar sus palabras. Sabía, porque lo había oído decir en múltiples ocasiones, que fuera de la calle que corría entre la vieja iglesia de San Pedro y la puerta de Lizarra, su padre era simplemente uno de los proveedores de leche y carne de los habitantes de la villa, un *mezquino*, un campesino, cuya opinión no se tenía en cuenta. Pero en Lizarra era la persona más respetada, no en vano sus antepasados habían poblado el valle del Ega cuando aquellas tierras aún estaban deshabitadas, o casi. Estaban allí mucho antes de que apareciesen el burgo de San Martín de Tours, las poblaciones de San Juan, San Miguel, El Arenal y el barrio de los extraños, los judíos.

–¿Por qué están aquí si ésta no es su tierra? –había preguntado de nuevo en aquella ocasión.

El rostro de su padre se oscureció, al igual que lo hacía cuando moría una oveja despeñada en el risco o una de las vacas tardaba más de la cuenta en parir un ternero.

–Ahora sí lo es –se limitó a responder.

–¿Por qué dices entonces que son extranjeros? –insistió él, a pesar de saber por experiencia que no era aconsejable hacer demasiadas preguntas.

–No se regala la tierra que pisa un pueblo.

Su padre dio por terminada la conversación y él se quedó con las ganas, sin atreverse a continuar interrogando. No entendió la respuesta, pero sus palabras quedaron grabadas en su memoria. Algún día sería lo suficientemente mayor para entenderlas o para pedir una explicación más clara.

–Es hora de volver –dijo, dirigiéndose a su hermana y poniéndose en pie.

Ane lo imitó y los dos regresaron por el mismo camino llevando el cántaro vacío. Una animación inusual recorría Lizarra. Los vecinos se habían reunido en corrillos, hablando en voz alta y haciendo aspavientos con las manos. Los dos hermanos aceleraron el paso, curiosos por conocer el motivo que tanto agitaba a sus gentes, habitualmente parcas y poco dadas a confidencias. Corrieron los últimos pasos hasta llegar a su casa, la más cercana a la iglesia. Su sorpresa aumentó al constatar que tanto su padre como su madre y varios de sus tíos y tías hablaban delante de la puerta. Algo muy importante debía de haber ocurrido para hacer que sus mayores interrumpieran las faenas. Únicamente la riada, el granizo o la nevada eran capaces de alterarlas.

–Entrad en casa, ¡vamos! –les ordenó su madre en cuanto los vio parados junto a ellos, mirando a unos y a otros, esperando captar algo de la conversación.

Orti empujó a regañadientes a su hermana hacia el interior y cerró la puerta tras él, pero inmediatamente se sentó en el banco corrido pegado al muro, justo debajo de la única ventana de la cocina, abierta para dejar escapar el humo del hogar, e hizo una seña a Ane para que se mantuviera callada.

–¡Hasta aquí hemos llegado! –escuchó la voz de su padre–. Somos navarros y no tenemos por qué aceptar la imposición extranjera.

El muchacho prestó atención al escuchar la palabra que tanto le intrigaba.

–El rey francés ha muerto sin herederos –continuó Semeno Ogaiz–. Hora es ya de que tengamos un rey navarro. ¿Hasta cuándo tendremos que soportar la humillación? Llevan casi cien años haciendo su voluntad, dictando leyes, despreciando a los verdaderos habitantes de estas tierras. Nos han arrebatado nuestras propiedades, nos han convertido en siervos, no tenemos voz en el Concejo, tampoco la tenemos en las Juntas. Somos como el rastrojo que se quema o como la gallina que se sacrifica cuando ya no da huevos.

Orti estaba asombrado. Jamás en su vida había escuchado a su padre hablar tanto y tan seguido. Recordó las palabras de su abuela, una mujer muy anciana, fallecida la primavera anterior. Todo el mundo la respetaba, aún más que a su padre, a pesar de que nunca abandonaba la vieja casona. Los vecinos solían acudir a visitarla para pedirle consejo y sus decisiones eran siempre acatadas como si fueran la ley.

–Recuerda, muchacho –le había dicho en una ocasión–, que eres un Ogaiz. Perteneces al linaje más antiguo de este lugar. Si las cosas hubieran sido de otra manera, tu padre gobernaría esta población que creció con gentes llegadas de otros lugares, que no conocían nuestra lengua ni nuestras costumbres, y tú gobernarías después de él.

No sabía muy bien a qué se refería su abuela, pero había aguzado el oído desde entonces, deseando saber más sobre el asunto. No era mucho lo aprendido, pero al menos sabía que el primer Ogaiz había poblado el Deierri, construido su torre y luchado contra todo aquel que había intentado arrebatársela. Sin embargo, a medida que el tiempo transcurría, fueron llegando otros pobladores, instalándose en las tierras de sus antepasados, ocupando las fértiles huertas regadas por el Ega. Un rey fundó en la otra orilla del río la villa de Estella para los extranjeros, dotándola de derechos negados a los navarros. Dos poblaciones más, la de San Miguel y la de San Juan, y después otra, El Arenal, crecieron a los pies del antiguo enclave. La importancia del linaje de los Ogaiz disminuyó a igual ritmo que crecían las poblaciones vecinas. La iglesia de San Pedro, en el ahora barrio, y la vieja torre familiar convertida en una casona de tejado destartalado, llena de rendijas por las cuales penetraba el frío aire de la sierra, eran todo lo que quedaba del pasado esplendor. Los Ogaiz habían mantenido su calidad de infanzones rurales libres, *de abarca* los llamaban, y no permitían que nadie lo olvidara a pesar de vivir en Lizarra, donde la mayoría de los pobladores eran campesinos, cuyas pechas iban a parar directamente a las arcas reales o a las de los propietarios de las tierras, ocupándose de los sembrados y cosechas, la tala de árboles y los animales de pasto.

–Hay muchos navarros descontentos con la situación –la voz de su padre reclamó nuevamente su atención–, esperando una señal para alzarse en armas en contra del gobernador francés.

–Habrá muertos y heridos... –la voz de su madre sonaba acongojada.

–¡Siempre los hay cuando se lucha contra un opresor!

Orti no pudo seguir el resto de la conversación. Los interlocutores habían bajado la voz y sólo pudo escuchar un murmullo cada vez más lejano. Él, Ane y el pequeño Lucas permanecieron encerrados en la casa durante el resto del día y de la noche. A veces oían gritos fuera, otras el silencio caía pesadamente sobre Lizarra. A primeras horas del siguiente día, la puerta de la casa se abrió de golpe. Semeno Ogaiz, sostenido por su mujer Oneka, apareció en el umbral con el rostro descompuesto y la camisa desgarrada llena de sangre.

–¡Sea la gente libre por la libertad de la patria! –fue todo lo que dijo antes de caer redondo sobre el suelo.

A partir de ese momento, las cosas fueron muy rápidas. Una partida de soldados del castillo llegó arrasando el barrio y llevándose a todos sus habitantes.

–¡Escóndete entre las vacas! –le gritó su madre justo antes de que media docena de hombres armados entrara a saco en la vivienda.

Desde su escondite, Orti vio cómo hombres, mujeres y niños, viejos y jóvenes, sanos y enfermos, eran empujados de malos modos cuesta abajo. Esperó un rato hasta que ya no escuchó ningún ruido y luego salió cauteloso. Tendido encima del suelo continuaba el cadáver de su padre. Aún tenía los ojos abiertos y las mandíbulas prietas por la determinación. Él también cerró la boca con fuerza para no llorar, corrió al arcón, extrajo la sábana de los muertos que su madre había bordado para que en ella fueran envueltos los difuntos de la casa y cubrió el cuerpo. Después asomó la nariz y comprobó que, en efecto, no había nadie en la calle.

Pegándose a los muros y conteniendo el aliento, el muchacho siguió de lejos al grupo que continuaba descendiendo entre empujones, gritos y gemidos hasta llegar a la plaza del Mercado Nuevo, delante de la iglesia de San Juan. Allí, como si fueran ganado en venta, su madre, sus hermanos y los demás vecinos permanecían en medio de la plaza fuertemente custodiados por los soldados del castillo. Al principio, no se atrevió a acercarse demasiado por miedo a ser reconocido, pero pronto entendió que nadie se fijaría en él ya que todo el mundo estaba pendiente de las palabras del merino de Estella, Jacques de San Sansón, y, sobre todo, del castigo que esperaba a los hoscos habitantes de Lizarra, de sobra conocidos por su orgullo.

–¡Miradlos –oyó decir a una mujer–, incluso ahora se creen señores y no tienen dónde caerse muertos!

Fue aproximándose a la primera fila entre empujones y pisotones. Quería que su madre lo viese, estaba dispuesto a lanzarse contra los soldados con tal de liberar a su familia. La mirada aliviada de Oneka detuvo su avance. Con un gesto imperceptible le ordenó no intentar nada y él obedeció.

El castigo para los participantes en la revuelta fue ejemplar, en especial para los miembros de la familia infanzona, que por ser hombres libres tenían mayor culpa en los hechos. Dos Ogaiz, tíos de Orti, fueron condenados a la horca, sus familias perdieron sus viviendas y sus animales, y se obligó a sus miembros a trabajar como sirvientes en las casas de los nuevos dueños de los que habían sido sus hogares. Con un nudo en la garganta, Orti escuchó la sentencia por la cual su padre, responsable de la asonada, sería ahorcado junto a sus tíos, incluso después de muerto. La casa en la que había nacido pasaba a ser propiedad de un franco cuyo nombre no captó, su madre y Ane eran condenadas a trabajar para el mismo señor y el pequeño Lucas era enviado a la casa de los huérfanos como un expósito. Los condenados, el cadáver de Semeno, arrastrado por las calles atado a la cola de una mula, y un gran número de estelleses se dirigieron a la explanada situada delante del convento de Rocamador. Allí los tres Ogaiz fueron colgados sin dilación de tres horcas plantadas en el suelo a toda prisa.

Durante el tiempo que duró el juicio y su posterior ejecución, Oneka no abrió la boca, no pidió clemencia, no dejó que nadie pudiese entrever su desesperación y ni siquiera intentó asirse al pequeño Lucas cuando un soldado se lo arrebató de los brazos. En todo momento mantuvo la cabeza alta y la mirada fija en el cuerpo de su marido que pendía de la horca. Sólo al final, cuando era escoltada hacia el burgo, sus ojos se detuvieron un instante en la figura de su hijo mayor y estuvo a punto de perder la seguridad, pero siguió avanzando llevando a Ane agarrada de la mano.

–¡Que esto os sirva de escarmiento! –gritó el merino, dirigiéndose a los vecinos de Lizarra y, de paso, al resto de la población–. Podéis volver a vuestras casas y estarme agradecidos por mi generosidad. La próxima vez no habrá clemencia, ¡os lo aviso!

La revuelta no había durado ni un día.

Orti siguió a su madre y a su hermana hasta el portal del Pópulo, viéndolas desaparecer tras la muralla. Luego regresó a Rocamador, ocultándose en una chabola medio ruinosa que tiempo atrás había servido de porqueriza a los frailes del convento. Desde allí podía ver los cadáveres de su padre y de sus tíos, custodiados por un par de hombres armados para evitar que sus familiares los descolgaran y dieran sepultura. También impedían la aproximación de perros asilvestrados que, hambrientos, comenzaban jalando los cuerpos por los pies hasta acabar tirando las horcas al suelo y comiéndose los cuerpos de los ejecutados. Ya había ocurrido en otras ocasiones y había habido protestas. Estuvo allí, sin comer ni beber, durante dos días con sus respectivas noches. Al amanecer del tercer día, los ajusticiados fueron descolgados y lanzados juntos en un hoyo excavado a toda prisa a pocos pasos del lugar de la ejecución, sin tan siquiera ser cubiertos con tierra. El muchacho continuó sin moverse en el mismo sitio hasta el anochecer. Entonces, se aproximó al hoyo, se puso de rodillas y comenzó a escarbar con sus manos, ayudándose de su cuchillo. Aún no había amanecido cuando acabó de enterrar a sus parientes. Después, buscó una piedra grande y grabó un aspa sobre ella, depositándola boca abajo sobre la tierra recién removida.

–Volveré a buscarte, padre –musitó–, y te enterraré con tus antepasados.

Lágrimas de dolor, pero también de rabia, cayeron silenciosas de sus ojos mientras se dirigía a Lizarra, amparado por los claroscuros del alba. La calle estaba desierta y dos tablones habían sido clavados en la puerta de su casa, impidiendo la entrada. Rodeó el edificio y penetró en ella a través del portillo para perros abierto en la puerta de la cuadra que era más grande de lo habitual porque a su padre le gustaban los pastores grandes y peludos. Él era flacucho y, aun así, se arañó los brazos y la camisa se le desgarró por la espalda. Permaneció un rato a oscuras, sentado sobre la tierra cubierta de paja ya vieja, manteniendo la respiración y aguzando el oído. Todo estaba silencioso. No había perros ni otros animales en el establo. Tras más de doscientos años de existencia, el caserón de los Ogaiz estaba vacío por primera vez e igualmente vacía sintió él su alma.

Doña Aldonza Roiz, mujer de Esteban Bertolín, rico comerciante del burgo estellés, acabó de ajustarse el corpiño, se colocó la toca coniforme cuyos pliegues de tela de lino ocultaban su cabello y su cuello, y se ató a la cintura un delantal de un blanco inmaculado, ribeteado con un primoroso encaje almidonado. Después de echar una mirada al bulto que roncaba bajo las sábanas y a la cobertura de piel que cubría el gran lecho conyugal, abrió la ventana asomándose para contemplar, como cada día, la calle de San Nicolás apenas transitada a aquella hora temprana. Había helado durante la noche y el cielo estaba completamente azul. Hasta su nariz llegó el inconfundible olor de pan recién horneado y sintió hambre. También comprobó con satisfacción que los postigos de la casa de enfrente estaban entornados, lo cual significaba que sus moradores aún dormían.

–Dormid, benditos durmientes –dijo con una sonrisa–. Dios no ayuda a quien no madruga.

Bertolín era uno de los muchos comerciantes en telas que tenían puesto abierto en el burgo cuando ella llegó al matrimonio. Ni más rico ni más pobre que otros de su mismo oficio. No era un mal hombre, lo supo la primera vez que lo vio, cuando su padre se lo presentó como el marido elegido para ella, pero no tenía las agallas necesarias para destacar en aquel maremagno de negociantes dispuestos a todo con tal de vender. Sus vecinos de enfrente tenían entonces un importante negocio de tejidos, el más próspero de toda la rúa, pero ahora, casi quince años después, el suyo era el doble de grande, pagaba salario a dos dependientes y disponía de un taller propio de confección al que acudían las personas más acomodadas de Estella para hacerse la ropa a medida o adquirir lujosas telas de seda, tafetán o terciopelo.

–¡Mi trabajo me ha costado! –exclamó doña Aldonza satisfecha.

Al día siguiente de la boda pidió a su marido que la pusiera al corriente del negocio.

–¿Qué sabéis las mujeres de asuntos de hombres? –preguntó Bertolín con los ojillos brillantes.

Su cara gordezuela y colorada estaba más roja que de costumbre. A pesar de ser invierno, de que los zumaques mostraban sus brazos desnudos al igual que esqueletos descarnados y de que los campos estaban yermos a la espera de la siembra primaveral, él se sentía satisfecho por una noche, plena e inesperada, en brazos de una joven sana y no mal parecida. A una edad, pasada la cuarentena, en la que, a decir de las gentes, comenzaba la cuesta abajo, cuando ya desesperaba de encontrar una compañera que le calentara la cama y lo acompañase en los años a venir, había tenido la fortuna de entablar amistad con el escribano don Martín Roiz. Éste era un hombre encantador, un estudioso encargado de redactar los contratos importantes en la lengua occitana que ya pocos conocían. El occitano había sido la lengua del burgo durante los brillantes y difíciles años de la fundación de Estella, pero hacía tiempo que el vulgo utilizaba la antigua habla de los navarros. Don Martín, aparte de erudito, era pobre y sólo había tenido tres hijas de su matrimonio con una buena mujer, ya difunta. Su única preocupación en la vida era buscarles marido a las tres. No fue difícil para dos hombres solitarios contarse sus penas en un rincón de una pequeña y acogedora taberna del barrio de los curtidores, en torno a una buena jarra de vino del año y unas chuletillas asadas, y llegar a un acuerdo.

Aldonza no había puesto reparos a un matrimonio con un hombre casi veinte años mayor que ella. De sobra conocía la situación económica de su padre y casarse con un comerciante acomodado era lo mejor que podía esperar. Consciente de sus obligaciones, la noche de bodas cumplió con su cometido e hizo todo lo que se esperaba de ella.

–¿Qué sabéis las mujeres de asuntos de hombres? –preguntó de nuevo Bertolín cuando ella insistió en conocer el arte del comercio–. Las mujeres estáis para ocuparos de nosotros, de la casa, de... los hijos.

La mención a los hijos renovó el brillo de sus ojos y rodeó con sus brazos el estrecho talle, orgullo de su dueña. Pero, esta vez, la mujer se mantuvo firme. Quería conocer los entresijos del negocio. Sabía leer y escribir, y también sabía de números, pues la única dote que el buen escribano había podido legar a sus hijas era una educación muy superior a la media, y estaba dispuesta a ponerla en práctica. De mala gana al principio y mucho más conforme a medida que observaba los progresos de su mujer, Esteban Bertolín instruyó a Aldonza en los secretos de la profesión, los agentes, los contactos, la compraventa de tejidos, el pago a los acreedores y el cobro de las deudas. Agradecida, ella lo complacía cada noche y también, a veces, a la hora de la siesta; ordenó la casa, algo destartalada, del comerciante; bordó y cosió manteles y sábanas; enceró y restauró los viejos muebles hasta hacerlos parecer nuevos; encaló las paredes y plantó flores en el corralillo trasero de la vivienda, alegrando con ellas las oscuras estancias del interior. Pero, sobre todo, se hizo cargo del negocio.

Poco a poco, sin hacerse notar, fue ocupándose de los pequeños pedidos, sustituyendo de vez en cuando al encargado de la venta, un viejo que ya estaba allí en tiempos de su suegro y que dormía en el portal de la casa cuando cerraban el puesto. También entabló relaciones con los comerciantes vecinos y, sobre todo, con los proveedores, tejedores y tintoreros, principales artífices del mercado de las telas. Pronto entendió que era necesario darle un vuelco al negocio, ofrecer algo diferente y original para atraer a los compradores. Lo primero fue exigir el pago de las deudas que su marido, hombre de corazón bondadoso, acumulaba encima de su mesa, en unos casos como pagarés no cumplimentados y, en otros, como tarjas, unas tablillas cortadas en dos donde el comerciante y el cliente marcaban con muescas las cantidades fiadas por el primero y adeudadas por el segundo. Aldonza acudió a las viviendas de los morosos con el pagaré o la tablilla, exigiendo el pago sin dilación y amenazando con denunciarlos ante las autoridades si no abonaban lo debido. Al cabo de unos meses, había acumulado suficiente dinero para pedir a un albañil que reformara toda la parte baja de la casa.

Bertolín observaba asombrado los manejos de su mujer. A veces, muy pocas, trataba de intervenir, intercediendo por un deudor a quien tenía cierta simpatía o cuestionando el trabajo del albañil que llenaba la vivienda de polvo, impidiendo la continuidad de las ventas, pero Aldonza siempre respondía del mismo modo.

–Querido marido, déjame a mí –decía en tono maternal–. Tú eres demasiado bueno y te engañan esos sinvergüenzas que dicen no tener para pagar una vara de lino y, sin embargo, comen carne todas las semanas, que me lo ha dicho el carnicero.

Cuando terminaron las obras, el matrimonio abrió de nuevo el negocio. En lugar de un puesto a la calle, con un toldo encima para defenderse de la lluvia y el sol, su comercio ocupaba toda la planta baja de la casa. Las paredes estaban encaladas y pintadas de azul claro, un mostrador de madera había sido encargado a un carpintero del barrio de San Miguel y también podían verse varios armarios en los que en estanterías, ordenadamente y por clases, se apilaban los tejidos más diversos. En la parte posterior, oculta tras una cortina, Aldonza encargó al albañil abrir una ventana para permitir la entrada de la luz del día y poder contemplar las telas sin necesidad de sacarlas a la calle y, de paso, utilizar de probador cuando ofreciesen, además, un servicio de sastrería a medida. Para que nada faltara, colgaron de un brazo de hierro encima de la puerta una tabla de maciza madera encerada en la que podía verse la figura de un pañero cortando una tela, bajo la cual el escribano padre de la dueña escribió con su mejor caligrafía: *Bertolín, paños*, por los dos lados.

El negocio prosperó a pasos agigantados a medida que transcurrieron los años, llegando a convertirse en el más importante del burgo de los francos, lo cual era como decir de toda Estella. Los Bertolín adquirieron la casa vecina y pasaron a vivir en ella, dejando el comercio y también un taller que daba trabajo a media docena de costureras en el local anterior. El comerciante envejeció y engordó más de la cuenta, dedicándose a la adquisición de viñas y huertas, siempre con la aprobación previa de su mujer, o de participaciones en negocios de futuro como el de las prensas de abatanar. Empujado por Aldonza, se metió también en política, presentándose al cargo de jurado, para el que fue elegido. Estaba satisfecho, la vida lo había tratado generosamente, tenía una mujer inteligente y capaz, y unos hijos que eran su mayor alegría. Alegría que paliaba, en parte, la falta desde hacía años de relaciones matrimoniales. Tras el nacimiento de su cuarta hija, Blanca, diez años después de su boda, su mujer dejó claro que ya había cumplido con su deber hacia él y hacia Dios, por lo que no había ya motivo para seguir cumpliéndolo. No deseaba pasar el resto de su juventud y madurez pariendo hijos. Puesto que la ley de la Iglesia era bien clara al respecto, es decir, que el único fin del matrimonio era traer hijos al mundo, no gozar de los placeres carnales a los que él tanto se había aficionado en aquellos años, lo mejor para no pecar y no poner sus almas en peligro era abstenerse. Así pues, ambos continuaron durmiendo en el mismo lecho, cada uno en su lado, dándose la espalda para evitar las tentaciones. La muerte de dos de sus hijos de corta edad no hizo cambiar de opinión a Aldonza.

–Ha sido la voluntad divina –se limitó a decir.

Su marido estuvo a punto de preguntarle qué harían si la voluntad divina decidía llevarse también a sus otros dos hijos, pero no se atrevió.

Roger y la pequeña Blanca, sin embargo, crecieron sanos, ajenos a las penurias sufridas por muchos de sus convecinos, labradores en su mayoría, que malvivían para conseguir una comida caliente cada día. Su madre se encargó de que fueran educados por un fraile del convento de los dominicos próximo a la iglesia de Santa María y Todos los Santos, la antigua sinagoga de los judíos doscientos años atrás, regalo del rey García Ramírez *el Restaurador* al obispo de Pamplona. Únicamente salían de su casa acompañados por sus padres o una sirvienta y, casi siempre, para asistir a la misa en San Pedro de la Rúa o para acudir a casa de sus tías, finalmente matrimoniadas con hombres respetables, aunque no tan ricos como ellos. Pocas veces se veía a los niños Bertolín jugando en la calle con otros mozuelos, acercándose al río a por ranas o haciendo batallas de agua con el chorro de los caños. Sin embargo, no crecieron sin compañía. Doña Aldonza se ocupó de que sus vástagos se relacionaran con otros jóvenes de familias acomodadas y antiguos nombres franceses, evitando, no obstante, que lo hicieran con los de los nuevos ricos de San Juan y con los de los menos ricos de San Miguel, familias de la tierra, dueños de viñas, huertas y ganados, quienes, a su entender, no dejaban de ser vulgares campesinos venidos a más y, por supuesto, con los de los judíos de Olgacena.

–Mis hijos han nacido para llegar a lo más alto –decía complacida cuando observaba sus progresos–. No deben malograrse en malas compañías.

Ella, sin embargo, mantenía unas relaciones que podían tacharse de cordiales con algunos de los habitantes del barrio judío. Pronto se había dado cuenta de que, sin su colaboración, todos sus planes se irían al traste. Ellos eran los únicos capaces de suministrarle tejidos de seda y terciopelo, brocados, telas bordadas con hilos de oro y plata, plumas exóticas para adornar los sombreros de los caballeros, abotonaduras de nácar y plata para túnicas y sayales. Sus redes comerciales recorrían todos los puntos de la geografía europea, el norte de

África y Oriente. No había nada que no pudieran conseguir, en especial uno de ellos, Samuel Ezquerra, argentero y comerciante, bedín o juez administrativo de Olgacena.

–Es una lástima que Samuel sea judío –solía comentarle a su marido mientras acariciaba con su mejilla un terciopelo de Damasco más suave que la piel de un gatito recién nacido.

–¿Por qué es una lástima? –inquiría Bertolín, asombrado por el comentario. Cada cual era lo que era.

–Porque es una buena persona, pero su alma arderá en el infierno por toda la eternidad y es una pena.

–¿Cómo lo sabes?

–¡Por Dios, Esteban! Todo el mundo lo sabe. Es una raza maldita, condenada a las llamas.

–A mí me parecen gentes bastante normales...

–Porque tú eres un inocente y te dejas llevar por las apariencias.

Ella sabía, como todo el mundo menos su marido, al parecer, que los judíos eran la causa de la pérdida de las cosechas y de la llegada de las epidemias; media población estaba endeudada con ellos y se decía que celebraban ritos satánicos para acabar con los cristianos. Claro que nunca se habían podido probar tales acusaciones, pero si la gente hablaba sería porque algo de verdad habría en todo ello.

Doña Aldonza suspiró, cerró la ventana y se dispuso a comenzar la jornada. Miró de nuevo el bulto que continuaba roncando acompasadamente debajo del grueso cobertor de piel de zorro y salió de la habitación, cerrando la puerta sin hacer ruido. En sus primeros años de matrimonio, obligaba a Esteban a levantarse temprano para iniciar las tareas antes que los demás vecinos de la calle, pero, después de tanto tiempo, había llegado a la conclusión de que él suponía más bien un estorbo. Lo apreciaba, pero era lento de reacciones. Para cuando su marido hacía una cosa, ella ya había hecho cuatro. Más valía que siguiera durmiendo, pensó, mientras ella se encargaba de poner la casa y el negocio en marcha.

Después de beberse un cuenco de leche caliente, acompañada con sopas de pan del día anterior, y antes de bajar a despertar a las criadas que dormían en el taller de costura, echó un vistazo al cuarto en el que dormían sus dos hijos. Ellos eran la razón de su vida, el único motivo por el que trabajaba desde la mañana hasta la noche y por lo que estaba dispuesta a sacrificar todas las horas del día. Tenía grandes planes para ellos. No serían simples burgueses acomodados como sus padres, sino mucho más. El siguiente otoño enviaría a Roger a la población de Villava, cercana a Pamplona, a casa del hermano de su marido, el canónigo Bertolín. Ya tenía catorce años e iba siendo hora de que tomase el rumbo tan minuciosamente proyectado por ella. Su cuñado había prometido ocuparse de él, a pesar de haber torcido un poco el gesto cuando ella le dijo que no deseaba que su primogénito entrara en la Iglesia.

–Servir a Dios es el mayor honor que puede caberle a un hombre –había sentenciado el canónigo, acompañando sus palabras con un gesto grandilocuente.

–También se le puede servir de otras maneras, cuñado –respondió ella, sin dejarse amilanar por la impresionante figura del canónigo, igual de gordo, pero más alto que Esteban–. Quiero que Roger llegue a ser un caballero del rey.

–Mucho pide la esposa de un mercader –ironizó el hombre.

–No hay madre que no desee lo mejor para sus hijos –replicó ella mirándolo fijamente a los ojos.

Habían acordado, entonces, a cambio de un generoso donativo para las obras de caridad del clérigo, que el muchacho viviría unos meses con su tío, aprendiendo a hablar y a escribir correctamente el romance, modales corteses y el manejo de la espada, algo imprescindible para poder entrar como escudero en la casa de algún noble que el canónigo se encargaría de encontrar para su pariente.

Sentía que algo se desgarraba dentro de ella cada vez que pensaba que su hijo partiría de su lado después del verano, pero el amor era sacrificio y ella estaba dispuesta a inmolarse con tal de que Roger llegara a ocupar un puesto de importancia en la Corte. Además, aún le quedaba la pequeña Blanca, cinco años más joven. La niña era inteligente y vivaz, no especialmente bonita pero sí amable y cariñosa. No le costaría encontrar un partido apropiado para ella cuando llegara la hora de buscarle un marido, algo que debía pensarse con detenimiento. Había elaborado una larga lista de posibles candidatos, algunos de cuyos nombres iba tachando cuando apreciaba elementos de juicio en su contra. Así, había borrado el nombre de Juan Bernal porque lo había visto tirando piedras al río en compañía de varios mozalbetes de dudosa procedencia y también el de Pere de Tulle porque se había enterado de que su madre había nacido en el barrio campesino de Lizarra. Nada bueno podía proceder de aquel barrio, cuyos habitantes aún se atrevían a llamar extranjeros a todos aquellos con nombres procedentes de las tierras de Ultrapuertos. Por la gran amistad de su marido con el alcalde de la villa, Juan de Larraga, tan sólo tres días antes le habían sido asignadas dos criadas, una madre y una hija no mucho menor que la propia Blanca, condenadas como familiares de unos rebeldes colgados en la horca. En un principio pensó en negarse a tomarlas bajo su techo. No quería problemas. Pero en el lote iban también la casa y las propiedades de las condenadas. La casa estaba en Lizarra y no pensaba utilizarla para nada, así que ordenó le trajeran las cosas de valor que hubiera en ella –una miseria– y la tapiaran a la espera de pensar qué hacer con ella. Las propiedades, unas ricas huertas en las faldas del santuario y varias cabezas de ganado y ovejas, eran otra cosa. Aún no había tenido tiempo de ocuparse de los terrenos que, probablemente, arrendaría, pero los animales los había hecho llevar al establo que su marido, con buen tino y siguiendo su consejo, había adquirido en la zona de Zarapuz. Dejó de pensar en sus nuevas adquisiciones para volver al tema de los futuros pretendientes. La lista era todavía muy larga y tiempo habría de encontrar al candidato ideal. Abrió la puerta del taller que comunicaba éste con la casa.

–¡Arriba, holgazanas! –gritó.

Las dos mujeres y la niña despertaron de golpe y se levantaron, apresurándose a enrollar y ocultar los flacos colchones rellenos de hojas secas sobre los que dormían vestidas.

Orti despertó tumbado encima de la cama de sus padres y tardó en darse cuenta de lo ocurrido. La casa estaba revuelta, el candelabro de plata, una de las pocas cosas de valor que poseían, había desaparecido, así como las ropas, las botas de su padre, la capa de lana de su madre, la sábana de los muertos, las sillas de madera tallada aportadas como dote por su abuela, las azadas, cuchillos y algunos otros objetos. Pucheros y ollas de barro habían sido estrellados contra el suelo, los utensilios de madera aparecían medio chamuscados en el hogar y no quedaba nada que llevarse a la boca. El nido, refugio seguro hasta hacía unos días, se había convertido en un lugar inhóspito.

–¡No puedo permanecer aquí! –exclamó en voz alta, súbitamente atemorizado.

Iba a salir por el mismo sitio por el que había entrado cuando recordó la caja de los dineros. Sus padres la guardaban bajo el panal. Subió de dos en dos los peldaños de la desvencijada escalera que llevaba al desván y, sin pararse en contemplaciones, volcó la colmena y cogió la caja. No era mucho lo que había dentro, dos piezas de plata y algunas más de cobre, pero menos era nada. Introdujo las monedas en un bolsillo oculto en la cintura de sus calzones y abandonó la casa, jurándose una y otra vez que algún día se vengaría del merino y de todas las personas responsables de la ruina de su familia.

Vagabundeó durante todo el día por las rúas de San Juan y también por las de San Miguel. Llevaba más de tres días sin probar bocado y el hambre arañaba sus tripas, pero tampoco se atrevía a comprar nada por miedo a que alguien se interesase por un chaval con la camisa rota y dinero en el bolsillo, así que esperó paciente a que los tenderos cerrasen sus puestos para hacerse con una manzana medio podrida y un pedazo de pan seco encontrados en la calle. Luego se acercó al río. No había llovido mucho y el caudal tiraba a escaso. En una ocasión, se atrevió a aproximarse al portal del Pópulo, pero el guarda lo miró de arriba abajo y le dio un empujón impidiéndole seguir adelante, por lo que dedujo que le sería imposible penetrar, al menos de forma legal. Buscó un lugar para vadear el río y así, al menos, pasar a la otra orilla. No fue tarea fácil. En la zona del puente de San Martín había una fosa profunda a la que iban a parar todas las mañanas los contenidos de los orinales caseros. El alcalde había prohibido vaciarlos en las calles y aquél era un lugar mejor que cualquier otro para deshacerse de los residuos corporales que a algún sitio tenían que ir a parar. Siguió caminando por la orilla buscando el modo de pasar al otro lado, llegando hasta el siguiente puente, el llamado *de las Berzas*, donde el agua le cubría hasta la cintura. Una matrona le gritó desde la ventana de su casa que tuviera cuidado, pero él se hizo el sordo y continuó su búsqueda. Finalmente, justo enfrente de la iglesia del Santo Sepulcro, observó una especie de protuberancia en el lecho del río, en la que habían brotado hierbas e, incluso, algunas florecillas silvestres. Comenzaba a anochecer y apenas había visibilidad. Pensó en quedarse en el islote hasta el amanecer, pero luego imaginó que el nivel del agua subiría durante la noche y él no sabía nadar, así que, armándose de valor, se lanzó a cruzar el trecho que le quedaba. El río era más profundo en aquel lado, pero siguió avanzando encomendándose a sus antepasados.

–Los muertos no mueren del todo –solía decirle su abuela–. Sólo sus cuerpos desaparecen, pero sus espíritus permanecen a nuestro alrededor, velando por nosotros y acudiendo en nuestra ayuda cuando los necesitamos.

Se le ocurrió pensar que los muertos de su familia no habían sido de gran ayuda hasta el momento, pero se arrepintió de inmediato al topar con una rama, igual que un brazo amigo, a la cual se asió con las pocas fuerzas que le restaban. Se encaramó a la orilla y se dejó caer sobre la hierba. Se sintió solo, tenía hambre y frío, estaba magullado, por poco se ahoga, su padre había muerto, su madre y su hermana habían sido enviadas a casa de un comerciante franco y el pequeño Lucas dormía ahora en la casa de los huérfanos. Estuvo a punto de echarse a llorar, desconsolado ante tanta desgracia.

–Pareces una lechuza mojada.

Se levantó de un brinco al escuchar una voz a su lado. Sólo podía ver una sombra delante de él. Lo primero que le vino a la cabeza fue que aquél era uno de los aparecidos de los que hablaba su abuela. Luego lo pensó mejor y supuso que era uno de los guardas haciendo la ronda por la parte exterior de la muralla. Rápidamente, se agachó para coger una piedra con ánimo de estrellarla contra la cara del importuno. No se dejaría coger, ¡eso podía jurarlo!

–Deja esa piedra y ven conmigo.

Algo en la voz del extraño lo tranquilizó, dejó caer el improvisado proyectil y obedeció. En silencio, se aproximaron a la iglesia del Santo Sepulcro. Había una tea colgada de una argolla a la entrada del templo y Orti pudo observar a un buen número de peregrinos tumbados en los escalones y sus alrededores y a otros en su interior que no habían llegado a tiempo antes del cierre de los portales, refugiándose en la iglesia, abierta de día y de noche. Los había sanos y de buen aspecto, pero también se veía a algunos enfermos y otros con los pies completamente llagados.

–¡Ya tienen ganas de jugarse la vida para ir a ver la tumba de un santo que vete tú a saber si está allí enterrado!

El joven miró a su acompañante y se sorprendió al constatar que sólo era algo mayor que él. Llevaba puestos unos calzones negros y un sayo también negro con una capucha ocultándole sus cabellos y parte de su cara. Una bolsa grande de esparto colgaba de su hombro y en la mano sujetaba una horquilla de madera.

–¿Cómo te llamas? –fue lo único que se le ocurrió preguntar.

–Daniel Ezquerra, hijo de Samuel. ¿Y tú?

–Orti, hijo de Semeno Ogaiz.

–¿Tienes casa?

–No.

Como si se conocieran de toda la vida, los dos muchachos siguieron andando un trecho por la rúa de los Peregrinos, torciendo luego hacia su izquierda hasta hallarse ante el portal del recinto judío. Estaba cerrado, pero Daniel ni siquiera se detuvo, continuó avanzando, contorneando la muralla que ascendía por la colina. Al llegar a la zona más alta, el joven tanteó con las manos hasta hallar lo que buscaba: un saliente a cuatro pies del suelo; se encaramó a él y después se asió con fuerza a otro situado algo más arriba, hasta alcanzar la parte superior del muro.

–Haz igual que yo –le ordenó a su acompañante–. Hay un saliente a la altura de tu ombligo y otro a la de tu cabeza.

Orti no se lo hizo repetir. Si de algo podía estar satisfecho era de su habilidad para trepar por las paredes como las lagartijas. En dos impulsos se encontró subido encima del muro.

–¡Diablos! –exclamó Daniel–. ¡La vieja ha apagado el candil antes de tiempo!

–¿Qué vieja?

–La que vive en esa casucha –le señaló su nuevo amigo–. Bueno, o nos arriesgamos o pasamos la noche aquí arriba como un par de mochuelos. ¡Sígueme!

Visto y no visto, el joven judío se dejó caer desde el muro y Orti hizo otro tanto, procurando caer con las piernas flexionadas para amortiguar el golpe, al igual que hacía cuando se bajaba de los árboles después de coger nueces, aunque eso no le impidió rodar por el suelo debido al choque. Un rato más tarde, ambos estaban riéndose, acordándose del batacazo y de la vieja que había apagado el candil antes de tiempo. Se encontraban en un estrecho habitáculo de piedra adosado a la muralla, construida mucho tiempo atrás para separar el convento de

Santo Domingo del barrio judío porque los frailes no querían que sus vecinos espantasen a los buenos cristianos. Era una especie de garita abandonada, descubierta por Daniel siendo aún un niño; la había adecentado y había llevado a la parte de arriba algunos almohadones, unas mantas, un candil y algunas otras cosas, dejando lo de abajo igual a como lo había encontrado, lleno de escombros.

–De esta manera, a nadie se le ocurre asomar las narices por aquí –le explicó a Orti, cuando éste le preguntó por qué no limpiaba la parte baja.

–¿Qué hacías en el río?

–Pescar ranas. ¿Y tú?

El joven Ogaiz permaneció en silencio. Tal vez había ido demasiado lejos, pensó, aceptando la hospitalidad de un desconocido que podía denunciarlo.

–Sé lo de tu padre y lo de tus tíos.

–¿Cómo lo sabes?

–Porque tú me has dicho tu nombre. En Olgacena estamos al corriente de todo lo que ocurre en las poblaciones de Estella.

Daniel era un pozo de sorpresas. Hablaba varias lenguas, incluido el navarro, sabía leer y escribir, y pensaba llegar a ser el mejor argentero de toda Navarra. Para demostrarlo, enseñó a su protegido dos dijes de plata realizados por él mismo, grabando en ellos con pulso firme hermosas flores entrelazadas. Orti jamás había visto algo parecido y nunca se le había pasado por la imaginación que existieran personas dedicadas a realizar objetos como aquéllos.

–En cuanto cumpla quince años tendré mi propio taller –dijo Daniel, ufano al advertir el asombro en los ojos de su nuevo amigo.

–¿Y cuándo será eso?

–La próxima primavera.

–¡Eres mucho mayor que yo! –exclamó Orti admirado–. Yo acabo de cumplir doce, creo...

–Ahora puede parecerte mucha diferencia, pero ya verás cómo no lo será cuando seamos unos viejos –rió el futuro orfebre.

Oculto en la garita, Orti Ogaiz veía pasar los días espiando a través de las estrechas aberturas de la torreta y esperando ansioso la noche para salir a tomar un poco el aire y recorrer los alrededores con su amigo. Juntos ascendían hasta Belmecher y observaban, ocultos entre el follaje, las idas y venidas del cuerpo de guardia, temiendo a cada momento ser descubiertos y encerrados en los sótanos del castillo. La gente decía que allí se pudrían decenas de prisioneros a la espera de su ejecución por despeñamiento, una manera limpia y segura de acabar con los criminales. También se adentraron en el burgo, con el miedo en el cuerpo, trepando por la muralla de la misma manera que trepaban por la de Olgacena. El barrio franco era un lugar tranquilo, como pudieron comprobar, y no tardaron en hacerse con un par de capas y sombreros de ala ancha para parecerse a los peregrinos a los que sustrajeron las prendas en un descuido, pudiendo moverse a sus anchas sin ser molestados.

–Si alguien nos pregunta algo, tú, callado. Nos haremos pasar por peregrinos. Hablo el occitano –aclaró con una sonrisa– y soy capaz de convencer al propio alcalde de Vélay de que soy francés.

Orti no tenía ni idea de qué era el occitano ni tampoco dónde estaba la población mencionada, pero las palabras de su amigo lo tranquilizaron. Él lo único que quería era averiguar en qué casa se encontraban su madre y su hermana. Espiaban tras las ventanas iluminadas, se adentraban en los corralillos y pegaban la oreja a las puertas para escuchar las conversaciones, observaban con atención a las pocas mujeres que se cruzaban en el camino y llamaban a las puertas traseras, escondiéndose antes de que fueran a abrir, pero no había ni rastro de Oneka ni de Ane.

–Tranquilo, las encontraremos –le aseguraba Daniel lleno de confianza–. El burgo no es tan grande y en alguna parte tendrán que estar.

Una noche, su amigo no fue a la garita. Al principio, Orti esperó comiéndose las sobras del día anterior, pero la impaciencia comenzó a roerlo a medida que pasaba el tiempo. Observó que la vieja de la casa de enfrente tardaba más que nunca en apagar el candil, vio a varios hombres penetrar apresuradamente en la vivienda de su amigo y temió que alguno de la familia estuviera enfermo. Se sentía impotente allí encerrado. Claro que tampoco hubiera servido para nada fuera de ella, pensó, pero al menos sabría lo que estaba ocurriendo. Daniel apareció cuando ya se disponía a salir por su cuenta para averiguar algo. Su semblante juvenil lleno de granos parecía haber adquirido una madurez inexistente la víspera, estaba serio y se mordía los labios sin cesar.

–¿Qué ocurre? –le preguntó preocupado.

–Malos tiempos para nosotros. Empiezan a oírse rumores de nuevo. Cada vez que esto ocurre, algún judío acaba muerto.

–¿Por qué?

–¡Yo qué sé! ¡Maldita sea!

–Los soldados del castillo os defenderán –afirmó el muchacho, recordando lo ocurrido a su padre y a sus tíos.

–Eres un niño y no entiendes nada –dijo Daniel antes de sentarse en el suelo y hundir la cabeza entre sus manos.

A Orti le dolió que lo llamara niño. A fin de cuentas, su nuevo amigo sólo le llevaba unos pocos años y él pronto sería un hombre. Estuvo a punto de marcharse de allí y volver a su casa. Luego recordó que ya no tenía casa adónde ir y optó por sentarse junto al joven judío y esperar a que éste le contara algo más sobre el asunto que tanto parecía preocuparle.

La brisa de los primeros días del mes de marzo traía olor a muerte, mezclado con la suave fragancia de los almendros. El invierno no había sido especialmente crudo aquel año, las cepas no se habían helado como otras veces, se esperaba un buen año para paliar la escasez del anterior y los labradores se disponían a roturar la tierra y sembrar el trigo y la panoja. Las noticias llegadas desde varios lugares del reino anunciaban lo mismo. Un mes había ya transcurrido desde la muerte del rey Carlos IV *el Hermoso* de Francia y II *el Calvo* de Navarra, quien nunca había pisado suelo navarro y había tenido sometido al reino por la fuerza durante seis años sin haber recibido el juramento de lealtad. El gobernador francés, Pierre Raymond de Rabatens, pretendía continuar con la misma política de mano de hierro a la espera de que el nuevo rey de Francia, Felipe de Valois, reclamase sus derechos y ocupase el puesto dejado por su antecesor. Los alcaldes, procuradores, alcaides de fortalezas, jueces, merinos y sayones, franceses la mayoría, lo apoyaban, mientras que los ricoshombres, infanzones, miembros de la pequeña nobleza y los clérigos navarros no estaban por la labor de esperar. Las lluvias de los meses precedentes y las malas cosechas habían traído con ellas la peor de las plagas, el hambre. El reino entero era un hervidero de intrigas, discordias, lamentaciones y protestas.

Siete años antes, procedentes del país de los francos, hordas de fanáticos habían atravesado la gran cordillera montañosa, expandiéndose como una epidemia por toda Navarra. Se llamaban a sí mismos *pastourels*, o pastorelos, cuya misión, al igual que la del flagelo utilizado por Jesús para expulsar a los mercaderes del templo de Salomón, era erradicar de suelo cristiano a los judíos. La simiente había sido sembrada y la ausencia del poder real y los excesos de los gobernantes hacían temer lo peor. Una nueva ola antisemita, dirigida esta vez por varios Concejos, amenazaba la relativa tranquilidad de los judíos navarros. La aljama de Estella, así como las de Pamplona, Tudela y Sangüesa, había reforzado su guarnición y solicitado refuerzos al merino de la villa, Jacques de San Sansón, quien no había dado señales de vida.

–¡Por los clavos de Cristo! ¡No permitiré que haya altercados en Estella!

El alcalde de la villa, Juan de Larraga, escuchaba a su confidente con el ceño fruncido. De vez en cuando golpeaba una gruesa mesa de roble y los documentos apilados sobre ella salían volando, siendo recogidos por un sirviente, atento al menor movimiento de su señor. Sentado en una silla cerca de la ventana, Esteban Bertolín permanecía mudo y atento a la conversación.

–Mucho me temo que los habrá, mi señor –replicó el confidente–. El pueblo está harto de ellos. El hambre es difícil de soportar, la mitad de la población cristiana está endeudada con los prestamistas judíos y la otra mitad envidia su prosperidad.

–¡Apelaré al gobernador y exigiré que envíe sus tropas!

–Rabatens está más preocupado por la elección del futuro rey que por defender a unos cuantos hebreos. Sabe que su cargo pende de un hilo y se defiende como puede. Espera.

–¿A qué? ¿A que una banda de fanáticos ponga al reino patas arriba?

–Nadie quiere dar el primer paso hasta saber a ciencia cierta a quién deberá acatar; mi señor lo sabe bien.

El confidente calló y Larraga soltó de nuevo su puño sobre la mesa. Acababa de conocer la designación del nuevo rey, Felipe de Valois, pero había demasiados problemas en Francia como para no saber que la cuestión navarra pasaría a un segundo plano. También estaba al corriente de las reuniones mantenidas por la nobleza en todo el reino y del descontento, cada vez mayor, de la población. Cinco reyes franceses en algo más de cincuenta años, sin contar a los dos Teobaldo, eran ya demasiados a fe de los navarros. Él, mientras tanto, tenía que aguantar como pudiera a verlas venir. Y por si el problema del vacío de poder no fuera suficiente, tenía que enfrentarse a conatos de sublevación como la protagonizada semanas antes por los Ogaiz y ahora la amenaza de un ataque a la judería.

–Ya ves, amigo mío –dijo el alcalde, dirigiéndose a Bertolín–, no salimos de un problema cuando ya estamos metidos en otro. Tú eres jurado del Concejo, ¿sabías algo de todo esto?

–No mucho más que tú –respondió el comerciante con su suave tono de voz habitual–. He oído cosas, pero no son muy diferentes a las que llevo escuchando desde hace tiempo. Mis relaciones con los vecinos de Olgacena son cordiales debido a mi negocio y tal vez sea ésta la razón por la cual quien quiera que sea que esté metido en el asunto ha preferido no confiarse a mí. De todos modos, la gente grita mucho y hace poco. No creo que la sangre llegue al río.

–Dios te oiga...

Poco después, Bertolín se despidió del alcalde y se dirigió a su casa. A pesar de sus palabras, presentía que el asunto era grave. Había oído conversaciones, exclamaciones airadas en contra de los judíos y también había escuchado predicar a un fraile en la Plaza Nueva de San Juan. Los ánimos estaban encrespados y tal vez sería más sabio encerrarse y esperar a que pasara la tormenta.

–Parece ser que va a haber problemas –le dijo a su mujer cuando se sentaron a comer–. El alcalde está muy preocupado.

–¿Qué ocurre?

–Los judíos...

–¿Qué han hecho esta vez?

–No han hecho nada, pero la gente está harta de ellos. Los acusan de atesorar fortunas mientras los cristianos son cada día más pobres. Ya se sabe que el dinero es capaz de agriar las mejores relaciones.

El joven Roger escuchaba distraído la conversación de sus padres mientras comía. Él estaba más interesado en dar buena cuenta de su ración de gorrín que en entender la gravedad de la situación a la que su padre hacía referencia.

–Van a atacar Olgacena –afirmó su mujer, visiblemente preocupada, al tiempo que se limpiaba la comisura de los labios con un pañuelo sacado de la manga.

–¿Cómo lo sabes?

–Yo también tengo oídos, querido. Detrás de un mostrador se escuchan todo tipo de conversaciones.

–El merino no lo permitirá.

–Y tú tampoco.

La cara de Bertolín reflejó estupor al escuchar las palabras de su mujer.

–¿Yo?

–Eres jurado y algo podrás hacer.

–No sé qué podría hacer yo...

–Hablar con los miembros del Concejo. Eres uno de los comerciantes más ricos de Estella, un hombre conocido y respetado. Te escucharán.

–¿Por qué te preocupas tanto por los judíos? Habrá algún altercado, algunos golpes y la furia pasará como ya ha ocurrido en otras ocasiones.

Doña Aldonza miró fijamente a su marido y se llevó el pote de vino a los labios antes de hablar.

–Sabes que esta vez no será así y nosotros saldremos perjudicados en el asunto. Los judíos no me preocupan, me preocupa la buena marcha de nuestro negocio. Si ocurre lo que todo el mundo dice que va a ocurrir, nos quedaremos sin proveedores porque son ellos, te recuerdo, los que nos surten de los tejidos tintados y bordados.

–El enfado va dirigido hacia los prestamistas y sus exorbitantes intereses –adujo Bertolín con debilidad–. Las malas cosechas han obligado a muchos a pedir préstamos que no pueden devolver y, de seguir las cosas así, tampoco podrán hacerlo en mucho tiempo.

–Soy una buena creyente y repruebo el empeño de los judíos en mantener sus prácticas religiosas y costumbres, contrarias a la ley de Dios –prosiguió doña Aldonza imperturbable–, pero también soy una persona práctica. Si atacan Olgacena, caerán los prestamistas y los que no lo son. Y, de todos modos, los judíos se resentirán y desconfiarán de los cristianos, intervengan o no, e incluso puede que también se marchen de Estella y, entonces, ¡adiós negocio!

Esteban hincó el diente a un pedazo tierno y sonrosado de gorrín, pero no apreció su sabor. Masticó sin saborear la carne cocida en agua antes de ser asada, espolvoreada con menta, lacada con miel, aderezada con castañas hervidas y cocidas en su propio jugo. No estaban su ánimo ni su paladar para apreciar las delicias culinarias elaboradas durante varias horas. A pesar de la carencia general, en su mesa no faltaban alimentos. No sabía cómo se las apañaba su mujer, pero tampoco preguntaba. Hizo una seña a la sirvienta para que retirara su plato a medio acabar y no respondió a la pregunta de doña Aldonza, preocupada al observar su desgana.

Doscientos años atrás, Gaufrido Bertolín había sido uno de los primeros pobladores de la nueva fundación del rey Sancho Ramírez. Abandonó sus hermosas tierras de Auvernia, asoladas por el hambre y las guerras, y eligió para rehacer su vida aquel bello enclave de la tierra de Deio, rodeado de bosques, montes y agua. Su antepasado no se había arrepentido de su decisión y tampoco lo habían hecho sus descendientes. No fue fácil, a pesar de los privilegios concedidos a los francos por el rey, establecerse en un lugar tan bravo, cuyos habitantes originales hacían honor a su pasado de guerreros indómitos. En realidad, pensó, la suya era una forma de conquista, puesto que llegaron con las manos vacías, se instalaron y gozaron de derechos de los que los navarros no disfrutaron hasta muchos años después. Tras más de dos siglos de convivencia, podía decirse que las relaciones entre los vecinos eran más o menos amistosas, aunque siempre existía un cierto recelo. Cada grupo compartía las tareas comunes, juntos comerciaban, luchaban cuando la villa era atacada, trabajaban hombro con hombro cada vez que las riadas inundaban calles y bodegas, pero, acabada la tarea, cada cual se retiraba a su respectivo recinto amurallado, matrimoniaban dentro de sus barrios y no se mezclaban en las fiestas. También estaban los habitantes del barrio de Olgacena.

Los judíos llevaban en Estella casi tanto tiempo como los francos. Podía decirse sin errar que Olgacena era el verdadero centro financiero de Estella, el barrio más rico. A veces se escuchaban protestas por el elevado interés impuesto por los prestamistas, casi todos judíos aunque también los hubiera cristianos. Se oían amenazas y observaciones, indicando lo conveniente que sería para la villa desembarazarse de sus vecinos hebreos. A él no le molestaban. Incluso mantenía con algunos una relación que casi podía llamarse de amistad. A fin de cuentas, si no estuvieran ellos, otros ocuparían sus oficios. Por otra parte, le constaba, no había ni un solo habitante de la judería que no supiera leer y escribir, amén de conocer varias lenguas, y él admiraba a las personas cultas.

Contempló a su hijo y una sonrisa iluminó su rostro. Roger era el único de sus tres hijos varones llegado a una edad casi adulta. La pequeña Blanca, de nueve años, parecía fuerte y sana, pero un hombre de negocios debía tener un heredero varón a quien legar sus propiedades. Al igual que su mujer, quería que Roger llegara aún más alto que él mismo. No bastaba que fuera avispado, también debía ser educado acorde con su condición.

–¡Ni se te ocurra!

La voz de doña Aldonza rompió el silencio. Roger había acabado su ración de gorrín, disponiéndose a limpiarse la boca con la manga de la camisa. La orden de su madre interrumpió su gesto, el muchacho sonrió, cogió el borde del mantel de lino bordado que cubría la mesa y se limpió con él.

–¿Así? –preguntó con algo de sorna.

–Así siempre –respondió ella sin percatarse de la ironía.

Padre e hijo intercambiaron una mirada cómplice. Doña Aldonza nunca dejaba de recordar a propios y extraños que su padre y su abuelo habían sido escribanos, personas educadas y cultas, aunque muchas veces sus finos modales parecían estar fuera de lugar y acababan por cansar.

–Tienes que ir a hablar con Samuel Ezquerra –añadió después, dirigiéndose a su marido–. Los tintoreros judíos quieren subir el precio del tinte de los tejidos y eso es algo que no estoy dispuesta a aceptar.

A Bertolín siempre le maravillaba la pasmosa facilidad con la que su mujer pasaba de un tema a otro. Después de tratar sobre el grave problema que se avecinaba, de casi ordenarle que interviniera en su calidad de jurado del Concejo, ahora pasaba a hablarle de algo tan nimio como el precio de los tintes. ¡Por muchos años que viviera con ella, jamás llegaría a entenderla! De todos modos, tenía que ir a hablar con Samuel para advertirle del peligro que acechaba a la comunidad hebrea y el asunto de los tintoreros podía ser una disculpa como otra cualquiera. Acabó de un par de bocados un pedazo de bizcocho relleno de dulce de manzana y se levantó de la mesa.

–Volveré antes del cierre –dijo, disponiéndose a salir.

–Padre, ¿puedo ir contigo? –Roger también había abandonado con celeridad su sitio en la mesa.

–¿No tienes lección con fray Guilles?

–Ha enviado recado diciendo que hoy no podía venir. ¿Verdad, madre?

Doña Aldonza afirmó disgustada con un gesto de cabeza. Pagaba al dominico cuatro sueldos sanchetes al mes por las lecciones. Cada día sin lección era una pérdida de dinero, amén de una oportunidad desaprovechada para que su hijo llegara a lo más alto.

–Si he de ayudarte en el negocio, cuanto antes vaya poniéndome al corriente, mejor –insistió Roger.

Esteban sonrió. Su hijo sabía ser encantador y convincente cuando quería. Sería un buen comerciante. Le hizo una seña para que lo siguiera, recogió su gorra de fieltro de manos de la criada, se la colocó en la cabeza y salieron de la casa.

Los dos caminaron sin prisas por la calle de San Nicolás en dirección a Olgacena. Era una delicia pasear a primeras horas de la tarde, escuchando el rumor del Ega, sintiendo en sus rostros la brisa fresca del norte procedente de Urbasa, contemplando el cielo azul y los zumaques en flor. Sus vecinos los saludaban con respeto y los peregrinos, que se dirigían hacia el portal de Castilla en su ruta hacia Logroño, se hacían a un lado para dejarlos pasar.

–¿Adónde vamos, padre?

–Tengo que hablar con Samuel Ezquerra.

–¿Vamos a Olgacena? –preguntó Roger excitado.

–Así es –se limitó a responder su padre con la vista puesta en la esbelta silueta de la iglesia de San Pedro de la Rúa, su parroquia.

Prosiguieron por la rúa de las Tiendas, también llamada simplemente la Rúa. En cada portal se hallaba instalado un comercio abierto a la calle. Puestos de camisas y túnicas, calzados, cestas, tejidos, herramientas, pucheros de barro, de venta de vino, productos agrícolas y muchas otras cosas se exponían a la vista de los transeúntes. Era una calle tan llena de vida que al comerciante siempre le agradaba demorarse, preguntando precios, inquiriendo sobre la calidad de las mercaderías, informándose sobre su origen, por el simple placer de hacerlo, por el goce que le proporcionaba palpar y examinar los materiales expuestos. Aunque todo parecía normal, Esteban Bertolín sentía un cambio apenas tangible en sus vecinos, sus voces no sonaban igual, tampoco se escuchaban risas. Observó corrillos de gente hablando a media voz y pocos niños jugando en la calle.

Roger continuaba excitado. Por primera vez en su vida iba a entrar en el recinto amurallado del que tanto oía hablar y, en realidad, tan poco sabía. No había razón alguna por la cual un joven, hijo de un acaudalado comerciante y por ende jurado de la villa, penetrara en Olgacena. De hecho, apenas si había salido del burgo franco, aparte de algunas visitas al Mercado Nuevo, a los tíos y a los amigos de su familia en San Miguel. Se imaginaba el barrio judío como un lugar exótico, misterioso. A veces se cruzaba con hebreos que acudían a San Martín por asuntos de negocios y también conocía a Samuel Ezquerra porque éste solía visitar a sus padres. Sus vecinos y compañeros de juegos a menudo comentaban lo que escuchaban decir sobre ellos: que tenían cofres repletos de oro, libros prohibidos, pócimas venenosas; que hablaban en la lengua del demonio, invocaban a Lucifer en sus rezos y lanzaban conjuros para provocar las sequías y las epidemias. Se prometió a sí mismo observar todo con mucha atención para poder informar después a sus amigos.

Cruzaron el portal del burgo y entraron por el de la judería sin que los guardas del uno y del otro inquirieran sobre la razón de su presencia. Esteban Bertolín era de sobra conocido para ambas partes.

Lo primero que llamó la atención de Roger fue que Olgacena apenas se diferenciaba del burgo. Sus calles y casas eran una copia exacta de éste, sus moradores vestían de modo muy parecido, aunque las mujeres no llevaban tocas, sino velos y algunos hombres cubrían sus cabezas con sombreros puntiagudos. Sin embargo, daba la impresión, después de un examen más detenido, de que las viviendas estaban mejor construidas, las tiendas eran más amplias y los géneros expuestos más abundantes.

–Tienen dinero –le explicó su padre.

Allí no se veían peregrinos ni mendicantes y todo el mundo parecía estar muy ocupado. Subieron por una empinada cuestecilla hasta llegar a una casa de dos plantas, totalmente encalada, cerca de la muralla. Las ventanas estaban repletas de macetas floridas y una parra briosa ascendía por una de las columnas que sostenían un entramado de madera. La parra había extendido sus ramas por encima del entramado, resguardando la entrada a la casa del sol de la tarde. Samuel Ezquerra, su mujer y una vecina, sentados en sillas de lona, charlaban mientras bebían té y comían pastelillos de arroz elaborados según una antigua receta hebrea. Los tres se levantaron al verlos llegar.

–*Shalom*, mi buen amigo don Esteban –saludó Samuel haciendo una ligera reverencia que en nada se parecía a un gesto de sumisión.

–Dios esté contigo, Samuel, y con tu compañía –respondió el franco.

–Mi mujer, Orobita, y nuestra vecina, doña Honor.

–Mi hijo Roger.

Hechas las presentaciones, las dos mujeres penetraron en la casa. Roger no perdía ojo. El bedín judío podría pasar por un franco si se afeitaba la barba, pensó para sus adentros, y su mujer no era muy diferente de su propia madre, incluso le había parecido más alegre. Una risa procedente del interior de la vivienda no hizo sino reafirmar su primera impresión. Su madre era demasiado atosigante, lo asfixiaba con sus demostraciones de cariño, siempre pendiente de él, diciéndole a cada momento lo que debía o no hacer, los planes que tenía para su futuro, las maravillas que esperaba de él... Se estaba bien allí, bajo la parra, comiendo pastelillos de arroz y escuchando la conversación de su padre con el judío, como si él también fuera un adulto, aunque no entendiese de la media la mitad.

Los dos hombres hablaron hasta que el sol se puso y se escuchó la primera de las tres llamadas antes del cierre de los portales. No tocaron para nada el tema de los tintoreros porque su conversación giró en torno al asunto que verdaderamente les preocupaba, la animosidad, cada vez más patente, de la población cristiana hacia la judía. Ninguno de los dos podía hacer nada para evitarla, pero confiaban en el sentido común y la pronta actuación de las autoridades si llegaba a producirse algún tipo de altercado.

Bertolín y su hijo regresaron al burgo poco antes de la tercera llamada que obligaba a cerrar las puertas de los recintos amurallados. A pesar de que la primitiva fundación de Estella hacía tiempo que había anexionado a las otras tres poblaciones, tanto éstas como el barrio judío disponían de su propia muralla. Quien ascendiera a la Atalaya situada encima del inexpugnable castillo de Belmecher, en lo alto de la colina, o al santuario de Lizarra, donde siglo y medio atrás había aparecido milagrosamente una imagen de Nuestra Señora, podría observar la peculiar estructura de la villa: cinco recintos amurallados, con sus portales y sus guardas en ellos, además de la colina de los castillos, totalmente fortificada. Todas las noches se cerraban las puertas y no volvían a abrirse hasta el día siguiente. Los retrasados, peregrinos y viajeros en su mayoría, se veían obligados a permanecer a la intemperie, soportando temperaturas extremas tanto en verano como en invierno.

Temprano por la mañana, Esteban Bertolín tomó la decisión de subir a Zalatambor para entrevistarse con el merino, Jacques de San Sansón, esperando en lo más profundo de su ser que ni el alcalde ni ninguno de sus compañeros de la mesa del Concejo supieran nunca nada sobre su gestión. Su mujer no había dejado de instarle desde la noche anterior a que hiciera algo en el asunto de los judíos y cualquier cosa valía con tal de no oírla. ¡En mala hora se había dejado convencer por ella para presentarse a las elecciones al Concejo! Él sabía todo lo que debía saberse de tejidos y asuntos comerciales, pero detestaba la política aunque a ella le pareciese el mejor modo de ascender en la escala social. Odiaba hacer esfuerzos físicos, odiaba las cuestas y la que llevaba hasta el castillo era muy empinada, pero el merino no bajaría aunque la ciudad entera estuviera envuelta en llamas. Desde su nombramiento, sólo se había molestado en aparecer por la población unas semanas antes, cuando una cuadrilla de locos había intentando hacerse con las riendas de la ciudad, reclamando un gobierno navarro. La cosa no había pasado de un conato como muchos otros que tenían lugar de tanto en cuanto y él mismo se había visto beneficiado con las propiedades de uno de los encausados. San

Sansón era el quinto o el sexto merino, había perdido la cuenta, en los últimos diez años. A pesar de ser Estella la tercera villa del reino en importancia y la segunda en habitantes, el puesto era una mera plataforma para ascender a otros. Ninguno de los merinos que había conocido era oriundo de la zona, como tampoco lo eran los alcaides de las fortalezas. Éstos llegaban, se encerraban en los castillos y se marchaban en cuanto algún alto cargo de la Corte les ponía delante un bocado más apetitoso. Le vino a la mente la imagen de la gata propiedad de su mujer, una gata gorda y mañosa a la que detestaba, lamiéndose de gusto ante la vista de un pececito de río. El merino se parecía a la gata de Aldonza. La comparación le hizo reír, entró en el castillo rojo por el esfuerzo, pero con una sonrisa de oreja a oreja, y exigió ver de inmediato al personaje.

Un par de horas más tarde, bajaba de nuevo la cuesta echando sapos y culebras por la boca. A pesar de la información recibida, información que, por otra parte, también conocía el merino, éste había afirmado no ver ningún motivo especial por el cual habría de alertarse a las guarniciones de Olite, Los Arcos, Puente la Reina o de la propia Estella. Ya se había hecho siete años atrás, cuando las hordas de menesterosos penetraron por los pasos de los Pirineos, y todo había quedado en agua de borrajas, le dijo al tiempo que se limpiaba los dientes con la uña del dedo meñique.

–Es natural que haya disturbios –había tenido la desfachatez de añadir–. Continuará habiéndolos hasta que un nuevo rey se siente en el trono. Estad tranquilo, maese Bertolín, aquí no pasará nada.

–¡Ese hombre es un imbécil! –exclamó en voz alta cuando estuvo lo suficientemente lejos para no ser oído.

Salió del recinto amurallado del castillo, atravesó el portal de Santa María y de Todos los Santos y prosiguió descendiendo hasta hallarse en la rúa de las Tiendas, a poca distancia de la iglesia de San Pedro. Se oían rumores y gritos y avivó el paso para averiguar el motivo de tanto escándalo. En lo alto de la escalinata, un fraile franciscano se dirigía a una gran multitud congregada en los aledaños. Reconoció al hombre y apretó los puños. El fraile, Pedro de Ollogoyen, era un perturbado, motivo de problemas en más de una ocasión. Le encantaba hablar y no lo hacía del todo mal. Era capaz de encandilar a sus oyentes con sus palabras, de hacerles afirmar o negar todo lo que él quisiera. Tan sólo unos meses antes había soliviantado a la población por el precio de la fanega de trigo molido que había subido un octavo de sueldo. A punto había estado de organizar un ataque contra el molino de Ordoiz, regentado por una familia judía, evitado en el último momento por los alguaciles que se habían entregado a fondo, desperdigando a la gente a varazos.

–¡Los judíos os roban el pan de vuestros hijos, emponzoñan vuestros pozos, trajeron las lluvias y después la sequía para así arruinar a los cristianos honrados!

Un clamor afirmativo se elevó de entre la multitud. Bertolín observó que el alcalde se aproximaba al mayoral de la calle, que escuchaba, como todos, el discurso enfebrecido del fraile y se acercó a ellos, abriéndose paso a codazos.

–¡Detén a ese loco ahora mismo! –ordenó Larraga al mayoral.

–¡Me matarán! –exclamó el mayoral señalando a la gente.

–¡Yo mismo te mataré como no obedezcas!

El hombre pareció apreciar un mayor peligro en las palabras del alcalde que en las de los entusiasmados oyentes, hizo una seña a sus hombres y se apresuró a disolver la reunión. Hubo un conato de protesta, pero la visión de espadas desenvainadas en lugar de varas aplacó los ánimos y poco después sólo quedaba el fraile que continuaba gritando desde lo alto de la escalera.

–¡Alcalde! ¡Dios te condenará a la más terrible de las muertes y a todas las penas del infierno por defender a los judíos!

–¡Apresadlo! –ordenó Juan de Larraga, dirigiéndose a los hombres.

El franciscano dio media vuelta y se introdujo en la iglesia al tiempo que gritaba: "¡Santuario!". El alcalde y los alguaciles detuvieron su ascensión y contemplaron, impotentes, cómo Pedro de Ollogoyen desaparecía en el interior del templo.

–Dos hombres delante de la puerta de la iglesia –ordenó de nuevo el alcalde al mayoral– y si ese loco asoma otra vez la cabeza, ¡se la cortáis!

Momentos después, las escalinatas de la iglesia y las calles adyacentes estaban desiertas. Bertolín se dio prisa en llegar a su vivienda y cerrar la puerta por dentro. Al entrar tropezó con la niña de ojos grandes y asombrados, condenada, en compañía de su madre, a servir en su casa. Ni siquiera conocía su nombre. La niña, asustada, dejó caer un cesto con panes que llevaba en las manos, agachándose a continuación para recogerlos mientras murmuraba unas palabras de excusa que él no entendió. Tampoco le agradaba aquel asunto, pensó el hombre mientras se dirigía a su habitación para quitarse las botas polvorientas por la caminata. Por orden del alcalde, el merino había decretado la enajenación de las propiedades de los rebeldes de Lizarra alzados en armas contra la villa. A él le habían adjudicado las del cabecilla, enviándole a su mujer y a la niña sin pedirle su opinión. Algo así sólo podía traer complicaciones, pues sabía que el equilibrio entre las poblaciones y sus habitantes pendía continuamente de un hilo. La menor disputa, el mínimo desacuerdo entre las partes, eran motivo y disculpa para entablar una pelea que, en la mayoría de los casos, acababa con bastantes heridos e incluso muertos.

La nueva sirvienta, Oneka, entró en la habitación después de llamar a la puerta llevando una palangana y una jarra con agua templada. No era mal parecida, se dijo Esteban fijándose en ella, y aún era joven. Sus ojos se encontraron brevemente antes de que la mujer saliera de la habitación tras dejar los dos objetos sobre el arcón. Aquélla no era la mirada sumisa esperada en una criada condenada; había orgullo en ella. Tal vez cuando todo aquel enojoso asunto hubiera acabado... A fin de cuentas, él era un hombre y, además, el amo de la casa. Olvidó a la sirvienta cuando, poco después, el alcalde mandó recado rogándole que acudiera sin dilación a la plaza del Mercado Nuevo de San Juan.

–¿Por qué envía en mi busca? –preguntó a su mujer con ansiedad–. ¿Estará al corriente de mi visita a Zalatambor?

–Será para algo importante –lo tranquilizó doña Aldonza con entusiasmo–. Sabe que no puede fiarse de los demás miembros del Concejo. Probablemente espera que le ayudes a controlar la situación. Es un gran paso, querido; Larraga es una de las personas más influyentes de Estella y no olvidará tu apoyo, estoy convencida.

Esteban Bertolín no estaba tan convencido como su mujer. No quería líos, no quería saber nada de lo que estaba ocurriendo. En realidad, pensó, estaba aterrorizado. Acudió, no obstante, a la llamada, dispuesto a darse media vuelta a la mínima señal de peligro. El alcalde, el mayoral de San Juan y unos cuantos hombres más se hallaban a la entrada de la plaza del Mercado Nuevo por la calleja de la Cedacería. Desde allí podía observarse un gran número de personas en medio de la plaza, rodeando a un fraile que hablaba subido a un carro.

–Dice que ha llegado la hora de que los buenos cristianos se venguen de los asesinos de Cristo –informó el síndico, que se unió al grupo en el momento de la llegada de Bertolín.

–¿Es otro fraile loco o es el mismo? –preguntó el comerciante señalando al predicador.

Juan de Larraga soltó un juramento al comprobar que, en efecto, el fraile en cuestión era el mismo Pedro de Ollogoyen que unas horas antes se había encerrado en San Pedro de la Rúa. Probablemente habría escapado de la iglesia por otra puerta. De todos modos, exigiría responsabilidades al mayoral de San Martín por haberlo dejado salir.

–Hay que detenerlo –ordenó al mayoral de San Juan.

–No hace nada malo –terció Bertolín conciliador–, sólo habla.

–De las palabras se pasa a los actos y juro que nadie va a atacar a nadie en mi villa mientras yo sea su alcalde. Están ocurriendo cosas muy graves en el reino y debemos mantener la calma. Id a llamar a vuestros hombres –ordenó una vez más al mayoral de la población.

El mayoral fue a responder algo, pero hizo una inclinación de cabeza y se perdió entre la multitud que iba llenando la plaza. Esteban, por su parte, contempló con atención al corro de vecinos cada vez más numeroso. ¿Cómo era posible que todos aquellos hombres y mujeres, habitualmente comedidos, perdiesen su tiempo escuchando las diatribas del franciscano? Le asustó observar la mirada colérica de algunos, los gestos afirmativos de otros y los gritos de la mayoría apoyando las palabras del predicador en contra de los judíos. Su primer pensamiento fue para Samuel Ezquerra, a quien apreciaba, recordando la imagen del hombre sentado con su mujer y una vecina bajo la parra. Miró a su alrededor. ¿Dónde estaba el mayoral? ¿Por qué no llegaba ya con sus hombres para detener al causante de tanto alboroto? Su atención se volvió de nuevo hacia los gritones. Reconoció algunos rostros y se quedó pasmado al constatar que los agitadores no sólo eran pobres y campesinos, como él había creído en un principio, sino que también había entre ellos comerciantes y artesanos, e incluso pudo ver con claridad al notario Pasqual y a su mujer agitando sendos palos con furia. También había muchos otros a los que ni siquiera conocía de vista, tal vez llegados de las poblaciones vecinas.

–¡Vamos! ¡A Olgacena sin perder un momento!

La voz del alcalde lo obligó a girarse.

–Esteban, ve a los portales del puente de San Martín y que los guardas los cierren –ordenó–. Vos –añadió dirigiéndose al síndico–, acudid a Zalatambor y alertad al merino. ¡Los demás, conmigo!

Los hombres se separaron. Olvidando su parsimonia habitual, Bertolín echó a correr hacia el puente. Al salir por la Carrera Luenga se topó con otro grupo de agitadores que, al igual que una manada de lobos, no dejaba de aullar consignas antijudías, golpeando con sus palos a los viandantes y rompiendo los puestos de los comerciantes, resguardados en el interior de las casas después de haber asegurado las puertas con las trancas. Resollando, llegó al puente, ordenó a los guardas del portal de San Martín que lo cerraran y no dejasen salir ni entrar a nadie; cruzó el puente y ordenó lo mismo a los guardas del portal del Pópulo. Por primera vez en muchos años, las dos poblaciones quedaron incomunicadas a plena luz del día. Después, se dirigió al barrio judío.

El alcalde contó a los hombres reunidos, incluidos los tres mayorales y sus alguaciles, y suspiró profundamente. ¡Apenas eran una treintena! Asió por el brazo a un chaval joven con aspecto dinámico.

–¡Tú! Sube al castillo y avisa al merino, ¡que envíe a los soldados de una maldita vez! –gritó más que ordenó.

El mozo no respondió y echó a correr cuesta arriba en dirección al castillo, mientras Larraga y los demás se dirigían hacia la entrada del barrio judío. La llegada de hombres armados había sobresaltado a los guardas de las puertas de Olgacena, que fueron rápidamente a avisar al bedín y a los demás notables de la aljama.

–¡Samuel! –Bertolín se precipitó hacia él en cuanto lo vio llegar–. ¡Están dispuestos a atacar! Ordena que todo el mundo se refugie en sus casas, avisa a los hombres y jóvenes que puedan luchar, que cojan palos, azadas, cuchillos o lo que tengan a mano.

–¿Tan grave es?

–Me temo que sí. Son cientos...

–Estella nos defenderá.

–No cuentes con eso, amigo mío. Hay un fraile que está predicando una cruzada contra vosotros, la gente está descontenta y furiosa, tiene miedo del futuro; la falta de rey, la confabulación de los nobles, el desinterés de los gobernantes, la carestía del trigo, las deudas contraídas son chispas que amenazan con prender un gran fuego.

–Y nosotros, como siempre, somos la paja –afirmó el bedín con resignación.

–El alcalde ha enviado dos mensajeros al merino. Pronto estará aquí con sus hombres. ¡Resistiremos!

–Yahvé te escuche.

Apenas habían tenido los habitantes de Olgacena tiempo para disponer la defensa, cuando al otro lado del río se escuchó un rumor cada vez más fuerte. Bertolín, Samuel y el alcalde se miraron alertados. De las callejas que daban al río, comenzaron a salir decenas de personas agitando palos, machetes, cuchillos, azadas y azadones al aire al tiempo que acompañaban sus gestos con gritos amenazadores. Para su sorpresa, también aparecieron gentes procedentes del burgo y otras que llegaban por el camino de Ordoiz. El fraile franciscano iba a la cabeza del grupo que apareció por la calle de la Zapatería y comenzó a atravesar el puente de las Berzas, se encaramó al murete del puente y desde allí arengó a la multitud.

–¡Venguemos a Cristo! –gritó y su grito fue respondido por cientos de voces.

–¡En nombre de la villa de Estella, os conmino a que os detengáis y regreséis a vuestras casas! –gritó a su vez Juan de Larraga, avanzando unos pasos.

Una piedra de buen tamaño disparada con una honda y dirigida al alcalde fue a dar en plena frente del comerciante Esteban Bertolín, quien cayó desvanecido delante de la puerta cerrada de Olgacena.

Escondidos en la garita, Orti y Daniel no dejaron de temblar y de llorar durante toda la noche. Agotados, cayeron finalmente rendidos varias horas después de que hubiera amanecido y de que un silencio de muerte se hubiese adueñado de la mayor, más próspera y culta aljama de toda Navarra, después de la de Tudela.

Los gritos los habían alertado a media mañana cuando se disponían a comer unas croquetas rebozadas, sustraídas por Daniel de la cocina de su madre. Al principio no les dieron importancia, creyendo que se trataría de una pelea entre vecinos, pero se preocuparon al oír el sonido del cuerno y observar desde su pequeña atalaya corridas y movimientos inusuales. Daniel pidió a su joven amigo que esperase dentro de la garita mientras él iba a averiguar lo que ocurría, pero no regresó. Al cabo de un rato, los gritos se habían convertido en un clamor. Orti no pudo esperar más. Se escapó de su voluntario encierro procurando no ser visto, pero su esfuerzo no era necesario ya que los habitantes del barrio estaban demasiado preocupados buscando refugio o demasiado aterrorizados como para prestar atención a un mozuelo sucio y andrajoso. Después de dar varias vueltas volviendo al mismo lugar, tratando de evitar a unas mujeres que corrían dando gritos, tropezando con un hombre cargado con un enorme saco cuyo contenido se desparramó por el suelo en el encontronazo y alzando los hombros cuando otro le preguntó algo que no entendió, encontró finalmente a su amigo encaramado a la muralla. Sin pensárselo dos veces, él también subió ayudándose con una escala de mano.

–¿Qué ocurre? –preguntó a Daniel cuando llegó a su lado.

Su amigo no pareció asombrarse de hallarlo allí.

–Nos atacan –le informó señalando a la gente arremolinada en torno a la puerta.

–¿Por qué?

–Por nada.

–Por algo será, digo yo... –insistió Orti.

Daniel se volvió hacia él. Parecía mucho mayor que un rato antes, tenía un pedrusco entre las manos y otros más estaban dispuestos a sus pies.

–¿Por qué colgaron a tu padre? ¿Por qué condenaron a tu madre y a tus hermanos?

–¿Dónde hay que tirar? –preguntó el muchacho a su vez, asiendo otra piedra con sus manos.

–Donde estés seguro de atinar.

Abajo, el alcalde y sus hombres intentaban defender la puerta de entrada a la judería, siendo golpeados, aplastados y heridos por los asaltantes, mucho más numerosos y decididos a pesar de ir armados únicamente con palos, azadas y algún cuchillo que otro. Los habitantes de Olgacena, mientras, lanzaban todo tipo de objetos desde la muralla, en especial piedras y algunas flechas, pocas, pues no había soldados entre ellos y no disponían de armas contundentes. Incapaces de derribar el gran portón de dura madera de roble y abrazaderas de hierro, los atacantes optaron por prender fuego a un carro repleto de leña y paja y lanzarlo contra él. Al mismo tiempo, los más osados buscaban otras formas de penetrar en el barrio judío trepando por la muralla, siendo rechazados una y otra vez, pero eran muchos, demasiados. Daniel y Orti lanzaron todas las piedras disponibles. Había momentos en los que no parecían darse cuenta de la gravedad del asunto y celebraban con grandes gritos de alegría cada una de las veces que uno de sus proyectiles alcanzaba la cabeza de alguno de los asaltantes.

–¡Fuera de aquí, muchachos! –les gritó un hombre, cuya única arma era un bastón tan viejo como él–. ¡Huid! ¡Escondeos! ¡Van a matarnos a todos!

Corrieron tanto como se lo permitieron sus piernas, dirigiéndose a la casa de Daniel. Estaba vacía. Desesperado, el muchacho buscó en la bodega donde su padre almacenaba las barricas de vino adquiridas a un vendedor quien, cosa rara, siendo judío tenía su negocio en la rúa de las Tiendas, en pleno barrio franco. También buscó en el desván donde su madre ponía a secar las habas frescas que ella misma sembraba y recolectaba en una pequeña huerta que poseían extramuros. Llamó a sus padres hasta quedar ronco y fue después, seguido por Orti, a casa de su vecina, la vieja del candil. La mujer se había cubierto el rostro con un velo de luto y rezaba en silencio, sin apenas mover los labios, sentada en una vieja silla junto al hogar. No respondió por mucho que la zarandearon e insistieron para que respondiese a sus preguntas.

–¿Qué hacemos ahora? –preguntó Orti al salir de casa de la vecina.

–¡Tenemos que buscar a mis padres! –gritó Daniel con la voz rota. No era una afirmación, era un lamento.

Volvieron a dirigirse a la calle principal, la que desembocaba en el propio portal de la muralla, viéndose arrastrados por la gente que corría en sentido inverso, perseguida por los asaltantes que por fin habían logrado penetrar en el barrio. Los dos muchachos contemplaron, horrorizados, cómo los cristianos acuchillaban, degollaban y aplastaban cráneos con los azadones. Nadie se salvaba de la furia incontenible que no diferenciaba entre niños y ancianos, mujeres u hombres. Orti asió fuertemente a su amigo por el brazo y lo arrastró hasta la garita. A través de las rendijas pudieron ver cómo un hombre agarraba a un bebé por un pie y lo cortaba por la mitad con un espadón.

–¡Igual que el rey Salomón! –gritó el salvaje antes de tirar el cuerpecito del niño e iniciar la búsqueda de otra presa.

Vieron violar a mujeres antes de asesinarlas, a viejos desnudos apedreados hasta caer muertos, a criaturas degolladas en los brazos de sus madres. Al llegar la noche, los asaltantes fueron casa por casa con teas encendidas y les prendieron fuego.

La vieja del candil continuaba dentro de la suya. Podían verla a través de una ventana, sentada en su silla, cubierta con el velo de luto. Su vivienda quedó convertida en una pira, pero la mujer continuó en el mismo sitio, sin moverse.

A media mañana, les despertó el silencio. Se aventuraron fuera de su escondrijo y permanecieron alelados, contemplando a plena luz del día las ruinas aún humeantes de Olgacena. El primero en reaccionar fue Daniel. Corrió a su casa y, al igual que la víspera, llamó a gritos a sus padres sabiendo de antemano que las voces queridas no le responderían. Anduvo largo rato entre los escombros, buscando algo, cualquier cosa que le hiciese despertar de la horrible pesadilla y encontró por fin, bajo el tronco caído de la parra, la piel de badana con las herramientas de platero, regalo de su padre en la última fiesta del *Sukott*. Estaba medio quemada, pero los instrumentos estaban intactos. La plegó de nuevo, apretándola contra su pecho, y echó a andar, seguido por Orti, incapaz de decir nada. No quedaba un edificio en pie; las calles del barrio estaban repletas de cadáveres, muchos de ellos calcinados; en el lugar de las dos sinagogas, la de hombres y la de mujeres, había un amasijo de hierros y ladrillos mezclados con cuerpos humanos. Encontraron a otros vecinos, salvados de milagro. Algunos lloraban y recitaban el *qqadish* arrodillados en el suelo, otros buscaban a sus familiares entre los muertos.

–Samuel está entre los de aquel grupo –les indicó un joven con la cara hinchada por los golpes, varias heridas y las ropas desgarradas, señalando una fila de cadáveres alineados en el suelo.

Daniel palideció y miró hacia el lugar indicado antes de hablar.

–Gracias, Menahem, ¿y los tuyos? –preguntó, incapaz, por el momento, de asimilar la noticia recibida.

–Mis padres y mis cuatro hermanos han muerto –respondió el joven–. La ira de Dios caerá sobre la tierra de los infieles que han levantado su mano contra los hijos de Israel –añadió.

–¿Qué vas a hacer ahora? –le preguntó Daniel.

–Marcharme de aquí cuanto antes. No viviré en una tierra donde no me quieren y tú deberías hacer lo mismo.

Lo vieron alejarse, dando tumbos como un borracho.

–¿Quién es? –preguntó Orti, curioso.

–Menahem ben Seraq, hijo del rabino, la mente más brillante de nuestra comunidad.

–¿Piensas seguir su consejo?

–Aquí he nacido y aquí me quedo –respondió Daniel con firmeza antes de dirigirse al lugar donde varias decenas de cadáveres mostraban en sus rostros la sorpresa de una muerte cruel e inesperada.

Los muertos judíos fueron enterrados al día siguiente en el fosal, anexo a la judería. El entierro se realizó bajo la fuerte custodia de los soldados del castillo, enviados por el alcaide en previsión de más ataques, pero nadie interrumpió el sepelio oficiado por un rabino llegado expresamente desde Olite. Apenas si quedaban supervivientes, Orti incluido. Daniel y él permanecieron largo rato después ante la tumba, sin lápida ni nombre, de los padres del primero.

–¿Nos vamos? –dijo éste al cabo de un tiempo.

–¿Adónde? –preguntó Orti, interesado en escuchar alguna sugerencia, pero su amigo se alzó de hombros–. Tengo parientes en Zudairi –añadió cuando llevaban un trecho andado por el camino de Ordoiz y habían dejado a sus espaldas la picota en la que se colgaban como ejemplo los cuerpos de los criminales para que el tiempo y los perros acabaran con sus miserables despojos.

–¿Dónde está eso?

–Por allí –el muchacho señaló hacia las montañas cubiertas por la niebla.

Volvieron sobre sus pasos y atravesaron la ciudad. Los comercios permanecían cerrados y podía verse muy poca gente en las calles. Escucharon voces y se ocultaron dentro de una casa cuya puerta estaba abierta. Un grupo no muy numeroso de hombres y mujeres con las ropas manchadas de sangre pasó por delante dando gritos en contra de los judíos. Esperaron largo rato hasta que el silencio volvió a llenar el aire y echaron a correr en dirección al portal de San Pedro de Lizarra. No volvieron la vista atrás y tampoco respiraron tranquilos hasta hallarse a varias millas de distancia.

Caminaron durante todo el día siguiendo el curso del Urederra hacia arriba, pernoctando en una borda de pastores medio derruida, donde pudieron encender una pequeña fogata y resguardarse de la humedad nocturna que cubría la hierba con una fina capa de rocío. Al mediodía del siguiente día estaban en Ameskoa. Orti nunca había estado allí y tampoco conocía a sus parientes, un hermano de su madre, su mujer y sus hijos, pero preguntó a un labrador por la casa de los Periz de Zudairi y éste le indicó una casona de piedra y cadalso de madera, más parecida a una torre defensiva que a un caserío de labranza, ubicada encima de una pequeña loma. Daba la impresión de haber estado allí siempre, vigilante, controlando que nada enturbiase la paz del hermoso valle que se extendía a sus pies. Según había oído decir a su madre con orgullo, su familia era la más antigua del lugar porque sus antepasados poblaron Zudairi cuando sólo habitaban allí los osos y los lobos. Trató de imaginarse al primero de ellos luchando contra los animales salvajes mientras edificaba su casa, en medio de un paisaje extraordinario de encinares, hayedos y robledales. No sumaban más de media docena las casas agrupadas en torno a una pequeña iglesia y las que se veían desperdigadas por los alrededores, así que, pensó, el panorama no debía de haber sido muy diferente en los tiempos antiguos.

Un hombretón, que a Orti le pareció tan grande como un árbol, asomó la cabeza por la puerta de la torre en cuanto los perros comenzaron a ladrar. Eran sabuesos, parecidos a los que se criaban en el castillo de Belmecher, que ellos mismos habían tenido ocasión de ver a distancia en sus noches de correrías. Se decía que habían sido llevados a Estella por el primer alcaide francés, temeroso de ser atacado por los navarros. A pesar de estar atados con sogas, los dos muchachos se mantuvieron a cierta distancia de la casa, sin atreverse a acercarse.

–¡Largo de ahí! –gritó el hombretón–. ¡Id a robar huevos a otro gallinero!

Orti tragó saliva antes de abrir la boca.

–¡Soy Orti, hijo de Semeno Ogaiz y Oneka Periz de Zudairi!

El hombre, que había cogido un palo dispuesto a arrearles con él, se detuvo, los miró con mayor atención y penetró de nuevo en la casona. Al poco apareció otro hombre de igual tamaño y aspecto fiero, aunque más viejo, seguido por el primero, una mujer secándose las manos en un delantal y otros dos jóvenes altos y fuertes.

–¿De dónde venís? –le preguntó gritando el más viejo.

–¡De Lizarra!

–¿Y qué hacéis ahí parados? ¡Venid aquí!

Los perros continuaban ladrando y los muchachos permanecieron quietos.

–¡Beltza! ¡Azkarra! ¡A echar! –ordenó la mujer y los animales dejaron de ladrar, tumbándose en el suelo, pero sin perder de vista a los recién llegados.

Orti y Daniel se aproximaron a la casa sin demasiada confianza, pero estaban agotados por la caminata y tenían tanta hambre que hubieran sido capaces de darle un mordisco a la enorme encina, cuyas ramas llenas de hojas sobrepasaban la altura de la torre. Daniel recordó la parra de su casa y se le hizo un nudo en la garganta.

–Así que eres el hijo de Oneka, ¿eh? ¡Para ser de la familia, no parece que hayas pelechado mucho, chaval! –exclamó el más viejo de los hombres, su tío Joanes, mirándolo de arriba abajo al tiempo que entornaba los ojos como para calibrar mejor la pieza que tenía delante.

–¿Y éste quién es? –preguntó a continuación, señalando a Daniel.

–Mi amigo Daniel Ezquerra.

–¿Ezquerra? ¿Algo de los Ezquerra de Agurain?

–Yo... –Daniel no sabía qué responder.

–No. De los Ezquerra de Tudela –intervino Orti rápidamente, soltando el nombre de la población más lejana que le vino a la cabeza.

No sabía lo que opinaba su familia sobre los judíos, pensó, por lo tanto más valía no mencionar la procedencia de su amigo. Sonrió. No se había dado cuenta hasta entonces de que Daniel tenía un nombre navarro. Era una feliz coincidencia. Le preguntaría sobre ello cuando estuvieran a solas. Poco después, los dos saciaban su hambre bajo la atenta mirada de Gasen, la mujer de Joanes, cuya más íntima satisfacción era haber criado a tres hijos, todos varones, altos y fuertes como su padre.

Ya repuesto y con el estómago caliente, Orti respondió a todas las preguntas de sus tíos y primos. No omitió nada sobre lo ocurrido a su familia, la muerte del padre, la condena de la madre y de la hermana, y el destino del pequeño Lucas. También mencionó lo ocurrido en el barrio judío, pero sólo de pasada. La mirada de su tío iba oscureciéndose bajo sus espesas cejas a medida que escuchaba el relato mientras sus nudosos dedos hacían bolitas con la miga del pan.

–¡Oneka, criada de un franco! –exclamó enfurecido cuando su sobrino se detuvo para beber un cuenco de leche caliente que la tía había colocado delante de él–. ¡Malditos extranjeros!

Orti se alegró de que su amigo, además de tener un apellido navarro también conociese la antigua lengua de Navarra. De haber sabido que él formaba parte de aquellos a los que los suyos llamaban "extranjeros", su tío habría sido capaz de aplastarle la cabeza contra la mesa. Miró a Daniel y supo que él estaba pensando exactamente lo mismo.

Por primera vez en mucho tiempo, Orti durmió aquella noche sobre un colchón de hierba seca, tapado con una sábana de lino tiesa como una tabla y una manta de piel de oveja con un fuerte olor a curtido, pero que a él le pareció el lecho de un rey. Daniel dormía a su lado. En la torre sólo había dos dormitorios, uno ocupado por sus tíos y el otro, por sus tres primos. A ellos los alojaron en un rincón del desván, compartiendo espacio con sacos de legumbres sin desgranar y manzanas recién cogidas que esparcían su peculiar olor de forma que les parecía estar durmiendo en pleno campo.

–¿Por qué tienes un nombre vascón? –preguntó Orti a su amigo antes de cerrar los ojos.

–Mi nombre es judío –respondió el otro ya medio dormido.

–Ezquerra es un nombre navarro –insistió Orti.

–Pues es el que siempre he tenido, el que tenía mi padre y el que tenía mi abuelo. Es un nombre común entre los judíos navarros.

–Es una suerte que te llames así.

–¿Por qué?

–Nos evitará problemas.

A partir del siguiente día, los dos muchachos aprendieron a amoldarse al horario de la casa. Acompañaron a los primos en sus tareas, admirando su fuerza para levantar un árbol recién talado, soportando bromas sobre sus brazos, flacos como palillos, dejando que el aire de la sierra, el olor de los bosques y el sonido de las aguas del Urederra fueran cicatrizando la terrible herida abierta en sus corazones por los recientes acontecimientos. Recobraron parte de su alegría, disfrutaron cazando liebres y pescando truchas, pero, sobre todo, encontraron en los rudos montañeses el calor de la familia que ambos habían perdido. Tenían la impresión de haber pasado toda la vida en aquel lugar maravilloso, olvidado del mundo, rodeados de montes y bosques.

Cinco días después de su llegada, el tío y el primo mayor, Pedro, llamado *Otxoko*, lobezno –porque con doce años había criado a un cachorro de lobo, a cuya madre había matado–, se dispusieron a partir hacia Gares, convocados por la Junta de Infanzones.

–Vendréis con nosotros a Gares –informó Joanes a su sobrino–. Tal vez, sólo tal vez, haya allí alguien con peso suficiente para intervenir en el caso de tu madre y tus hermanos. De ser así, precisará información de primera mano que solamente tú podrás proporcionarle.

Gasen los había provisto de ropas nuevas, camisetas de paño, camisas blancas de lino, calzas y sayos negros de lana, medias y abarcas. También los había obligado, al igual que a su marido e hijo, a bañarse en las heladas aguas del Urederra hasta que sus pieles adquirieron el tono de las moras maduras.

–Allí habrá gente importante –afirmó, respondiendo a las protestas de los cuatro, refiriéndose a la reunión de la Junta–. Nadie dirá que no puede distinguirse a un Zudairi de un puerco montés. Además –añadió divertida después de haberse encargado de afeitar a los dos adultos–, me agrada ver la cara de mis hombres de vez en cuando.

Partieron, aún de noche, en el amanecer del mismo día convocado para la Junta, cabalgando a galope por las estrechas y pedregosas veredas que descendían desde Urbasa hacia el Valdizarbe para, desde allí, tomar el camino al Puente de la Reina, nombre con el que también se conocía a la antigua población de Gares debido al puente mandado construir doscientos años atrás para facilitar a los peregrinos el paso sobre el Arga por doña Estefanía, esposa de don García y nuera de Sancho III el Mayor de Navarra. Los dos muchachos no pudieron admirar la hermosa construcción de seis ojos que dejaba boquiabiertos a todos aquellos que la contemplaban por primera vez. Jamás habían cabalgado a lomos de un caballo. Orti montaba a pelo detrás de Joanes y Daniel lo hacía detrás de Otxoko. Asidos a la cintura de sus jinetes, su mayor preocupación era no salir despedidos en cualquier momento de la veloz carrera y rogaban por llegar sanos y salvos a su destino. Al apearse, tenían los cuerpos dormidos de cintura para abajo, viéndose obligados a sentarse en el suelo para recobrar el equilibrio mientras los dos montañeses los miraban sin poder ocultar una sonrisa irónica.

–La próxima vez, lo notaréis menos –se limitó a decir el tío–. Quedaos aquí guardando los animales.

Los vieron perderse entre un tumulto de gente que se dirigía a la puerta abierta en la muralla, se pusieron en pie con dificultad y llevaron los caballos hasta un abrevadero en el que aplacaron la sed de los caballos y la suya propia.

La reunión de los infanzones duró muchas horas. Aún se denominaban "Infanzones de Obanos" en recuerdo de las famosas juntas que habían gozado de un gran prestigio en épocas anteriores, pero ya nada era igual y todos lo sabían. Los presentes en Gares apenas llegaban a una treintena. Nada comparable a las asambleas que reunían a un gran número de ricoshombres, miembros de la pequeña nobleza, dueños de labrantíos y clérigos, constituidas siglo y medio antes para defender los derechos de los navarros ante los abusos de los nobles e, incluso, del propio rey. Sus decisiones habían, en ocasiones, cambiado el rumbo de la política real, enderezado malas leyes, defendido los fueros con tanta fiereza y justicia que habían llegado a incomodar a los propios gobernantes. Incomodar a los poderosos podía tener resultados nefastos y los reyes franceses habían hecho todo lo que estaba en su mano para acabar con aquella asociación transgresora del orden establecido. Los infanzones llevaban años sin reunirse. La muerte de Carlos *el Calvo*, el vacío de poder, los terribles acontecimientos que habían sacudido a Navarra durante los últimos meses y, sobre todo, el rechazo a tener otra vez a un rey francés sentado en el trono habían animado a unos cuantos a convocar una nueva asamblea.

–¡Malditos sean ellos y maldito sea su linaje! –fue lo primero que Orti y Daniel escucharon de labios de Joanes–. ¡Mejor hubiéramos hecho quedándonos en casa!

–¿Qué ha ocurrido? –preguntó Orti a su primo mientras observaba a su tío discutir con otros hombres.

–La asamblea ha decidido solicitar a la princesa Juana que acepte la Corona de Navarra.

–Y ésa ¿quién es?

–La hija del difunto rey Luis *el Hutín*.

–¿Un navarro?

–Un francés.

–Y ¿por qué...?

Su primo lo dejó con la pregunta en la boca para ir a reunirse con su padre y los otros hombres que continuaban discutiendo a voz en grito y decidían, finalmente, entrar una vez más en la población.

–¿Has entendido algo? –preguntó Orti, esta vez dirigiéndose a Daniel.

–Creo que a tu tío no parece gustarle demasiado que la asamblea se haya decidido por la princesa Juana.

–¿Por qué?

–Imagino que porque piensa que ésta también es extranjera. Doña Juana nunca ha estado en Navarra, está casada con un francés y es prima del nuevo rey de Francia.

–¿Y por qué la han elegido?

–Porque desciende de Juana I, quien a su vez era nieta de doña Blanca, la última reina verdaderamente navarra.

–Ah...

Orti no entendía nada. En su casa se hablaba mucho de cosechas, animales y antepasados, pero jamás se mencionaba a ningún rey o reina. La única vez que oyó hablar de algo parecido fue la víspera de la muerte de su padre, a quien recordó diciendo que hora era ya de tener un rey navarro. Sintió un pellizco en el pecho. Semeno Ogaiz había muerto y colgado ya cadáver por nada.

–Sea la gente libre por la libertad de la patria... –musitó, repitiendo las últimas palabras del hombre a quien tanto había admirado.

–Ése es el lema de los Infanzones de Obanos –le informó su amigo.

–¿Cómo sabes tantas cosas?

–Porque abro bien los ojos y los oídos y, además, me fijo. Ése es el lema del sello de la Junta de Obanos que mi padre grabó en varios anillos para algunos señores de Estella.

–¿Y qué significa?

Daniel no pudo responderle porque Joanes, su hijo y otro hombre se aproximaron a ellos.

–Hijo, éste es Martín Díaz de Muniain –informó a Orti su tío–, ricohombre de Estella. Está al corriente de lo ocurrido a nuestra familia y ha prometido intervenir para liberar a tu madre y a tus hermanos.

–La coronación será un buen momento para interceder –intervino el caballero a su vez–. La nueva reina y su marido querrán comenzar con buen pie y concederán indultos, sobre todo en los casos de ofensas menores, y, a fin de cuentas, Oneka y sus hijos no tienen por qué pagar las culpas del loco de Semeno Ogaiz.

Orti estuvo a punto de lanzarse sobre el hombre que osaba llamar loco a su padre, pero un gesto de su tío lo contuvo.

–Deja tu enfado a un lado –le dijo éste cuando el ricohombre se hubo marchado–. Lo importante ahora es conseguir la libertad de tu madre y de tus hermanos.

Regresaron al igual que habían hecho el camino de ida: a todo galope. La asamblea no había finalizado y duraría varios días más, pero Joanes ya había tomado una decisión.

–Al final, como siempre, se hará lo que quieran unos cuantos –afirmó el iracundo montañés antes de dar la orden de partida–, así que es inútil nuestra presencia aquí y en casa nos espera la siembra y hay dos vacas a punto de parir.

Llegaron a Zudairi cerca de la medianoche. Ninguno había comido en todo el día, pero estaban tan cansados que, con gran disgusto de Gasen, apenas probaron algo de la gran olla repleta de berza y morcilla dispuesta en el llar para su regreso.

–Cuando sea un hombre demostraré a todos que mi padre no era ningún loco –dijo Orti, sin fuerzas para mantenerse despierto.

Daniel hacía ya rato que se había quedado dormido.

Los pocos cristianos que habían sucumbido durante el ataque a la judería fueron enterrados en sus respectivas parroquias. Esteban Bertolín, muerto pisoteado por los asaltantes delante de las puertas de Olgacena, lo fue en la iglesia de San Pedro de la Rúa.

El alcaide del castillo, Felipe de Caynnon, se dignó a bajar de Belmecher para presidir el funeral y lo mismo hizo el merino Jacques de San Sansón desde Zalatambor. Habían hecho caso omiso a la ayuda solicitada por el alcalde y, de alguna manera, se sentían responsables. Únicamente se envió un pequeño contingente de soldados cuando el humo provocado por las llamas que devoraban el barrio judío ascendió la colina y envolvió la peña de los castillos, pero ya era muy tarde. Ambos prometieron hacer justicia y depurar responsabilidades pero, añadieron, no podían hacer nada hasta no recibir las órdenes del nuevo rey, el que fuera.

Doña Aldonza vistió las mismas ropas de luto que ella misma había cosido a la muerte de su padre, tres años atrás, se colocó la toca de viuda y asistió a las exequias, sentada en el banco de las mujeres junto a su hija Blanca, mientras Roger lo hacía en el de los hombres, al lado de las primeras autoridades de la villa. La nueva viuda apenas escuchó las palabras del párroco glosando las virtudes de su difunto marido, en especial su carácter conciliador y amable. Tenía muchas cosas en las que pensar. Estaba segura de encontrar una fuerte oposición en el gremio de comerciantes ya que no llegaban a media docena los negocios en Estella regentados por mujeres. Todo el mundo esperaría de ella que se retirara de la vida pública, viviese holgadamente de las ganancias obtenidas en vida de su marido y del arrendamiento de su comercio, ocupada en rezos y obras de beneficencia, dedicada a la educación de sus hijos.

–Van listos si piensan quitarme de en medio –farfulló bajo el velo, al tiempo que el resto de los asistentes recitaba el Credo.

En lo que se refería a la tienda, Bertolín sólo había sido una tapadera durante los últimos años, muy práctico a la hora de dar la cara y entablar negociaciones con otros hombres, pero siempre siguiendo los consejos e indicaciones que ella le daba. De hecho, aparte de los beneficios que podrían obtener, su insistencia para que él se presentara a las elecciones había sido una discreta maniobra para quitárselo de encima y mantenerlo ocupado. Ella era la verdadera artífice del éxito del negocio y pensaba continuar siéndolo contra viento y marea. Observó a su vecina, la del comercio de enfrente, a la hora de comulgar. La mujer no dejaba de moquear y de llevarse un pañuelo a los ojos para secarse las lágrimas. ¡Hipócrita!, pensó doña Aldonza. Estaba segura de que se alegraba del infortunio que, tal vez, devolvería a su negocio su pasado auge. Recordó que Esteban y sus vecinos se llevaban muy bien, siempre se habían apreciado, incluso cuando su tienda progresó en detrimento de la de ellos. Fachada..., se dijo de nuevo la viuda. En asuntos de dineros no había verdadera amistad, como tampoco la había entre dos perros peleando por un mismo hueso.

También observó la cara, aún aniñada, de su hijo, y durante un brevísimo instante pensó en olvidar sus planes para él, no enviarlo a Villava y retenerlo a su lado como cabeza de familia, pero desterró inmediatamente tal idea de su cabeza. Su hijo seguiría el camino trazado del que tanto habían hablado Esteban y ella cada noche antes de dormir. Sólo entonces le vino a la cabeza la imagen rechoncha y colorada de quien había sido su compañero durante algo más de quince años, el hombre simple, corto de miras pero bondadoso, que la había amado, le había dado dos hermosos hijos y había hecho de ella la principal pañera de Estella. Tal vez estaría aún vivo si ella no lo hubiese empujado a intervenir para evitar el asalto a la judería. Un par de lágrimas furtivas cayeron de sus ojos y la pequeña Blanca le apretó la mano con la suya.

Nunca había amado a su marido, pero lo había querido como a un amigo y respetado como padre de sus hijos. Tampoco había amado a ningún otro hombre, así que no tenía otros sentimientos para comparar. Hubiese sido hermoso disfrutar de un gran amor como aquel del que hablaban los actores la víspera de la fiesta de San Andrés, a cambio de una pequeña moneda, un puñado de garbanzos o una capa vieja, pero, pensó con su práctica frialdad habitual, a cada cual le tocaba vivir una vida y ella no podía quejarse, la suya era bastante mejor que la de muchos.

La ceremonia no acababa nunca. Tras la misa de difuntos, llegó el *Miserere*, la bendición del ataúd y, finalmente, el enterramiento en un nicho abierto en el suelo de la iglesia en el cual habían sido ya enterradas varias generaciones de Bertolín y en cuya losa había sido añadido el nombre de Esteban. Mientras descendían el cuerpo, doña Aldonza miró de reojo la lápida contigua y suspiró aliviada. Pertenecía a los Brun, otra familia llegada del Limosín cuando la primera repoblación. Al menos, su esposo tendría una compañía adecuada en su viaje a la otra vida, pensó. Encendió la vela de la *argizaiola*, el soporte de madera tallada en el que se enroscaba, que iluminaría la tumba durante las siguientes semanas y mostraría al difunto el camino al Más Allá, y se dirigió a la salida del templo, ansiando un poco de aire fresco después de las horas pasadas entre el incienso y el humo de las velas. Los curas aprovechaban las exequias funerarias para alargar los sermones, recordar a los parroquianos las miserias humanas y la inexorable presencia de la Muerte detrás de cada esquina. Era más fácil impresionar a los oyentes y las limosnas también eran mucho más generosas en dichas ocasiones. Al ir a salir, la mirada de doña Aldonza se cruzó con la de Oneka. Los ojos de la mujer estaban secos y no había rastro en ellos ni tan siquiera de una condolencia mínimamente cortés. No dejó de pensar en la sirvienta en el corto trayecto que la separaba de su casa, mientras recibía pésames y saludos a los que respondió de forma maquinal, sin prestarles mayor atención.

Al día siguiente, después de la primera misa, la pañera cogió de nuevo el control de la casa y del taller, descuidados durante los últimos días debido a los aciagos acontecimientos. Hizo caso omiso de los gestos de sorpresa de las costureras convocadas para retomar los trabajos pendientes y de los no menos sorprendidos de sus vecinos. Abrió la tienda como de costumbre, antes que los demás comerciantes, y se colocó bajo la jamba de la puerta con los brazos en jarras para mostrar claramente que, a pesar del fallecimiento de su marido, nada había cambiado en el negocio de paños Bertolín.

Los acontecimientos de los últimos meses parecían haber agotado a los habitantes de la ciudad del Ega. Nadie que no estuviera directamente implicado sentía necesidad alguna de hablar de ellos. Incluso la convocatoria de las Cortes en Pamplona el día uno de mayo de aquel mismo año para nombrar a Juana II y Felipe de Evreux reyes de Navarra, y su posterior coronación cuatro días más tarde, apenas tuvo repercusión en la población, más preocupada en la subsistencia diaria que en los asuntos políticos de gran envergadura. Sin embargo, una de las primeras decisiones de los nuevos soberanos cayó en Estella como un mazazo.

Un año después de ocurridos los hechos, los reyes exigieron el apresamiento de los responsables y principales culpables de la quema de la judería, su juicio y cumplimiento de las penas impuestas. El tribunal condenó a la villa al pago de diez mil libras de plata, la cantidad que la Corona dejaría de recaudar de los judíos estelleses durante diez años. Dicha multa obligó a establecer un nuevo impuesto para obtener la exorbitante suma, lo que provocó el descontento general de la población que había comenzado a sufrir la falta de los médicos, cambistas, comerciantes, mercaderes, plateros, zapateros y tejedores judíos. También se hizo una concienzuda inspección y se obligó a cerca de sesenta vecinos a devolver la plata, joyas, muebles, ropas, tejidos y demás bienes robados a los habitantes de Olgacena que fueron a parar al patrimonio real puesto que, como quedó bien claro durante el juicio, los hebreos eran propiedad real y sus pertenencias también. Los ladrones fueron encarcelados, saliendo libres poco después.

Ningún judío fue indemnizado, ni tampoco los familiares de los asesinados.

Los agitadores habían continuado aterrorizando a las poblaciones vecinas. Además de la judería estellesa, también fueron atacados y muertos muchos de los judíos de Villafranca, Puente de la Reina, Falces y San Adrián, así como los de Viana, hasta que un fuerte contingente de soldados los dispersó, acabando con unos cuantos y cogiendo prisioneros a otros muchos. El merino San Sansón fue encarcelado en el castillo de Marañón y el preboste de Estella, don Lope de Bergara, dejó treinta hombres en Olgacena por si volvían a repetirse los hechos, cosa que no ocurrió. Siguiendo las indicaciones reales, los culpables de las matanzas y quemas fueron juzgados y condenados a diversas penas. Algunos saldaron sus culpas abonando cuantiosas multas y seis personas fueron ejecutadas tras habérseles cortado antes las manos que habían matado y robado. Pedro de Ollogoyen, a quien se acusó de ser el principal agitador responsable de la matanza, fue enviado al obispo de Pamplona y encerrado en la cárcel episcopal, pero los franciscanos consiguieron que les fuera entregado y no volvió a saberse de él.

Para alivio de algunos, sorpresa de otros y disgusto de muchos, nuevos judíos fueron ocupando el lugar de los muertos. Primero con cautela y más tarde con normalidad. Sobre las cenizas y los restos del barrio quemado, se alzaron otra vez las viviendas y la actividad retomó poco a poco su pulso.

Doña Aldonza presentó recurso ante el tribunal, demostrando con la ayuda de testigos que su marido no sólo no había intervenido en el ataque, sino que, además, había perdido la vida tratando de defender a sus vecinos. No era pues, expuso, de justicia que ella, una viuda con dos hijos a su cargo, tuviera también que abonar la multa impuesta a la villa. Su recurso fue examinado y aprobado. Esteban Bertolín, incluso muerto, seguía siendo útil a su familia. La pañera no descansó hasta tener nuevamente organizada su red de proveedores y pudo, al fin, enviar a su hijo Roger a Villava, a casa del canónigo. Pospuso el viaje hasta estar segura de que el reino estaba en calma. No era cuestión de poner en peligro la vida de su único vástago varón, del que tanto esperaba. No le fue fácil, de todos modos, despedirse de él. Lo adoraba. El muchacho tenía ya quince años, era alto para su edad, con un hermoso cabello castaño tirando a claro, ondulado a la altura de los hombros, y unos ojos verdes que hacían suspirar de orgullo a su madre.

Una clara mañana de otoño, un año más tarde de lo planeado, Roger salió hacia el norte acompañado por fray Guilles, el dominico encargado de su educación. El estado de viudez de doña Aldonza, la intervención de varias personas influyentes y un donativo más que generoso para el convento convencieron al abad para que autorizase el viaje del fraile. Partieron en un carro de viajeros que hacía el trayecto entre Estella y la ciudad episcopal, desde donde se dirigirían a Villava acompañados por otro tío Bertolín, también pañero, que vivía en Pamplona.

Un par de semanas después de la marcha del muchacho, Oneka fue llamada por el escribano del Concejo. El aviso lo recibió doña Aldonza y ella misma se encargó de comunicárselo a la sirvienta y de acompañarla a la Casa Consistorial, cercana a su propia vivienda. El hombre que las recibió era calvo y achaparrado, tenía una espesa barba y la nariz afilada, había perdido la vista entre legajos y documentos, y llevaba puestos unos anteojos redondos de pinza de gruesos cristales que hacían inevitable su comparación con una lechuza. Maese Nicolás, el escribano, emergió de entre los varios montones de archivos, pergaminos y papeles que llenaban su mesa de haya de una sola pieza, con una orden en la mano y la blandió en el aire como si fuera un abanderado. Después, comenzó a leer. Con motivo de la coronación de los nuevos reyes, la casa, las tierras y los animales propiedad del difunto Semeno Ogaiz eran restituidas a sus familiares y éstos quedaban libres de la condena impuesta.

El rostro de Oneka iba suavizándose a medida que escuchaba la lectura, mientras el de doña Aldonza se crispaba, sus ojos empequeñecían y apretaba las mandíbulas. Tenía que pensar deprisa, decir algo para ganar tiempo. No había olvidado el gesto adusto de la sirvienta durante el funeral del bueno de Esteban, ni tampoco el motivo por el cual estaba a su servicio. Sin ser demasiado consciente de ello, sentía una inquina cada vez mayor por la mujer condenada a servir en su casa aunque no tuviese razones para ello. Cumplía con su cometido y trabajaba como una mula desde la mañana hasta la noche, pero tampoco hablaba más allá de lo estrictamente necesario y no se permitía el menor rasgo de debilidad fuera cual fuese su situación. Jamás se quejaba ni reclamaba nada para ella ni para su hija, que crecía seria e introvertida. En una ocasión, algunos meses atrás, recordó la pañera, había sentido lástima de la niña. Queriendo ser amable, la envió a jugar con Blanca a la habitación de ésta, pero Oneka la reclamó inmediatamente, aduciendo que le era necesaria para ocuparse de la ropa de la colada.

–No olvides quién eres –le había dicho Oneka a su hija, y ella, la patrona, había escuchado sus palabras.

Podían hacer lo que quisieran con la casa, pensó doña Aldonza. A ella no le hacía falta una cuadra maloliente en un barrio de campesinos, pero no permitiría que le quitaran las tierras que había arrendado proporcionándole sanos ingresos y tampoco devolvería los animales a los que había alimentado durante todos aquellos meses. En cuanto a la mujer..., no estaba dispuesta a perder una buena criada. Le pertenecía.

–¿Puedo volver a Lizarra? –preguntó Oneka al escribano cuando éste hubo acabado la lectura.

–Puedes –afirmó el hombre con una sonrisa al tiempo que le tendía el precioso documento de su libertad.

Las dos mujeres salieron del Consistorio sin intercambiar una sola palabra. Nada más llegar a la casa de la pañera, Oneka, dispuesta a salir de allí inmediatamente y regresar a su hogar, entre los suyos, llamó a Ane. Mientras buscaba a la niña, pensaba en sus otros dos hijos. Hallaría a Orti aunque tuviese que ir casa por casa, mirar bajo los puentes o subir a los apacentaderos. En algún lugar estaría. En lo que se refería al pequeño Lucas... Tuvo que hacer un esfuerzo para retener las lágrimas de alegría que empañaban sus ojos. Acudiría a la casa de los huérfanos y lo sacaría de allí, lo cogería en sus brazos y le daría un beso por cada día que ambos habían permanecido separados. Nadie ni nada volvería a interponerse entre ella y el fruto de sus entrañas. Juntos olvidarían los últimos meses y jamás volvería a pisar el burgo aunque le fuera la vida en ello.

–¡Ane!

¿Dónde estaba la niña? ¿Por qué no respondía a su llamada? Corrió al taller e interrogó a las costureras, salió al corralillo y bajó a la bodega. No había ni rastro de ella. Desesperada, se asomó a la calle y un suspiro aliviado se escapó de su pecho. Vio a su hija llegar por la Rúa, acarreando un barreño lleno de agua demasiado grande para su pequeño cuerpo, corrió hacia ella, le arrebató el barreño de las manos y lo tiró al suelo antes de cogerla en sus brazos y besar repetidamente su cara sucia y enrojecida por el esfuerzo.

–¡Somos libres! –gritó sin poder contenerse, echándose a reír a continuación.

La niña también rió por simpatía, sin entender nada de lo que estaba ocurriendo. Oneka la depositó en el suelo, cogió su mano y echó a andar hacia el portal del Pópulo.

–¿Adónde vamos? –preguntó la cría.

–A casa.

No habían dado ni media docena de pasos cuando una voz potente las detuvo.

–¡Alto!

El mayoral de la calle y doña Aldonza se dirigían hacia ellas. Oneka metió la mano en el bolsillo de su faltriquera para asegurarse de que el documento que les devolvía la libertad era real, sonrió cuando sus dedos palparon el papel y esperó.

–¿Es ésta? –preguntó el mayoral a doña Aldonza, señalando a Ane.

–En efecto.

El hombre asió a la niña por un brazo y la atrajo hacia sí.

–Bien, pequeña ladrona, voy a llevarte ante el alcalde y tendrás que responder por tu crimen.

–Pero... ¿qué ocurre? ¿Por qué detienes a mi hija? –preguntó Oneka a voz en grito.

–¡Es una ladrona!

–¡Eso es mentira, maldito bastardo!

–¡Vuelve a decir eso y te llevo a ti también!

–¡Devuélveme a mi hija!

Oneka cogió a Ane por el otro brazo, intentando arrebatársela al mayoral, que continuaba asiéndola con fuerza. La niña comenzó a llorar y algunos vecinos se aproximaron al grupo al escuchar los gritos y observar el forcejeo.

–Doña Aldonza asegura que tu hija le ha robado una cadena de oro –medio se disculpó el mayoral, algo sobrecogido por el escándalo organizado–. Ha presentado una denuncia contra ella.

–Es cierto –aseguró la pañera, dirigiéndose a los congregados–. Esta mañana he acompañado a mi sirvienta al Consistorio y, a mi vuelta, he constatado que la cadena ya no estaba en la arqueta donde guardo los recuerdos de mi difunto marido –gimió–. La he encontrado envuelta en el colchón que utiliza esta desgraciada para dormir. La he cobijado en mi casa, le he dado techo y comida, y así me lo paga...

Para demostrar que sus palabras eran ciertas, doña Aldonza mostró la cadena y un murmullo de desaprobación se escuchó entre los espectadores.

–¿Qué es lo que queréis?

La voz de Oneka había perdido el acaloramiento de momentos antes, tornándose seca y cortante. Su mirada estaba fija en el rostro de doña Aldonza. Las dos mujeres se contemplaron mutuamente, al igual que hacían dos toros bravos a punto de embestirse. Tanto los vecinos como el mayoral, que había aflojado la presión sobre el brazo de la niña, las contemplaban expectantes.

–Estoy dispuesta a retirar la denuncia a cambio de que las dos regreséis a mi casa y sigáis trabajando para mí como hasta ahora –dijo por fin la pañera sin dejar de mantener la mirada de Oneka–. De lo contrario, tu hija irá a parar a la cárcel con las criminales y las rameras como una vulgar ladrona y no volverás a verla.

La viuda de Ogaiz alzó la cabeza y apretó los puños. Era más alta que su patrona y también más fuerte. Por un instante pareció que iba a lanzarse sobre ésta. Luego miró a su hija.

–Sea –dijo con voz calmada.

–Puedes soltar a la niña –ordenó doña Aldonza al mayoral–. Yo me hago cargo de ella y puedo asegurarte que no volverá a robar.

–No sé...

–Suéltala.

El hombre soltó a Ane y se marchó jurando y murmurando en voz lo suficientemente alta para ser oído que el mundo sería un lugar mucho más tranquilo si no hubiera mujeres en él. Doña Aldonza dio media vuelta dirigiéndose hacia la rúa de San Nicolás, seguida por Oneka y la niña que no dejaba de sollozar y asía con fuerza la mano de su madre.

–No intentéis marcharos de aquí –les advirtió la pañera antes de entrar en la tienda– porque la próxima vez no seré tan generosa. Todo el mundo está ya al corriente de lo ocurrido y nadie os creerá aunque vayáis andando de rodillas hasta el santuario.

Oneka no respondió, apretó hasta arrugarlo el documento que durante un breve momento le había devuelto la libertad y penetró en la vivienda, arrastrando a su hija con ella.

Abril de 1338

En los casi nueve años transcurridos desde su marcha de Estella, el joven Roger Bertolín se convirtió en el caballero distinguido que su madre esperaba. Tan ambicioso como ella, aunque más maleable, siguió sus indicaciones al pie de la letra y no perdió el tiempo vagueando, como algunos de sus compañeros de estudios. El canónigo Bertolín era el responsable de la clavería de Atarrabia en Villava, una casa-granja propiedad de la colegiata de Roncesvalles, desde la cual administraba sus extensas propiedades en la zona media de Navarra, almacenaba las rentas y archivaba la documentación. Era un puesto importante pero para el clérigo era, sobre todo, cómodo, lejos de la casa-madre y de su rígida disciplina. El día de su diecisiete cumpleaños, apenas un par de años después de su llegada, Roger recibió de su tío un regalo inesperado.

–Bien, querido sobrino, tu madre estará contenta –le dijo con una amplia sonrisa en su sonrosada cara de luna llena–. ¡Tu futuro está asegurado!

–¿Cómo así, señor tío? –preguntó él esperando ansioso que el canónigo confirmase sus presentimientos.

–Fray Pedro ha accedido a acogerte como ayudante –declaró éste, tan hinchado de satisfacción que la abotonadura de su sotana estuvo a punto de salir disparada por los aires.

Roger se quedó perplejo. Sabía que su tío estaba haciendo gestiones para que él pudiera entrar al servicio de algún ricohombre o infanzón del reino, pero jamás hubiera imaginado que se tratara de una de las personas más apreciadas en la corte de Navarra. Fray Pedro de Atarrabia, franciscano y teólogo, oriundo de Villava, había intervenido en la negociación para nombrar a los nuevos reyes y en el Amejoramiento del Fuero. Era, desde entonces, una de las personas de mayor confianza de los monarcas. Tener su protección equivalía a tener la del propio rey. No soltó ninguna exclamación de alegría, ni dio saltos, ni nada por el estilo, porque no quería dar ese placer al canónigo. Su tío era un ser fatuo, insoportable cuando hablaba de sus amistades o de la estima que por él tenía el obispo, y vulgar en todo lo demás. Como buen clérigo a quien los goces de la carne le estaban vedados, la mesa era su mayor placer en la vida. Era un experto en salsas y, al menos una vez a la semana y para desesperación de los encargados, entraba en la cocina de la clavería y él mismo elaboraba exquisitos aliños a base de cebollas, ajos, comino, pimienta, ajonjolí y otras especias exóticas traídas para él de los países mediterráneos por un mercader que, procedente de Francia, no dejaba de parar en Villava un par de veces al año, encargándose de rellenar los tarros de la cocina de la clavería con hierbas, semillas y raíces en polvo. El canónigo también acertaba con los ojos cerrados el tipo, año y origen del vino que se le servía. Su bodega, protegida por una doble puerta, estaba repleta de barricas de diversos tamaños y nadie, salvo él, disponía de las llaves de ambas cerraduras. No sabía nada de leyes, no conocía la historia de Navarra y tampoco le interesaba; tenía un oído completamente sordo para la música y nunca leía nada, aparte del libro de la misa. Roger lo despreciaba, pero tenía que reconocer que había aprendido muchas cosas en su casa: la forma de comportarse según tratase con la nobleza o la plebe, modales en la mesa, un lenguaje refinado, los nombres de los que eran algo en la Corte y, sobre todo, el manejo de las armas. Se ejercitó con un maestro durante horas y aprendió a utilizar con igual pericia la espada y la pica, la ballesta y el viratón. Pensaba poner en práctica todos aquellos valiosos conocimientos en cuanto tuviese la mínima oportunidad y ésta estaba a punto de caerle como una bendición del cielo.

Todos los días recorría el camino entre Atarrabia y Pamplona para dirigirse al convento de los franciscanos, contiguo a la iglesia de San Lorenzo, montado en un caballo adquirido con dineros enviados por doña Aldonza, siempre dispuesta a cualquier sacrificio con tal de que su retoño continuase medrando. Fray Pedro ocupaba una habitación y un escritorio en un extremo del convento a los que podía accederse por una pequeña puerta, permitiéndole mantener una cierta libertad y recibir a las personas que acudían a visitarlo a diario. Roger ocupó durante dos años el puesto de ayudante del secretario del afamado teólogo, comprobando por sí mismo que el fraile, a quien en París y en otras renombradas universidades se conocía como Pedro *el Navarro*, merecía con razón su fama de sabio. A su lado aprendió de leyes, algo de la diplomacia requerida para tratar con los poderosos y también muchos de los hechos ocurridos en el reino durante los últimos años, desconocidos para la mayoría de sus paisanos.

–Aprende, muchacho, porque el conocimiento es un arma mucho más poderosa que la mejor de las espadas –solía decirle fray Pedro en las ocasiones en las que se permitía un descanso.

En dichos momentos, el hombre se frotaba los ojos cansados, estiraba brazos y manos después de haber pasado horas sentado ante su mesa escribiendo y le pedía que lo acompañara a dar un pequeño paseo para ejercitar sus piernas. El recorrido era siempre el mismo, de San Lorenzo a la iglesia de San Cernín y de ésta por el portal de la Galea atravesando el mercado de granos y siguiendo la rúa Mayor hasta llegar a la catedral. Observaban el trabajo de pelaires o cardadores de paño, de los calceteros o sastres de calzas, de los manguiteros o peleteros, de los basteros, fabricantes y vendedores de albardas, y de otros muchos artesanos que tenían sus puestos en los portales de las casas o en plena calle.

–El Burgo, San Nicolás, el Nabarriria y la Judería..., cuatro poblaciones unidas y, al mismo tiempo, tan lejanas unas de otras –comentaba el clérigo con cierto pesar.

Roger no hacía comentarios. No veía nada extraño en la situación. En Estella ocurría lo mismo. Sin embargo, le llamaba la atención la diferencia existente entre las casas del burgo y las del barrio navarro. En el primero eran viejas, con muros desconchados, mientras que en el segundo todas estaban pintadas y parecían recién levantadas.

–Hace algo más de cincuenta años el barrio navarro fue completamente destruido, también lo fue el judío –le informó fray Pedro un día, respondiendo a su pregunta–. La catedral fue saqueada, los objetos de culto, los libros, los relicarios de oro y plata, las piedras preciosas engarzadas en la corona de la Virgen..., todo fue robado.

–¿Por qué?

–A causa del mayor mal que puede atacar a una población.

–¿Una epidemia?

–El odio entre vecinos, más mortífero que la peor epidemia. Los habitantes del burgo se enfrentaron en una verdadera guerra con los del barrio navarro y los de la judería. Los francos pidieron ayuda al rey y éste envió a su cuñado, el conde de Artois, con un numeroso destacamento de soldados.

El fraile calló durante unos instantes, intentando imaginarse el paso de los franceses por las estrechas calles, callejuelas y callejas del barrio navarro. A veces, incluso, durante sus paseos, escuchaba sus gritos, el ruido de los cascos de sus caballos resonando sobre el suelo empedrado; los veía degollando a los hombres, violando a las mujeres, ansiosos de sangre. La casa de Dios, ultrajada por gentes llegadas del país al cual Roma había otorgado el título de "Hija de la Iglesia", fue desconsagrada, tardándose más de veinte años en celebrarse de nuevo ceremonias religiosas en ella. Las obras de restauración habían comenzado poco después, pero estaba claro que él no las vería acabadas.

–Hace tan sólo veinte años que la Corona permitió la reconstrucción de la ciudad –prosiguió, ahuyentando los fantasmas–, por eso sus casas tienen este aspecto tan lucido, al igual que las de la judería.

Roger supo por el amanuense con quien trabajaba que fray Pedro había presidido la delegación encargada de acudir a

París para solicitar a doña Juana y a don Felipe que aceptaran la Corona de Navarra y verse así libres del yugo francés. Desde entonces era consejero y hombre de confianza de ambos monarcas.

–¿Por qué doña Juana? –interrogó a su maestro durante otro de sus paseos–. También es francesa.

–Hubo que rastrear con sumo cuidado a todos los miembros de la familia real para encontrar a uno, en este caso una, que tuviera al menos algo de sangre navarra. Doña Juana es la sexta generación descendiente de nuestro Sancho *el Sabio*. Su sangre está algo diluida –sonrió con ironía–, pero, al menos, no compartimos monarca. Otro rey de Francia sentado en el trono de Navarra hubiera sido una catástrofe. Nuestras gentes no lo hubieran permitido, se habrían alzado en armas y... perdido la batalla.

–¿Perdido?

–Somos un reino pequeño comparado con nuestros vecinos. Habríamos resistido durante algún tiempo pero, al final, hubiéramos caído y esta vez de forma definitiva.

Roger disfrutaba con aquellos ratos de intimidad, pero al cabo de un par de años, aparte de la historia del reino, los escritos de su mentor transcritos con buena caligrafía por él mismo o las discusiones teológicas mantenidas por fray Pedro con otros clérigos y estudiosos, de las cuales apenas entendía nada, llegó a la conclusión de que poco más podía aprender en el escritorio del franciscano. No deseaba ser amanuense el resto de su vida, aunque no veía otra salida que regresar a Estella y ocuparse del negocio familiar, algo que tampoco le atraía demasiado. La buena fortuna hizo que su camino se cruzase con el de Arnaldo de Barbazán, obispo de Pamplona. Su buen porte, su dominio de las lenguas de Navarra y del francés, aprendido con fray Guilles, así como sus conocimientos de la lectura y la escritura, llamaron la atención del obispo, quien le tomó aprecio y se lo llevó a vivir al palacio episcopal como secretario, encargado de redactar cartas y enviar mensajes.

El hijo de los pañeros de Estella podía considerarse uno de los jóvenes más prometedores de la Corte. No había regresado a su casa en todos aquellos años, aunque su madre y su hermana habían ido a visitarlo en Villava en dos ocasiones y doña Aldonza le escribía cada mes, manteniéndolo puntualmente al corriente sobre todo lo que ocurría en la villa. No echaba en falta su lugar de origen. Comparada con Pamplona y aunque más poblada, resultaba una villa campesina. Sin embargo, algo le hizo cambiar de opinión. El merino de la Tierra de Estella, pariente lejano de la mujer del gobernador, solicitó a éste el nombramiento de un lugarteniente. La "frontera de malhechores" que ocupaba las tierras limítrofes con Álava y Guipúzcoa era un verdadero quebradero de cabeza. Los linajes alaveses, guipuzcoanos y también navarros de la frontera no dejaban de pelear entre sí, los robos de ganado, la quema de campos y caseríos mutuos estaban a la orden del día. El hombre solicitaba un lugarteniente porque, decía en su mensaje, le era imposible ocuparse él solo del control a lo largo del territorio. El gobernador comentó el asunto con el obispo y Roger escuchó la conversación. Después de tantos años dedicados al estudio, sintió de pronto la necesidad de un poco de actividad. El puesto de lugarteniente del merino de Estella presentaba varias ventajas. La más importante era sucederlo en el cargo, siendo igualmente interesantes el sueldo y beneficios que se obtenían. Tampoco estaba de más el atractivo del mando, ordenar en lugar de obedecer debía de provocar una sensación gratificadora. Convenció al obispo de que él era la persona más adecuada por su conocimiento de la región y dominio de las armas. Él mismo redactó la respuesta y la llevó en persona al interesado.

A los veinticuatro años, cuando algunos hijos de nobles empezaban a caracolear, él ya estaba ocupando un puesto de responsabilidad. Pronto se aficionó al mando, maravillándose de su propia facilidad para dirigir hombres, impartir órdenes o ejecutar malhechores. Encargado de controlar la frontera con las tierras alavesas, residía en el castillo de Zalatambor durante sus estancias en Estella, aunque no dejaba de bajar todos los días a visitar a su madre. Doña Aldonza no cabía de orgullo dentro del corpiño. Comprobó, satisfecha, que su hijo disfrutaba en su compañía, le confiaba sus dudas y solicitaba su consejo. Se había convertido en un hombre apuesto, el más apuesto de la villa, a sus ojos; era una persona respetada y temida a pesar de su juventud y ¡no había hecho más que empezar! Paseaba ufana cogida de su brazo y, muchas veces, subía la empinada cuesta del castillo para comprobar por sí misma que estaba bien atendido, pasando revista a sus trajes, camisas, calzas y mudas. Se hacía informar por uno de sus agentes judíos sobre la moda imperante en Pamplona, encargaba todo tipo de tejidos, en especial terciopelo y brocado de Flandes, y tenía a dos de sus costureras ocupadas únicamente en coser para él.

–Madre –protestaba Roger con la boca pequeña cuando ella le mostraba una preciosa garnacha de terciopelo granate, larga hasta media pantorrilla, forrada de piel, o un juego de camisas de lino con pliegues en la pechera y bordados en puños y cuellos–, ¡ni el propio rey tiene un guardarropa como el mío!

–Tampoco él tiene una madre como la tuya –respondía ella satisfecha.

Era feliz y aún lo sería mucho más cuando su retoño decidiese matrimoniar y darle nietos, pero Roger no parecía ávido por cambiar de estado a pesar de su insistencia.

–¿Por qué te empeñas? –le preguntaba él riendo, asiéndola por el talle y levantándola un par de palmos del suelo–. No me interesan las mujeres. Yo sólo te quiero a ti.

En aquellos momentos, doña Aldonza deseaba que nada cambiara, que el tiempo detuviera su marcha. Había criado a sus dos hijos tal y como lo había planeado, siendo ella su primera y única referencia. ¿Qué más podía pedir? Sin embargo, el amor no nublaba su lucidez. Un hombre necesitaba una esposa para estabilizar su posición. Una rica heredera o la hija de un noble ayudarían a su hijo a seguir ascendiendo en la escala social, pero en Estella no había nobles, sólo burgueses y algunos hacendados campesinos. A falta de nobleza, la joven elegida debería pertenecer a una familia adinerada, ser discreta y sumisa. No tenía intención alguna de perder su influencia sobre Roger y tampoco deseaba una nuera respondona a la que no pudiera manejar a su antojo.

El caso de Blanca era distinto. Tenía diecinueve años, debería estar casada hacía por lo menos tres, pero su madre no tenía prisa en buscarle marido, aunque hubiera ya recibido proposiciones ventajosas por parte de varios comerciantes de la plaza. Siempre respondía de la misma manera cuando alguna comadre chismosa se interesaba por la situación de la joven:

–Todo se andará –decía invariablemente en tono seco, dando el tema por zanjando.

Le asqueaba imaginarse a su niña yaciendo desnuda con un hombre, acariciada en sus zonas más íntimas, sometida a deseos lascivos. Su hija era feliz a su lado, controlaba el negocio, moviéndose entre proveedores y compradores como pez en el agua; había hecho de ella una mujer capaz e independiente y las cosas no tenían por qué cambiar. No necesitaba un marido. Se decía que estaba siendo injusta al hurtar a Blanca las mismas experiencias que ella había tenido, el amor de un hombre, el goce inmenso de ver crecer a sus hijos. Al fin y al cabo, tampoco le había ido tan mal con el bueno de Bertolín. Pero luego recordaba lo mucho que le desagradaba sentir el cuerpo, gordo y sudoroso, de su marido encima de ella, su propia figura deformada por los embarazos, sus pechos hinchados a punto de reventar, los dolores del parto, la inaguantable angustia sufrida a la muerte de dos de sus pequeños y se reafirmaba en su decisión. Blanca no necesitaba nada de aquello para ser feliz. Siempre se tendrían la una a la otra y ambas tendrían a Roger.

Un día observó algo que la dejó momentáneamente paralizada. Salió de la tienda y pasó a la vivienda para cambiarse el delantal, manchado por un descuido al derramar sobre él el pocillo de la tinta utilizada para apuntar las cuentas. La puerta de la casa estaba entreabierta y no necesitó meter ruido al entrar, fue a subir las escaleras para dirigirse a su habitación y, al pasar por delante de la cocina, vio a Roger hablando con Ane. El joven estaba sentado encima de la mesa tocinera, con un pie sobre una banqueta y el otro apoyado en el suelo. Gesticulaba y reía mientras narraba a la sirvienta su última expedición a tierras de la Burunda en busca de unos malhechores. Ane, sentada en otra banqueta, lo escuchaba, aparentemente complacida, al tiempo que se afanaba limpiando y picando verduras para echar a la olla. Tan entretenidos estaban los dos que no se percataron de que ella los estuviera observando.

Aquella visión breve, inocente, le quitó el sueño durante noches enteras. No dejaba de darle vueltas al asunto. La muchacha, Ane, había crecido en su casa sin ella apenas apercibirse de su presencia; era como un mueble más, un ser inanimado a quien raramente se dirigía pues, era de ley reconocerlo, nunca le había dado motivos de queja. Silenciosa, trabajadora, ocupada en la cocina y en la limpieza, se había convertido en una guapa joven.

–Muy guapa, ¡maldita sea! –exclamó doña Aldonza, dando otra vuelta más en la cama.

Era una muchacha espigada, de rasgos perfectos y piel blanca, a pesar de andar entre pucheros, ir siempre vestida con una falda de lana de tonos oscuros y un corpiño con mangas del mismo color y llevar el cabello castaño corto como un monje, costumbre vasca que ella había negado a su hija por considerarla una falta de elegancia. ¿Cómo no se había percatado de que tenía al propio diablo metido en casa?

Sus relaciones con Oneka habían ocupado todo su interés doméstico durante aquellos años. Hacía tiempo que había despedido a la otra criada. La mujer y su hija eran suficientes para ocuparse del trabajo de la casa. Sabía que la sirvienta la odiaba, pero que, al mismo tiempo, la temía pues tenía en su mano quitarle a su hija Ane, la única razón de que aún siguiera viva. A ella le eran necesarios aquel temor y aquel odio, habiendo meditado más de una vez sobre el asunto. Hubiera sido mucho más sencillo dejar marchar a Oneka, devolverle la libertad, olvidarse de su existencia. ¿Por qué entonces sentía tanta necesidad de mantener a la mujer bajo su férula, acoquinada, humillada? Disfrutaba viéndola de rodillas, fregando el suelo con un estropajo de esparto, las manos agrietadas por el agua y el frío, sacando los orinales para verter su contenido en el río, cargada con las compras cuando acudían al Mercado Nuevo, mientras ella se entretenía con sus conocidos. A veces, incluso, le había atizado con la vara.

–¡Es una mula tozuda y a las mulas hay que pegarles para que anden! –solía decir para justificar un comportamiento tan poco cristiano.

A medida que pasaba el tiempo, cada vez era mayor su religiosidad. Asistía todos los días a misa de San Pedro de la Rúa, era patrona del convento de las monjas clarisas a quienes beneficiaba con importantes limosnas, enviaba al hospital de San Lázaro telas cortadas en tiras para ser utilizadas como vendas y una vez al año, el día de Jueves Santo, invitaba a media docena de peregrinos pobres a compartir su mesa, una mesa que hacía instalar en el taller de costura tras haber guardado a buen recaudo terciopelos, sedas, brocados y abalorios para alejar la tentación de los mendicantes. También se ocupaba personalmente de que siempre estuviera limpia de hierbajos la tumba del misterioso obispo procedente de Patrás, un lugar lejano, allí por el Oriente, que nadie sabía muy bien dónde se encontraba. El obispo había muerto en Estella cincuenta años atrás durante su peregrinaje a Santiago y estaba enterrado en el claustro de San Pedro. Llevaba consigo, en un relicario, un omoplato de San Andrés, el cual fue nombrado protector de la villa por hecho tan singular. Doña Aldonza era una de las más devotas seguidoras del santo en el convencimiento de que había sido voluntad de Dios que el obispo falleciera en Estella y no en otro lugar, de manera que la reliquia pudiera permanecer en el burgo para toda la eternidad, protegiendo de cualquier mal a sus habitantes. Su fe era real, se decía, era una buena cristiana. No obstante, sentía una sensación incómoda cada vez que el cura hablaba del amor entre los seres humanos, recordando a todos el tercer mandamiento escrito en las tablas de Moisés o las palabras de San Pablo: "Aunque yo hable la lengua de los hombres y de los ángeles, si no tengo amor, soy como bronce que suena o címbalo que retiñe. Y aunque tenga el don de la profecía, y sepa todos los misterios, y toda la ciencia, y tenga toda la fe de forma que traslade montañas, si no tengo amor, nada soy", que el clérigo se empeñaba en repetir habitualmente, sobre todo después de la destrucción del barrio judío. Hacía entonces examen de conciencia, pero siempre llegaba a la conclusión de que ella amaba al prójimo, a todo el prójimo, incluida Oneka, pero su criada era un ser imperfecto y rebelde, y ella debía doblegarla y conseguir la salvación de su alma.

Durante las siguientes semanas, doña Aldonza pilló varias veces más a Roger hablando con Ane, y por el tono de sus voces, por sus miradas y sonrisas, no le cupo la menor duda de que los dos se gustaban. Era normal que la muchacha se sintiese atraída por su hijo, uno de los mejores partidos de la villa, si no el mejor, pero el asunto tomaba otro cariz en el caso de Roger. Todos sus esfuerzos se irían al garete sin remisión si acababa metiéndose en el lecho con una campesina sin educación ni fortuna alguna. Desesperada, acudió a la iglesia y se postró ante la reliquia de San Andrés, esperando encontrar una fuente de inspiración entre velas e inciensos. Salió del templo fortalecida por la meditación y, sobre todo, por la decisión que acababa de tomar.

–Dile a tu hija que venga, quiero que me acompañe –ordenó a Oneka nada más entrar en su casa.

No se movió ni un solo músculo del semblante de piedra de la mujer, pero sus ojos brillaron atemorizados.

–No temas –la tranquilizó su patrona con un tono más amable que de costumbre–, no me la voy a comer. Quiero que me acompañe al convento de las hermanas.

Oneka permanecía quieta y muda.

–¡Anda, mujer! –exclamó doña Aldonza comenzando a impacientarse–. ¡Que no tengo todo el día!

Oneka salió para regresar al poco acompañada de Ane. Asía con fuerza la mano de la muchacha, como temiendo que se esfumara en el aire.

–Prepara la cena –le ordenó la pañera al salir–. Estaremos de vuelta antes del toque de cierre.

Antes del toque, en efecto, doña Aldonza estaba de vuelta en su casa, sola.

–He dejado a Ane con las buenas monjas –se molestó en explicar a Oneka, cuyo labio inferior había comenzado a temblar imperceptiblemente al constatar que su hija no había regresado.

–¿Por qué?

La pañera se sorprendió al escuchar la voz de la mujer. Había comenzado a subir las escaleras y volvió a bajarlas. Por un momento pensó en sincerarse con la sirvienta, explicarle la atracción advertida entre Roger y Ane, decirle que sólo sería cuestión de unos meses, hasta que ella encontrara una esposa para su hijo, que la muchacha estaría bien cuidada, que había pedido a las monjas que le enseñaran a leer y a escribir, pero no lo hizo. Los ojos de Oneka tenían el mismo brillo que años atrás, cuando se enfrentó a ella ante el mayoral y los vecinos de la calle; su mirada tenía tanta fuerza, tanto odio, que tuvo que desviar la suya antes de hablar.

–No tengo por qué darte explicaciones –replicó– y procura no hacer ni decir nada, ya que, de lo contrario, tu hija se quedará con las monjas para el resto de su vida y tampoco intentes verla porque he dado orden de que nadie, salvo yo, la visite.

Aquella noche, Oneka lloró su soledad con lágrimas amargas mientras acariciaba un pequeño cuchillo de su marido, el único objeto que tenía de él y que había ocultado entre sus ropas en el momento de ser apresada. Algún día, cuando Ane estuviera a salvo, lo clavaría en el corazón de la persona que había destrozado su vida, la había humillado hasta la desesperación y pisoteado su dignidad. El infierno del que hablaban los curas en la iglesia no podía ser muy diferente al que ella sufría día a día, en silencio, desde hacía diez largos años.

A pesar de su relación personal con doña Aldonza, siempre había querido a Roger y a Blanca. De alguna manera, ocupaban en su corazón el lugar dejado por los suyos propios. Era ella la que curaba sus heridas y los atendía cuando las fiebres se adueñaban de sus cuerpos, la que escuchaba sus confidencias, conocía sus secretillos y secaba su llanto. Su madre estaba demasiado ocupada con el negocio, haciendo planes e intrigando, para ocuparse de las pequeñas minucias de todos los días. A los niños no les faltaba de nada, doña Aldonza se encargaba de vigilar sus comidas, sus progresos en los estudios y su salud, pero no era una persona dada a gestos cariñosos y los días tenían muchas horas. Ella había suplido, siempre a espaldas de su madre, las carencias afectivas de los dos niños. Había visto crecer a Blanca, buena como un pedazo de pan, y se había sentido orgullosa de Roger al volver a verlo hecho un apuesto mozo. Había observado la atracción que él y su hija sentían el uno por el otro, sin atreverse a opinar al respecto, temiendo en todo momento que la patrona también se diera cuenta. Deseaba tanto que Ane fuera feliz que esperaba que, por una vez, el destino se mostrase bondadoso. Veía la sonrisa en sus labios y la alegría en su mirada, le oía canturrear cuando pensaba que estaba sola e imaginaba para ella una vida llena de venturas. La ilusión había durado bien poco. No había futuro para Ane y tampoco lo había para ella, no mientras doña Aldonza controlara sus vidas.

La viuda Bertolín se durmió con la sonrisa en los labios. Su querido Roger estaba a salvo. En breve concertaría su matrimonio con María Ibaíñez, la hija de uno de los hombres más ricos de Estella, y haría regresar a Ane después de la boda, cuando ya no hubiera peligro. Educada por las monjas, la joven sería una buena compañía para Blanca. Las dos siempre se habían llevado bien desde niñas. Oneka y ella seguirían odiándose y necesitándose. Todo continuaría igual hasta que Dios la llamara a su lado, pero no tenía miedo, su conciencia estaba en paz. Siempre había cumplido con su deber.

A veces Orti no lograba distinguir entre la realidad y el recuerdo. Se había convertido en un hombre, no tan alto y robusto como sus primos, pero sí lo suficientemente fuerte como para mantener peleas y pulsos y competir en la tala de árboles con ellos. Además, era el más rápido a la hora de lanzar el venablo directo al corazón de un jabalí y pescaba truchas con tanta facilidad que su tía le encargó a él solo el aprovisionamiento familiar. Sus facciones eran armoniosas, llevaba el cabello largo y ondulado atado en una cola y la barba asomaba incipiente, aunque casi inexistente comparada con la de los demás hombres de la familia, lo cual no dejaba de ser motivo de bromas a la hora de comer. Era un joven divertido, dispuesto a hacer reír a las mozas cuando la familia al completo bajaba a Alsasua durante las fiestas de carnaval u otras festividades. Narrador nato, encandilaba a la gente contando viejas leyendas o inventando historias y era capaz de improvisar versos sobre cualquier tema para regocijo de los oyentes. Todo el mundo estaba de acuerdo en decir que el futuro del joven Ogaiz era de lo más halagüeño y más de un padre de los contornos había hecho propuestas a sus tíos en vistas a un casamiento entre él y alguna de sus hijas. Joanes estaba dispuesto a cederle un prado de su propiedad en Gollano para construir allí su caserío y poder mantener a su propia familia, pero él no parecía tener ninguna prisa por cambiar de estado.

A veces pensaba en sus padres y sus hermanos, aunque sus rostros se confundían en el recuerdo con los de sus tíos y primos. Meses después del viaje al Puente de la Reina, Joanes le informó de que el ricohombre de Estella había cumplido lo prometido y había intervenido a favor de su madre. Según Martín Díaz de Muniain, las gestiones tuvieron éxito, pero, de manera incomprensible, Oneka decidió continuar en casa de los francos. La dueña de la tienda de paños en cuya casa servía le confesó que la mujer había elegido libremente continuar a su servicio, en compañía de su hija, y no había mostrado el menor interés por conocer el paradero de sus dos hijos varones.

–La viuda Bertolín me ha confiado, no sin cierto pesar, que para tu hermana sus hijos están ya muertos –dijo el ricohombre.

Joanes, hombre sincero hasta la médula, repitió sin omitir ni una las palabras del hombre a Orti y a los demás miembros de la familia. En la casona no volvió a hablarse de Oneka. El joven, dolido, se juró no pensar nunca en ella, borrarla de su mente y de su corazón. Sin embargo, éstos no siempre iban parejos. Cuando recordaba su pasado, el sentido común le decía que más valía no volver la vista atrás, que la vida era justa con unos e injusta con otros y era poco lo que podía hacerse para cambiarla, que había encontrado el mejor hogar jamás deseado, pero el corazón se negaba a olvidar la muerte del padre, la mirada aliviada de la madre al saberlo a salvo y los ojos asustados de Ane camino al burgo. Cuando esto ocurría, cerraba los puños, trepaba por las rocas como un gamo hasta llegar al nacedero del Urederra y se zambullía en sus heladas aguas para emerger de ellas con la cabeza fría y los recuerdos adormecidos.

Daniel continuaba a su lado. Al contrario que él, el joven judío no había cambiado mucho de aspecto. Seguía siendo flacucho, pero había crecido más que él y le llevaba una cabeza de altura, sus facciones eran dulces y tenía una sonrisa encantadora. Desde los primeros meses de su estancia en Zudairi dejó bien claro que nunca podría ser un montañés como Orti y sus primos. Al principio, todos se lo quedaron mirando asombrados e, incluso, con cierto desprecio, pero su dominio con la hachuela, la gubia y el formón había hecho de él un elemento imprescindible en la vieja torre, encontrando en Gasen su mejor aliada. Su pericia para fabricar una silla, arreglar una cerradura de arcón que hacía años que no funcionaba o encajar perfectamente las contraventanas para evitar la entrada del viento y de la lluvia eran motivo suficiente para que la mujer se felicitara por la suerte de contar en la casa con alguien tan mañoso después de haber pasado años pidiéndoselo a sus hombres sin conseguirlo. Acabó de conquistarla cuando talló hermosos dibujos curvilíneos en los pocos muebles insípidos alojados en la torre y aún encontró tiempo para transformar un pequeño platillo de plata abollado en un precioso dije en forma de ramo de flores silvestres que ella lucía para ir a la iglesia los domingos.

La amistad de los dos jóvenes no había dejado de acrecentarse con los años.

–¿Tú recuerdas? –le preguntó una noche Orti antes de dormirse en el mismo rincón del desván que ocupaban desde su llegada.

–Como si hubiera sido ayer –respondió él sabiendo a lo que se refería su amigo.

–A mí a veces me cuesta...

–Eras un niño. Los niños olvidan pronto.

–¿Olvidan a sus padres?

–Olvidan todo lo que no quieren recordar.

–¿Qué ocurrió?

–El rey francés murió sin herederos, los navarros querían un rey navarro, tu padre se alzó en armas y fue ahorcado por ello con dos de tus tíos. Tu madre y tu hermana fueron enviadas a servir a casa de un franco y tu hermano pequeño a la casa de huérfanos. Yo te encontré y te escondí en mi refugio días antes de que los cristianos asaltaran Olgacena –la voz de Daniel tembló al pronunciar las últimas palabras–. Mis padres fueron asesinados y tú y yo nos marchamos de Estella.

Permanecieron en silencio. Era la primera vez que hablaban del asunto en años. En un acuerdo no pactado, ambos habían callado intentando olvidar.

–Quiero regresar a Lizarra –dijo al cabo de un rato Orti en un susurro, creyendo que su amigo ya se habría dormido.

–Y yo quiero ver de nuevo Olgacena –respondió éste.

Volvieron a hablar de ello días después, mientras pescaban truchas sentados sobre la hierba, a orillas del Urederra. Nunca como entonces les pareció tan hermoso el paisaje que contemplaban sus ojos. Parecía imposible que existiera otro mundo fuera de allí. Encinas de gruesos troncos, quejigos que habían mudado sus hojas secas de invierno por nuevas, verdes y brillantes, robles peludos y frondosas hayas envolvían la tierra de Ameskoa, extendiendo sus brazos protectores para defenderla de cualquier mal. Las aguas del río transcurrían en calma, transparentes, verdiazuladas; ningún ruido extraño al bosque, ninguna voz rompía la paz, caricia para sus corazones atormentados por un creciente sentimiento de culpabilidad, cada vez más profundo a medida que recordaban. Habían huido de sus casas, abandonado a los suyos y vivido felices sin preocuparse por los que habían dejado atrás.

Unas semanas más tarde se despidieron de quienes durante tantos años habían sido su única familia. Nadie intentó convencerlos para que se quedaran.

–El hombre es libre y debe tomar sus propias decisiones –sentenció Joanes con firmeza, aunque después se mordió los labios para no mostrar la pena que le producía la marcha de los dos muchachos, sus hijos de alguna manera, tan queridos para él.

Gasen no pudo aguantar las lágrimas y se abrazó con fuerza primero a uno y después al otro.

–Pero volveréis, ¿verdad? –preguntó antes de poner en las manos de cada uno un atado con ropa y provisiones.

–Ésta será siempre nuestra casa y vosotros nuestra familia –le confirmó Daniel, besándola emocionado en la mejilla. No imaginaba que la despedida le fuera a resultar tan dura.

Agitaron sus manos repetidamente antes de perderse entre el ramaje que, a modo de túnel, cubría el mismo sendero que los había llevado a Zudairi diez años atrás. Llegaron siendo unos niños asustados y volvían hechos hombres, sin saber muy bien lo que iban a hacer ni lo que encontrarían a su regreso.

Apenas hablaron durante todo el trayecto, tenían prisa por llegar, cada uno intentaba recuperar su memoria sin conseguirlo del todo. Penetraron por el portal de San Pedro rodeados de labradores que acudían al mercado de los jueves con sus cestos repletos de frutas y los burros cargados de verduras y sacos de cereales. Fue tal la congoja que Orti sintió al pisar la calle de su infancia que tuvo que detenerse para coger aire. Daniel esperó sin decir palabra a que su amigo se repusiese de la emoción mientras contemplaba la ciudad de Estella desde un pequeño mirador; abajo, el Arenal, San Juan y San Miguel; al otro lado del río, el Burgo y Olgacena. Se veían casas en el lugar cuya última visión había sido un montón de escombros, pero tuvo la impresión de que su barrio había empequeñecido. Sintió de pronto la necesidad de echar a correr, no parar hasta llegar a la casa de sus padres y comprobar por sí mismo si la parra había vuelto a crecer.

–Orti, tengo que ir allí –se limitó a decir.

–Ve. Nos encontraremos en el puente de las Berzas al anochecer.

–De acuerdo.

Daniel echó a correr cuesta abajo y su amigo lo vio desaparecer entre gentes, cestos y burros. Contempló él también durante un buen rato la hermosa vista que se apreciaba desde la altura, suspiró y dirigió sus pasos hacia su hogar. La casona continuaba igual a como él la recordaba, vieja y agrietada. Los tablones seguían clavados en la puerta, impidiendo la entrada. Asió la pequeña hacha que llevaba colgada al cinto y desclavó las maderas ante los atónitos ojos de algunos vecinos que se habían aproximado.

–Joven –se dirigió un anciano a él–, ¿quién eres para atreverte a hacer lo que estás haciendo?

–Soy Orti, hijo de Semeno Ogaiz y de Oneka Periz de Zudairi –respondió, girándose y alzando la cabeza con orgullo–. Ésta es mi casa, al igual que lo fue de mis antepasados, y nadie, ni el propio rey, va a quitármela otra vez.

Los vecinos permanecían mudos de asombro.

–Tuya es, muchacho –dijo de nuevo el anciano con los ojos humedecidos–. Bienvenido seas.

El interior estaba aún en peor estado que el exterior. Las ratas habían hecho sus nidos por doquier y el suelo estaba cubierto de excrementos de perros que habían encontrado el camino a través del portillo de la cuadra; las ollas rotas y los utensilios quemados continuaban esparcidos por el suelo; olía a humedad y las telarañas tapizaban techos y paredes. Antes de que pudiera reaccionar, la vivienda se llenó de hombres, mujeres y niños provistos de escobas, trapos, barreños con agua, ollas, pucheros, cucharas y hasta un colchón y lienzos para la cama de sus padres que aún continuaba en su sitio. Sin fuerzas para oponerse, se dejó llevar por el anciano que lo asió de un brazo y lo sacó de nuevo a la calle, conduciéndolo después a su propia vivienda, dos casas más arriba.

–Déjalos –le dijo, refiriéndose a los vecinos–. Llevan años queriéndolo hacer. Creíamos que habías muerto.

–He estado en Zudairi. Mi madre...

–Oneka está viva y también tu hermana Ane –lo tranquilizó el hombre.

–¿Por qué...?

Iba a preguntar por qué su madre no había regresado a Lizarra, no los había buscado a él y al pequeño Lucas y seguía sirviendo a unos extraños, pero calló. El viejo puso sobre una mesa desvencijada un pedazo de queso y una torta de pan de mijo y, como si se tratase de una ceremonia ritual, dedicó los siguientes minutos a cortar en silencio finas lonchas de queso, dejándolas después sobre un plato de barro.

–La vida enseña mucho, muchacho –dijo cuando el plato estuvo repleto–. Nadie puede saber lo que pasa por la cabeza de los demás y cada cual es responsable de sus propias acciones. No juzgues a tu madre sin antes haberla escuchado. Alguna razón habrá tenido para no regresar a su hogar y preferir vivir como esclava en lugar de como mujer libre.

Las palabras del anciano no dejaron de sonar en su cabeza cuando, saciado de queso y algo mareado por el vino, volvió a su casa, cruzándose con los vecinos que ya se retiraban al igual que habían llegado, con tímidos saludos de bienvenida y sonrisas apenas esbozadas. No eran muy expresivos. Orti sonrió emocionado. No escucharía grandes discursos, palabras vanas, promesas sin contenido. Los habitantes de Lizarra eran descendientes de los hombres y mujeres que habían poblado el Deierri cuando la historia aún no se escribía, habían construido sus cabañas, sembrado sus campos, soportado invasiones y ataques, luchado contra la naturaleza. No mostraban sus sentimientos porque ni las palabras ni los gestos eran suficientes para expresarlos, pero continuaban allí, como las hayas y las encinas, viendo pasar el tiempo sin inmutarse. Además de limpiar la planta baja de la vivienda, habían llevado leña, frutas y verduras, saquitos de habas y guisantes, una pequeña garrafa de vino e, incluso, galletas de nata recién horneadas. También habían vuelto a encender el fuego en el hogar de forma que, durante un instante, a Orti le pareció que el tiempo no había transcurrido y que en cualquier momento sus padres y hermanos aparecerían en la cocina, abrirían sus brazos para recibirlo y juntos recordarían el pasado como un sueño. La visión se desvaneció rápidamente y él se encontró más solo que nunca.

Mucho antes del cierre de los portales de las murallas, estaba sentado en el bordillo del puente de las Berzas. Escuchó las voces del cambio de guardia, observó cómo, poco a poco, las antorchas iluminaban rúas y callejas, y contempló ensimismado, con la mente en blanco, las últimas luces del atardecer reflejadas en las aguas del Ega. Su amigo apareció poco después y se sentó a su lado. Juntos contemplaron en silencio la llegada de la noche.

Daniel no había parado de correr hasta llegar a Olgacena. Atravesó la población de San Juan, cruzó el burgo y finalmente penetró por el portal del barrio. Continuó su carrera hasta la que había sido su casa, un montón de cascotes y maderas quemadas, entre los que había crecido la hierba y alguna que otra florecilla silvestre. Permaneció allí, sin moverse, durante mucho rato, reconstruyendo con la memoria la casa encalada, las ventanas llenas de flores y la parra que sombreaba la entrada, bajo la cual sus padres esperaban en los días cálidos su llegada de la *Yeshivá* tomando un té de hierbas verdes.

–¿Qué buscas?

Se giró para mirar a la dueña de la voz y tuvo un sobresalto. Arrugada, de hombros caídos, vestida de negro, la mujer que tenía ante él era igual a la vecina, la que había ardido con su casa. Luego reparó en que ésta era algo más joven, pero que el dolor había marcado su rostro y doblegado su espalda. Estuvo a punto de decirle quién era y hacerle mil preguntas, pero la mujer no esperaba respuesta alguna y continuó su camino hacia una casucha construida con tablones que se alzaba justo en el mismo lugar en el que estaba la casa de la vieja del candil.

–Nada –respondió finalmente, sabiendo que ella ya no podía escucharlo.

Recorrió Olgacena tratando de reconocer algún lugar, un edificio, una persona, algo que le dijese que estaba de nuevo en el lugar en el que había nacido. El barrio de hermosas casas y prósperos comercios que él recordaba había dejado paso a un arrabal gris, repoblado con gentes anónimas llegadas de otras partes que evitaban el saludo y miraban al suelo. Se acercó a la casa de su tío Juce Ezquerra, el hombre más rico de la aljama, asesinado también por los cristianos al igual que sus padres. Estaba situada en la calle mayor, próxima a la sinagoga, y había desaparecido con ésta, tragada por las llamas de la colosal hoguera en la que quedó convertido el barrio. La habían reconstruido, pero ya no era la vivienda que él siempre había admirado, de celosías de madera en las ventanas, rejas inferiores de diferentes formas, puerta maciza de roble con una aldaba de bronce en forma de caballo. En su lugar, un mazacote apenas enlucido daba la impresión de querer hacer olvidar la prosperidad de sus moradores. Vio salir a sus primos Judas y Mosse, pero no sintió deseos de hablar con ellos. Sus familias nunca se habían llevado demasiado bien y eran para él unos extraños. Pasaron por su lado sin verlo, enfrascados en la conversación, y los vio alejarse hacia el portal del barrio. También estaba la familia de su madre, los tíos Leví, alguno de los cuales recordaba haber visto en el momento del enterramiento de las víctimas, pero no podía, o tal vez no quería, encontrarse con nadie que avivase los recuerdos. Aún no estaba preparado para enfrentarse a ellos.

Fue a visitar el fosal donde reposaban los restos de sus padres, pero las lápidas sin nombres, colocadas a toda prisa al día siguiente de la matanza, se veían cubiertas de verdín y no logró recordar el lugar exacto de la tumba. No había mucho más que hacer y entretuvo el resto de las horas deambulando por el barrio judío y también por el burgo hasta que distinguió la silueta inmóvil de su amigo sentado sobre el bordillo del puente.

–La parra ha desaparecido –fue lo único que se le ocurrió decir después de un largo rato de silencio–. Las raíces debieron de quemarse durante el incendio.

–Mi casa es tuya –dijo Orti al cabo de otro rato–. Todo lo mío es tuyo.

–Lo sé.

Cansados por la caminata desde Zudairi y las emociones del día, los dos jóvenes durmieron toda la noche a pierna suelta.

A primeras horas del día siguiente acudieron al Consistorio y solicitaron hablar con el escribano encargado de los pleitos, multas, condenas y perdones.

–¿Así que tú eres el hijo de Semeno Ogaiz? –afirmó más que preguntó el hombre con aspecto de lechuza, una vez que Orti se hubo presentado–. Me dijeron que habías muerto. ¿Tienes algún documento que lo demuestre? No es cuestión de creer a alguien sólo de palabra porque...

–¿Dónde está mi madre?

Orti interrumpió su discurso con un gélido tono de voz. El escribano se caló las gafas de pinza y carraspeó incómodo antes de responder.

–Trabaja en casa de la viuda Bertolín, una buena mujer, una de las pañeras más importantes de la villa y...

–¿Dónde vive? –le interrumpió nuevamente Orti de forma bastante brusca.

–En la rúa de San Nicolás, aquí al lado.

Los dos jóvenes hicieron un gesto de despedida con la cabeza, dispuestos a salir de la habitación.

–El asunto aquél del perdón real, ¿están todas las cosas en regla? –preguntó Orti volviéndose hacia el escribano.

–Sí, claro. Tu madre tiene el documento, yo mismo se lo entregué.

–La casa, las tierras, el ganado...

–Todo, todo –el escribano parecía confuso–. Según me comentó la viuda Bertolín, tu madre prefirió que ella siguiese administrando sus propiedades. Es una buena mujer, inteligente, muy sabida en asuntos de negocios y...

Por tercera vez, el hombre se quedó con la palabra en la boca. Orti y Daniel salieron del Consistorio, dirigiéndose a la rúa de San Nicolás. No les fue difícil encontrar la tienda de paños con el letrero que desde hacía veinticinco años colgaba del muro. Penetraron en ella y se encararon con una joven que en ese momento atendía a una señora elegantemente vestida.

–Queremos ver a Oneka, mujer de Semeno Ogaiz. Nos han dicho que está aquí –dijo Orti sin tan siquiera dirigir una mirada a la compradora, escandalizada por sus malos modales.

–¿Por qué? –preguntó la joven a la defensiva.

–Soy su hijo. ¿Dónde están mi madre y mi hermana?

Sorprendida, la joven hizo una seña a uno de los dependientes para que atendiera a la clienta y llevó a Orti y a Daniel tras la cortina del fondo.

–Yo me llamo Blanca Bertolín –se presentó a su vez con una sonrisa–. Soy la hija de la dueña de la tienda.

–Llévanos a donde esté mi madre –le ordenó Orti sin pizca de amabilidad.

La sonrisa se borró del rostro de la joven y echó a andar seguida por los dos hombres. Se tropezaron con doña Aldonza nada más entrar en la vivienda.

–¡Blanca! ¿Cómo te atreves a traer a unos desconocidos a nuestra casa?

–Este joven es el hijo de Oneka.

Doña Aldonza fue a decir algo, pero no encontró las palabras y permaneció callada. Oneka apareció en aquel mismo momento acarreando un gran saco de castañas, contempló la escena, primero curiosa, luego sorprendida, dejó caer el saco al suelo, llevándose las manos a la boca para ahogar un grito de estupor. El joven que hablaba con la dueña era la viva imagen de su amado y recordado compañero. Lo vio aproximarse, tratando él de reconocer en ella a la madre perdida un aciago y frío día de invierno, dejó que le cogiese las manos y las apretara contra su pecho.

–Madre, soy Orti, tu hijo.

Oneka no pudo hablar, las lágrimas afluyeron a sus ojos, resbalando por su rostro para ir a caer sobre el corpiño de lana basta que cubría una camisa blanca, varias veces remendada. Orti la atrajo hacia él y la besó en la frente.

–Vamos a casa –dijo.

La mujer se desprendió de su abrazo con un gesto brusco, miró a doña Aldonza y negó con la cabeza.

–¡Madre!

Oneka volvió a negar con la cabeza y salió corriendo, desapareciendo escaleras arriba.

–¿Qué ocurre aquí? –la pregunta iba dirigida a doña Aldonza.

–Ya lo ves –respondió la pañera, recuperando el habla–. Oneka no quiere marcharse de esta casa en la que siempre ha sido tratada con cariño.

–¡No se quedará aquí!

–¡Claro que se quedará si ella quiere! ¡Estaríamos buenos! –exclamó ella, recuperando completamente su dominio–. ¿Y quién eres tú, si puede saberse? ¿Quién nos asegura que eres su hijo y no un impostor?

–¿Dónde está mi hermana?

–No te diré dónde está Ane, no me pareces de fiar y ahora mismo voy a ir a hablar con el alcalde para poner las cosas en claro.

Los ojos de Orti se achicaron hasta casi desaparecer de su cara, apretó los dientes e hinchó las narices.

–Haced como bien os venga en gana, señora –dijo finalmente con voz pausada–. Conozco el perdón real. El notario de la villa os reclamará en mi nombre las propiedades, tierras y ganado de los que os apropiasteis a la muerte de mi padre. No entiendo la reacción de mi madre, pero exigiré la restitución de mi hermana, cuyo tutor soy según la ley. Rogad clemencia a Dios, si es que creéis en Él, porque yo no la tendré si algo malo le ha ocurrido.

Orti y Daniel salieron del comercio, dejando atónita a Blanca y a doña Aldonza temblando de pies a cabeza por primera vez en su vida.

La torre, la pequeña iglesia, media docena de casas de madera y el establo se hallaban envueltos en una densa niebla, tan espesa que apenas podían distinguirse sus siluetas. Amanecía y el silencio caía pesadamente sobre Asparrena, zona alavesa limítrofe con Navarra. Tierra dura, como duros eran sus habitantes, región de brujas y gigantes, aún resonaban sobre su suelo los pasos de los legionarios romanos y los cascos de los jinetes árabes. El portón de la vieja torre de Egino, amparada por el monte Olano en cuya ladera se abría como una herida la *Goba*, la sima de la Leze que había dado su nombre a los señores del lugar, chirrió antes de abrirse. Diego Sánchez de Lezea, señor de Egino, asomó por él con una antorcha encendida en la mano, seguido por su hijo, Corbarán. Padre e hijo parecían una misma persona. No muy altos, anchos de hombros, barbados, narices chatas y mandíbulas cuadradas, vestidos con calzas negras y petos de cuero, sendas capas de piel de raposa y botas de montar de color indeterminado debido a su mucho uso, el uno era la réplica exacta del otro. Únicamente se diferenciaban en el color de los cabellos, el del mayor casi blanco, el del joven, castaño tirando a negro. También eran diferentes las armas que portaban.

El señor de Egino llevaba al cinto una gruesa espada de dos manos, la misma que había pertenecido a su hermano, Johan, colgado veintiséis años atrás en lo alto del monte Aralar tras haber sido capturado con varios de sus hombres por el merino de las Montañas. Él logró escapar, pero regresó poco después, recogió la espada que tan bien conocía y siguió a los soldados y a sus prisioneros. Horrorizado, contempló cómo su hermano y lo suyos eran ahorcados sin contemplaciones ni juicio cerca de la ermita de San Miguel. Morir luchando era honroso, hacerlo como un vulgar malhechor no lo era.

–¿Qué esperabas? –le reprochó el fraile de la ermita cuando fue a pedirle un responso por el alma de Johan y, de paso, a protestar por la radical acción del merino–. Os dedicáis a robar ganado y el sino de los ladrones es la soga. Las leyes son iguales para todos. Enmienda tu camino, hijo mío, o acabarás como él.

No mató al fraile en aquel momento porque era preciso que el hombre rezase por su hermano para que no fuera directo al infierno y porque era un viejo indefenso. No sería una acción digna de un caballero. Pero, a partir de aquel día, decidió declarar la guerra al merino, no sólo al que había ahorcado a su hermano, sino a todos los que vinieran después de él. En Egino sólo habría una ley para él y para sus gentes, la suya. No codiciaba los animales de sus vecinos por dinero, no necesitaba robar para vivir. Quería sus tierras, arruinarlos, obligarlos a marcharse, volver a los tiempos en los que su familia y sus parientes eran los únicos dueños a ambos lados del río llamado Araia por los alaveses y Burunda por los navarros, a antes de que unos miserables campesinos se instalaran en la barranca, protegidos por el rey de Navarra. Sus antepasados habían estado allí desde los tiempos oscuros. Le importaban un bledo las leyes reales castellanas o navarras. Los pueblos habían sido antes que los estados y antes que los pueblos, los hombres libres y él era uno de ellos.

Corbarán, por su parte, llevaba una espada en una mano, mucho más ligera que la de su padre, con su nombre grabado en la empuñadura, además de un cuchillo de monte metido en la bota y un hacha colgada de la silla de montar. Admiraba a su progenitor y procuraba imitarlo en todo, aunque no siempre estuviera de acuerdo con él. Se había ocupado de él y de sus hermanos al morir su madre y le había enseñado a cabalgar, cazar y luchar. Estuviera o no de acuerdo, siempre seguiría al viejo zorro hasta la propia morada de los genios de la tierra que habitaban en el interior de las montañas que rodeaban el valle, como todo el mundo sabía.

–¡Maldita niebla! –exclamó don Diego, arrebujándose en la capa de piel de lobo–. ¡Estas humedades acabarán conmigo! ¿Cómo vamos a atravesar la barranca si no puedo verme los pies cuando orino?

–¡No te preocupes, padre! –rió Corbarán–. Los caballos conocen el camino mejor que su propio establo.

–¡Más les vale! ¡Otxoa! ¡Txurio! –gritó el cabeza de familia–. ¡Maldita sea! ¿A qué estáis esperando?

Las luces iluminaron el interior de las casas e instantes después salieron varios hombres de ellas, algunos acabando de vestirse, otros ya vestidos por haber dormido con las ropas puestas, pero todos con cara de sueño.

–¡Menuda cuadrilla! –exclamó don Diego, pasando revista a la docena de hombres agrupados a su lado–. ¡En vez de hombres, parecéis mujeres legañosas suspirando por un buen semental!

El exabrupto acabó por despertarlos y sus risas rompieron el silencio.

–¿Están los caballos calzados? –preguntó al más joven de sus hijos, Johan, llamado *Txurio* por el color de sus cabellos, extrañamente rubios, que llegaba en ese momento con los animales.

El muchacho hizo un gesto afirmativo con la cabeza, cogió una de las manos delanteras del caballo que tenía más cerca y la levantó, iluminándola con una antorcha. El casco aparecía totalmente recubierto con un trozo de piel de cabra para amortiguar el ruido.

–Pues, andando, que quiero estar de vuelta antes de que caiga la noche.

Los jinetes se dirigieron al trote siguiendo el curso del río en dirección a Ziordia, enclave fantasma de tres casas y una torre medio derruida, que ya había sufrido varios ataques por parte del linaje alavés en los últimos veinte años. Con semejantes vecinos era difícil conseguir su repoblación, aunque siempre hubiera alguien lo suficientemente osado, o necesitado, para intentarlo. Nadie lo había hecho, sin embargo, desde la última arremetida, dos años antes. Los Lezea, acompañados de todos sus parientes, los Eginoa, Araia e Ilarduia, quemaron entonces los campos recién sembrados de la Burunda en respuesta a las muertes de varios de sus parientes a manos del merino de las Montañas, don Gil García de Aniz y sus hombres, llevándose de paso centenares de reses y ovejas. Por cada uno de los muertos de la familia, el viejo cacique hacía una muesca en la espada de su hermano. Las últimas correspondían a su propio hijo Sancho y a su sobrino Diego, muertos en Aranaz.

–Para acordarme de ellos cuando se la clave en las tripas a ese bastardo –decía, refiriéndose a Aniz, a todo aquel que se interesaba por el extraño rito.

Mientras los merinos de Navarra, Álava y Guipúzcoa se reunían para pactar acuerdos contra los linajes de la frontera y los Vélaz de Guevara trataban de imponerles su autoridad, Diego Sánchez de Lezea hacía la guerra por su cuenta.

–Sólo será una pequeña batida –informó a sus parientes–. Los Goiti de Olazti se han traído ganado del norte, cien reses más o menos. Ya he concertado precio con Lope de Agurain, así que a la vuelta los llevaremos directamente al lugar convenido.

La niebla se había despejado a medias, colgando a retazos en la parte baja de las laderas como si fuera humo de hogueras, cuando llegaron a las proximidades de Olazti. Conocían de sobra el lugar y se dirigieron por una pequeña vereda que llevaba a un prado, propiedad de los Goiti, donde las vacas pastaban ajenas a la carrera que les esperaba. Don Diego alzó la mano, dispuesto a dar la orden para provocar la estampida, cuando algo lo detuvo. Bajando por el camino de Urbasa, cabalgaban veloces dos jinetes. Podía vérseles con mucha claridad en algunos tramos, desaparecían, ocultos por los árboles, y reaparecían algo más tarde.

–¿Escuderos del merino? –preguntó Corbarán siguiendo la mirada de su padre.

–Ésos creo que no, pero... aquéllos, puede –respondió éste señalando con el dedo más arriba.

Media docena de hombres seguían los pasos a los dos primeros. Era un grupo compacto, buenos jinetes, bajaban la cuesta zigzagueando sin el menor asomo de duda ni aminorar la marcha, mientras los otros dos se juntaban, se separaban y frenaban al llegar a los recodos más cerrados. Parecía que iban a despeñarse en cualquier momento. Estaba claro que el grupo de jinetes conocía el terreno y los escapados no.

–¿Qué hacemos? –preguntó Corbarán de nuevo.

–Esperar.

Esperaron en silencio a que los dos jinetes llegaran al sendero que atravesaba el prado. Eran jóvenes, montaban a pelo mientras sus caballos jadeaban de cansancio y se giraban a menudo sobre sus monturas para mirar a sus perseguidores, que iban acortando distancias. Pasaron por delante de los alaveses, quedándose de piedra cuando éstos los saludaron con la mano.

–¡Ahora! –gritó don Diego.

Los hombres de Egino se lanzaron hacia el rebaño de reses dando gritos, soltando *irrintzis*, golpeando a las vacas en las ancas y dirigiéndolas hacia el camino. Los animales, asustados, emprendieron una carrera veloz entre mugidos y choques, azuzados por don Diego y sus parientes, y levantando una gran polvareda a su paso. Pasada Ziordia, el polvo y la niebla, aún no despejada en aquella zona, se los tragó a todos, dejando estupefactos a los seis hombres que los habían perseguido a galope tendido hasta el límite de la frontera y que tuvieron que desistir en su empeño.

–¡Aniz estará ahora como un toro bravo a punto de cornear! –exclamó Sánchez de Lezea alzando la jarra de vino y bebiendo directamente de ella–. ¡Que se joda el muy cabrón!

Habían llevado las vacas a Agurain y regresado a la torre antes del anochecer, tal y como él había previsto. Estaba más que satisfecho, la ganancia había merecido la pena, se habían divertido y dado en los morros a los hombres del merino.

–Y a vosotros... ¿por qué os perseguían? –preguntó de pronto, recordando que había dos bocas más a la mesa.

Orti y Daniel se miraron sobrecogidos. Joanes les había hablado de los señores de la frontera, malhechores los llamó, dedicados a aterrorizar a los campesinos, robar los ganados, quemar los sembrados y violar mujeres, pero jamás hubieran imaginado que algún día se encontrarían en la guarida de uno de ellos. No se parecían en nada a los habitantes de Estella ni tampoco a los montañeses de Ameskoa. Eran rudos, sin modales y su hablar era más seco, pero les estaban agradecidos por haberlos salvado a punto de ser alcanzados por los hombres del merino. Aún estaban bajo la impresión y no entendían muy bien lo ocurrido.

Al salir de la tienda de paños, se dirigieron al Consistorio, solicitando al escribano la entrega de una copia del documento de perdón, cosa que el hombre con cara de lechuza hizo a regañadientes. Después fueron al escritorio del notario don Pere Pasqual para exponerle la situación. El hombre, de unos cincuenta años, bien vestido y con porte distinguido, los escuchó y prometió ocuparse del caso. Durante la conversación mantenida entre éste y Orti, Daniel no apartó los ojos de una preciosa jarra de plata pulida, cuya asa representaba el tronco retorcido de una parra, con sus hojas y granos de uva, colocada encima de la mesa de trabajo.

–Hermosa pieza, ¿no es cierto? –preguntó el notario visiblemente satisfecho al notar el interés del joven–. Pertenecía a un puto judío, pero ahora es mía.

–Si no es indiscreción..., ¿cuánto os costó? –preguntó Daniel a su vez, tratando de controlar su voz.

Orti miró a su amigo, miró la jarra y comprendió.

–Sois mis clientes y cristianos honrados, así que puedo deciros la verdad –le respondió el hombre sin percatarse del tono crispado y la súbita palidez del rostro de su interlocutor–.

Pagué por ella ochocientas libras en plata –y añadió con una sonrisa al observar el asombro reflejado en los ojos de los dos jóvenes–: No es ningún secreto, todo el mundo está al corriente. Fue la multa que me impusieron los reyes por participar en el asalto a Olgacena. Con todos los derechos, me apropié de varios objetos de aquellos prestamistas ladrones, aunque tuve que devolverlos más tarde. Todos –la sonrisa se hizo más amplia–, menos esta preciosidad que, creo en justicia, gané por ayudar a librar a la villa de aquella plaga.

Daniel no aguantó más y salió de la habitación.

–¿Qué le ocurre a vuestro amigo?

–Se habrá sentido mal, tiene problemas con su estómago...

–¿Cómo habéis dicho que se llamaba?

–Zudairi, Juan Díaz de Zudairi –improvisó Orti.

Salió él también del escritorio tan pronto como pudo. Únicamente había un notario de herencias en Estella, así que no podía acudir a ningún otro y era preciso que su asunto quedase zanjado de una vez por todas. Por otra parte, comprendía la reacción de su amigo. La jarra y las palabras del hombre habían vuelto a abrir la herida, nunca cerrada. En su lugar, tal vez él lo hubiera estrangulado con sus propias manos. No encontró a Daniel al salir, así que decidió presentarse en la casa de los huérfanos para reclamar a su hermano pequeño, Lucas.

–¿Lucas Ogaiz? No..., aquí no hay ningún niño con ese nombre –le informó la monja portera.

–Ahora tendrá algo más de diez años...

–Conozco a todos los niños y niñas acogidos aquí y no hay ninguno que se llame Lucas Ogaiz –repitió la portera.

–Lo trajeron aquí por orden del merino –insistió él con tozudez.

–Y yo os digo que... –la religiosa calló al ver el ceño fruncido del visitante–. Tal vez nuestra madre superiora sepa algo –añadió conciliadora–. Yo he estado en esta casa durante los últimos cuatro años, pero ella lleva más de treinta. Seguro que se acordará...

La portera regresó al cabo de un rato, acompañada por una anciana monja llena de arrugas y mirada amable. Sí, claro que se acordaba del pequeño Ogaiz, le dijo, estuvo acogido durante unos meses y luego fue dado en adopción.

–¿En adopción? –preguntó Orti estupefacto.

–Es lo que suele hacerse –casi se disculpó la religiosa–. Nuestros medios son escasos a pesar de la ayuda del Concejo y de las limosnas, y, la verdad, un niño se cría mucho mejor con una familia que lo quiera.

–¿Cómo se llamaba la familia que se llevó a Lucas?

La superiora lo miró con pena, apretó los labios antes de hablar y suspiró.

–Llevo sirviendo a Dios en este lugar exactamente treinta y seis años y cuatro meses. Durante todo este tiempo he visto llegar a muchos niños huérfanos o abandonados. Algunos han crecido a mi lado, otros han tenido la suerte de ser acogidos en familias cristianas, pero no puedo recordar a todas éstas, más de un centenar, procedentes de toda la comarca.

–¿No se guardan registros?

–No.

Orti salió de la casa de los huérfanos con el corazón en un puño. Un par de días antes se sentía pletórico, estaba dispuesto a reunir de nuevo a su familia, borrar el pasado como si las desgracias nunca hubieran tenido lugar y nada había salido como esperaba. Además, ¿qué hubiera podido decirle a su hermano? ¿Cómo explicarle lo sucedido si aún era un niño? ¿Cómo saber que en verdad era él? Recordó con una sonrisa los comentarios de las comadres al nacer el pequeño y constatar que tenía una mancha en el muslo izquierdo del tamaño de una ciruelilla y en forma de pera, debido a un deseo no satisfecho de la madre. Podría reconocerlo por aquella marca, pero ¿qué le diría cuando le preguntase por qué había tardado tanto en ir a buscarlo?

Regresó a Lizarra sumido en un mar de confusiones y esperó a Daniel.

–¿Dónde has estado? –le preguntó cuando apareció, cerca de la medianoche.

–En el cementerio judío. Pensando.

–¿En tus padres?

–En lo que puedo hacer para vengarlos. Ya es hora de que alguien lo haga.

–Te colgarán si lo matas... –adujo Orti pensando en el notario.

–Hay muchas formas de vengarse.

Se acostaron cuando los labradores comenzaban sus tareas. Aún estaban durmiendo cuando la puerta se vino abajo y una docena de soldados penetraron en la vivienda y los obligaron a acompañarlos. Pasaron el resto del día y de la noche encerrados en un calabozo lleno de ratas y porquería, encadenados al muro en compañía de un peregrino que había robado a otros compañeros y de un hombre que había matado a su mujer por celos. Al día siguiente fue a verlos un hombre casi de su misma edad y de porte orgulloso. Era rico, eso estaba a la vista, y tenía poder, pues el carcelero se inclinaba en una reverencia cada vez que se dirigía a él.

–¿Son ésos? –preguntó en tono despectivo, señalándolos con la vara de mando.

–Ésos son, excelencia –respondió el hombre adulador.

–Soy Roger Bertolín, lugarteniente del merino de Estella –dijo el caballero–. Sé por mi madre que ayer os presentasteis en nuestra casa, causando una gran zozobra a mi hermana y asustando a nuestra criada.

–¡Tengo todos los derechos para...!

El hombre alzó la vara y cruzó el rostro de Orti con ella, abriéndole en la mejilla izquierda una herida a un dedo del ojo.

–Seréis enviados a la cantera de Etxaburu por haber entrado a robar en una casa respetable y asustado a sus moradoras –les informó, añadiendo a continuación en tono amenazador–: Yo mismo os mataré si os vuelvo a ver en Estella.

Ese mismo día fueron atados a una cuerda junto a otros condenados como si fueran ganado, cruzaron la villa bajo miradas de conmiseración y desprecio y, una vez más, atravesaron el portal de Ameskoa. Lo último que Orti vio fue la figura del anciano que lo había acogido a su llegada.

–¡Cuidaremos de tu casa! –le oyó gritar.

Lograron escaparse un par de semanas más tarde, durante la noche. Daniel jamás se separaba de la piel de badana en que guardaba los instrumentos de orfebre, regalo de su padre. Siempre llevaba el envoltorio atado a la cintura, de manera que ya formaba parte de su propio cuerpo. Oculto bajo su blusa de montañés, había escapado de las miradas de los guardias y, una vez más, demostró su gran habilidad con todo tipo de cerraduras y cerrajas al soltar sus grilletes y los de su compañero. Atravesaron el Urederra y no dejaron de caminar por senderos que conocían como la palma de su mano hasta hallarse en la torre familiar de Zudairi. Estaban derrengados, hambrientos y tenían las espaldas marcadas por los golpes de los guardianes de la cantera. La herida de la mejilla de Orti tenía muy mal aspecto. Gasen la limpió, aplicó una pomada elaborada con hojas de zarzamora y resina de roble, y la cosió maldiciendo a cada puntada al hijo de perra que había desfigurado el rostro de su querido sobrino. Después le aplicó una compresa embebida en vino de milenrama y se la ató como pudo a la cabeza con una tira de tela.

–No podéis quedaros aquí –les informó con voz grave Joanes después de que hubieran comido y repuesto las fuerzas–. Cada vez que algún reo se escapa de la cantera, el merino organiza una batida a fondo por los alrededores. Sus hombres conocen estos parajes casi mejor que nosotros mismos, no dejan cueva ni casa sin registrar, ni bosque sin examinar palmo a palmo.

–No queremos causaros ningún problema...

–No es por nosotros por quien me preocupo, sino por vosotros. A los que pillan, los ahorcan sin dilación.

–Podéis bajar a casa de los parientes de Alsasua –intervino Gasen–. También tengo una hermana en Huarte.

–Siento no tener caballos para dejaros, pero Lope Garcés de Baquedano los cría en el raso de Urbasa, cerca de las piedras colocadas por los gentiles cuando los seres humanos aún no habían nacido. No suele venderlos a desconocidos –Joanes depositó un saquito de cuero lustroso y gastado lleno de monedas en la mano de su sobrino–. Decidle que vais de mi parte. En una ocasión le salvé el cuello y me debe el favor.

–Yo...

–No digas nada. Eres mi pariente y malnacido sea aquel que olvida la lealtad hacia su familia, sean cuales sean las circunstancias.

A media mañana del día siguiente estaban negociando con el señor de Baquedano la compra de los caballos. El hombre tenía casa en Gollano, pero prefería vivir en plena naturaleza, junto a sus caballos y sus rebaños de ovejas. Se había construido una casona a la vera del camino que cruzaba el raso, controlaba el paso de viajeros y animales por sus dominios y cobraba el peaje que le venía en gana, a pesar de ser aquélla tierra libre para todos los navarros. Era un hombre adusto como pocos, apenas decía dos palabras seguidas y le bastaba un gesto de la cara o de las manos para hacerse entender por sus hijos y sus hombres. Antes de decidir el precio a cobrar por el peaje, examinaba detenidamente a los viajeros y su carga, pidiendo lo que le parecía justo y permitiendo paso libre a los que llegaban con lo puesto. El gesto negativo que hizo cuando Orti mencionó su intención de adquirir dos caballos, se trocó en otro menos agresivo al saber que era sobrino de Joanes de Zudairi, aceptando la bolsa a cambio de dos animales no muy jóvenes, pero sólidos.

–En ésas estábamos cuando aparecieron los hombres del merino –acabó de relatar Orti a Diego de Lezea y a sus hijos, pendientes del relato con la misma atención con la que escuchaban contar historias antiguas al viejo Iturri, el herrero–. Montamos en las bestias y salimos a galope tendido. El resto ya lo conocéis.

–Quedaos aquí –dijo el jefe de la familia en un tono que al joven le pareció una orden–, aprenderéis cosas que os serán de mucha utilidad.

Se levantó de la mesa y se puso a orinar sobre las brasas del hogar, siendo imitado por todos los demás, menos por Orti y Daniel, que los contemplaban atónitos.

–Dile a la Mencia que te mire esa herida, es una bruja y puede hacer maravillas –rió don Diego, levantándose el peto de cuero y la camisa de lana y mostrando una enorme cicatriz que le cruzaba el estómago–. Su madre era aún más bruja que ella, pero, ¡por todos los santos que están en el cielo!, ¡menudos muslos tenía la condenada!..., ¡duros como troncos de roble!

Sus hijos y sobrinos se echaron a reír y la torre retumbó como un viejo cascarón a punto de romperse.

–Pregúntale de paso si os deja dormir con ella esta noche –los hombres se echaron nuevamente a reír al ver la cara de asombro de los dos jóvenes–. Ya veo que os han contado muchas historias sobre nosotros. ¡No os las creáis todas! Las mujeres mandan en estas tierras y eligen a sus compañeros de cama. ¡Mencia puede con dos y con más a la vez!

Antes de desaparecer por el quicio de la puerta, don Diego se giró una vez más hacia ellos.

–La venganza, muchachos, es como un buen vino. Algo ácida si es pronta y mucho más sabrosa si se sabe esperar.

Orti y su amigo permanecieron sentados, mirándose sin saber qué decir mientras la llamada Mencia, una de las tres mujeres que habían visto hasta el momento, se aproximaba, retiraba el emplasto colocado por Gasen y examinaba la herida con ojo experto. Era una hembra fornida aunque no gruesa, madura pero aún de piel tersa y alegres ojos castaños de mirada risueña e irónica, una campesina igual a muchas otras que se veían los jueves en el mercado de San Juan.

–No le hagáis demasiado caso, mi tío es un fanfarrón como todos los miembros de la familia –dijo con un deje en el que se mezclaban el cariño y el orgullo.

–¿Tu tío?

–Mi padre y él eran hermanos.

–¿Dónde está tu padre? –se aventuró a preguntar Daniel, abriendo la boca por primera vez en toda la noche.

–Probablemente en el infierno. Fue ahorcado por el merino en la punta del monte Aralar.

Aquella noche los dos jóvenes durmieron en el lecho de Mencia, amplio y destartalado, cuyas maderas crujían al menor movimiento. Fue para ellos una experiencia inolvidable.

Esperaron ansiosos la llegada de la noche durante todo el día siguiente, pero encontraron la puerta de la habitación cerrada y tuvieron que buscar un acomodo entre los sacos de legumbres y la paja seca que se apilaban en un cuartucho al lado de la cuadra.

Doña Aldonza repasó una vez más las cuentas. Algo andaba mal. Por primera vez en años, los números no cuadraban. Las ganancias eran menores que los gastos. Tan sólo unos meses antes su vida era perfecta y, de pronto, todo había empezado a ir de mal en peor.

Primero había sido la unión de Roger con María Ibaíñez, un enlace provechoso a todas luces. El día de la boda, ella rogó a San Andrés con más devoción que nunca, agradeciéndole sus mercedes, sabiendo con toda seguridad que el santo había escuchado sus oraciones. Sentada en una de las sillas forradas de tafetán rojo, compradas y pagadas por ella ex profeso para la ocasión, seguía emocionada la ceremonia. La desposada, apenas una chiquilla, temblaba bajo el velo, mientras el novio se empeñaba en mantener la vista puesta en algún punto inconcreto del muro.

–No ha sido fácil –se dijo doña Aldonza, contemplando el perfil de su hijo.

No, no había sido fácil convencerlo de que su futuro dependía de aquella boda. Un hombre, aunque fuera lugarteniente de merino, nunca dejaría de ser un caballero de segunda clase si no disponía de una fortuna pareja a sus méritos. María, hija del acaudalado Sancho Ibaíñez, el mayor bodeguero de la tierra de Estella, tenía su herencia asegurada y aportaba una dote de quinientas libras de plata, una verdadera fortuna. El suegro de Roger estaba dispuesto a ceder a la pareja una hermosa casa de tres plantas en la calle de la Navarrería, adosada a la suya propia, pero su futuro yerno declinó vivir en ella y compró una nueva en San Nicolás.

–Para estar cerca del castillo en caso de que el merino precise de mis servicios –adujo como disculpa.

En realidad, sus motivaciones eran de otra índole. No tenía ningún deseo de residir en una población habitada por rústicos y artesanos, tan diferentes a los moradores del burgo. Además, le ponía enfermo el olor a mosto en fermentación que, durante los meses de la recolección de la uva, podía sentirse en aquella calle en la cual no había ni una sola casa, rica o pobre, sin su correspondiente bodega. No pensaba mezclarse con gentes tan diferentes a él y a sus orígenes, y, por otra parte, su madre podría ocuparse de María cuando él estuviera ausente. Tampoco deseaba que su mujer se relacionara más de lo debido con su familia, adinerada pero, a fin de cuentas, campesina.

Doña Aldonza estaba de acuerdo y se alegró de la decisión de su hijo. Los Ibaíñez jamás podrían estar a la altura de sus expectativas. Una vez más, su querido Roger no la defraudaba. Había hecho un buen trabajo trayendo al mundo a un ser tan excepcional. El asunto de Ane parecía olvidado. En un primer momento, su hijo se interesó por el paradero de la sirvienta al no verla cuando acudía a la casa familiar.

–Está con las religiosas de Santa Clara –le informó ella con voz segura, respondiendo a su pregunta.

–¿Por qué?

–No me lo preguntes, querido –respondió con toda naturalidad–. Imagino que desea llevar una vida santa y de oración. Ya sabes que siempre ha sido una buena chica y yo no he querido interponerme porque la llamada de Dios es la única que jamás puede rechazarse.

Roger no siguió insistiendo y ella se quedó tranquila. Poco después partió para la frontera y no regresó a Estella en varios meses. Doña Aldonza, mientras, llegó a un acuerdo con los Ibaíñez, informándole de sus gestiones por medio de las cartas que, puntualmente cada dos semanas, pasaba a recoger un mensajero del merino. Su respuesta relativa a la boda se hizo esperar. Le escribía contándole su vida en las montañas, las batidas en busca de malhechores, su participación en las capturas, pero ni media palabra en cuanto a su aceptación del acuerdo. El bodeguero comenzó a impacientarse por la tardanza.

–Si el lugarteniente no desea matrimoniar con mi hija, ¡que lo diga! –se expresó el hombre enojado en uno de sus encuentros con doña Aldonza–. ¡Pretendientes no le faltan!

Finalmente, llegó la tan anhelada respuesta. Roger autorizaba la petición de mano de María, cosa que su madre se apresuró a hacer antes de que mudase de opinión. Durante las semanas siguientes, doña Aldonza dejó a Blanca a cargo del comercio, dedicándose a amueblar y decorar una vivienda adquirida por su hijo en el tramo final de la calle, junto al portal de San Nicolás, también llamado de Castilla. En ningún momento se le ocurrió pedir la opinión de su futura nuera. Aquél era un asunto de los Bertolín y ellos se bastaban por sí solos. Ordenó a Oneka cepillar el suelo de madera, encerándolo después; encargó a Mosse Ezquerra, sobrino del difunto Samuel, telas para tapizar las paredes de la vivienda y alfombras para cubrir los suelos; adquirió un hermoso lecho de madera de nogal e hizo que las costureras de su taller cosieran sábanas, fundas de almohada y lienzos de lino para el aseo; compró también una gran mesa de roble para el comedor, bargueños, alacenas, arcones y sillas de cuero con reposabrazos; mantuvo una larga discusión con un ollero y un herrero de San Miguel a propósito del precio de las ollas, pucheros, paellas, espetones, tridentes, cuchillos, machetes para cortar la carne y demás utensilios necesarios en la cocina del ricohombre en que su hijo estaba en camino de convertirse y contrató a un matrimonio de cierta edad para ocuparse del servicio. Incluso encontró tiempo para bordar ella misma varios manteles en los que no faltó la B de Bertolín, realzada en un lugar bien visible.

Después de la ceremonia en la iglesia de San Pedro de la Rúa y del banquete de bodas celebrado en la sala grande del propio castillo de Zalatambor, por graciosa cesión del merino, principal invitado en el evento, doña Aldonza encabezó la comitiva que acompañó a los recién casados a su nueva morada, regresando luego a su casa con la satisfacción del deber cumplido. Al contrario que su consuegra, ella no vertió ninguna lágrima emocionada, no tenía por qué. Los proyectos forjados a lo largo de los años iban poco a poco tomando cuerpo a su entera satisfacción.

Roger partió de nuevo poco después de la boda, dejando a María bajo su tutela. Ella, a su vez, encargó a Blanca que se ocupara de su cuñada y le enseñara a coser. No tenía intención alguna de perder el tiempo con la mujer de su hijo, una jovencita bastante bonita, dócil y de buenos modales, pero inculta y, a su parecer, poco inteligente. Esperaba que Roger la hubiera preñado, así tendría en qué ocuparse. Mientras tanto, al menos aprendería algo útil en el taller.

La continua presencia de Oneka a su lado, mucho más encerrada en sí misma desde la visita del joven que dijo ser su hijo, le recordó el otro asunto pendiente. La mujer raramente hablaba, respondiendo con monosílabos y gestos de cabeza, obedecía todas sus órdenes sin conatos de rebeldía como antes de la marcha de su hija y la acompañaba a la iglesia todos los días, quedándose al fondo, junto a otras sirvientas, y esperándola a la salida. Podía decir sin modestia alguna que había hecho un buen trabajo con la labradora orgullosa y poco sumisa llegada a su casa por obra del destino. Habían transcurrido algo más de dos años desde la marcha de Ane y estaba muy orgullosa de los progresos de la muchacha. Había aprendido a leer y a escribir y, según las monjas, era dócil y hacendosa. Sería la perfecta ama de compañía para Blanca. Ahora que Roger ya estaba casado, no habría ningún problema en traerla de nuevo a casa, aunque... estaba el asunto aquél del hombre que se había presentado diciéndose hijo de Oneka. ¿Qué ocurriría si un día regresaba? Sentía cierta desazón cuando recordaba su tono amenazador.

–No te preocupes, madre –le aseguró Roger, refiriéndose al joven y a su acompañante–. Nadie vuelve de las canteras.

Sus palabras parecían ser ciertas, puesto que ninguno de los dos había dado señales de vida en todo aquel tiempo. A fin de cuentas, era un desconocido para Oneka y Ane, y probablemente no tenía nada que ver con ellas. Nunca había hablado sobre el asunto con su sirvienta y, se dijo para tranquilizarse, si hubiera sido su hijo, la mujer lo habría reconocido y no habría habido nada el mundo capaz de impedir su marcha. Aquel joven conocería tal vez el indulto por algún oficial del Concejo o por las habladurías del barrio campesino y habría pensado en apropiarse de los míseros bienes de su criada. Todo estaba bien. Hora era ya de hacer regresar a Ane.

Aquella misma mañana, temprano, se encaminó al convento de Santa Clara y recogió a la joven. Hicieron el camino de regreso bordeando el río, caminando sin prisas por Los Llanos, vergel de árboles, huertas exuberantes y silenciosos conventos, un remanso de paz en un extremo de la agitada villa. Aprovechó el paseo para llenar un pequeño cántaro con el agua cuyas virtudes sanadoras eran muy alabadas, de una de las numerosas fuentes escalonadas a lo largo del recorrido, haciéndole a Ane cargar con él una vez lleno. También quería aprovechar la ocasión para asegurarse de que su decisión había sido la acertada y de que la muchacha, a la que únicamente había visto en dos ocasiones durante aquellos dos años, era como la habían descrito las religiosas. Comprobó, con una pizca de decepción, que la jovencita guapa aunque algo desgarbada se había convertido en una mujer hermosa de verdad, de piel blanca y movimientos armoniosos. Seguía llevando el cabello castaño muy corto, pero esto no hacía sino realzar aún más su cabeza redonda, sin protuberancias ni formas extrañas. Su perfil, la nariz recta, el mentón bien dibujado sobre un cuello esbelto eran perfectos.

–¿Cómo se encuentra mi madre? –le preguntó Ane, mirándola directamente a los ojos, mientras atravesaban el puente.

–Bien, bien..., deseando abrazarte.

Tardó un rato en recordar dónde había visto aquella mirada oscura, brillante, decidida, sintiendo un pequeño malestar al reconocer en ella la del joven enviado a la cantera por su hijo. El descubrimiento la dejó momentáneamente pensativa. ¿Y qué si eran hermanos? Hizo lo que tenía que hacer y no se arrepentía de ello.

Los ojos de Oneka, iguales a los de sus hijos, pero apagados por la vida, a duras penas pudieron retener las lágrimas cuando tuvo a Ane en los brazos. Incapaz de hablar, la examinó de pies a cabeza, la tocó para cerciorarse de que era la niña por la cual había perdido todo atisbo de recuperar su libertad, la abrazó y besó un sinfín de veces para, finalmente, cogerla de la mano y llevársela a un rincón, junto al fuego de la cocina. Doña Aldonza sintió de nuevo un pellizco en algún lugar oculto en su pecho. Las contempló, sentadas en las banquetas, las manos asidas, olvidadas del mundo que las rodeaba, riendo y llorando a la vez, cuchicheando para hurtar al aire sus confidencias, y subió a su habitación. Sus hijos la querían, estaba fuera de toda duda, pero jamás habían mantenido una relación de amor tan intensa como aquella de la que acababa de ser testigo.

–Bueno, ¡tampoco ha habido motivos! –se justificó a sí misma.

Dejó de pensar en los recientes acontecimientos, centrándose en su preocupación. Los números no mentían, los gastos habían superado a las entradas. Desde su escritorio, echó una mirada a su alrededor. Únicamente había una clienta, atendida por Blanca, adquiriendo una vara de paño vulgar, mientras los dos dependientes intentaban ocuparse colocando los tejidos en orden o quitando el polvo para dar la impresión de estar activos. Hacía meses que nadie encargaba una vesta de buen paño, una sobrefalda de lana fina o un corpiño bordado. No prestó atención en las últimas reuniones del gremio de los pañeros a los comentarios preocupados de sus colegas, quejándose de lo mal que iban los negocios.

–Esto suele ocurrir, ya lo sabéis –replicó ella con optimismo–. No será la primera vez que las ventas bajen para luego subir.

–Esta vez no será igual –afirmó su vecino de enfrente, el amigo de su difunto marido–. Las cosechas han sido malas y aún lo serán peores si el tiempo no mejora. Las viñas se han perdido este año, los molinos están parados a falta de trigo para moler, las huertas apenas dan lo suficiente para alimentar a sus dueños. La gente no tiene dinero para comprar telas, pero tampoco lo tiene para comprar zapatos, ni herramientas, ni siquiera pan.

Ocupada en los preparativos de la boda de su hijo, haciendo su vida casi exclusivamente en el burgo, sin apenas contacto con los habitantes de los otros barrios, con su caja de los dineros a buen recaudo y la alacena repleta, no se había percatado de la situación.

–¡No será para tanto! –exclamó en voz alta.

Su hija, la compradora y los dependientes se la quedaron mirando sorprendidos.

–¿Decías algo, madre?

–Nada, Blanca. Ocúpate de la tienda, yo tengo que salir.

Salió del comercio y penetró de nuevo en la vivienda para cambiarse una vez más de ropa. Oneka y su hija continuaban igual a como las había dejado, con las manos unidas y hablando en un susurro. Salió del burgo, cruzando el puente de San Martín y adentrándose en la población de San Juan; observó con ojos atentos los puestos medio vacíos de alimentos, la ausencia de compradores, la desgana con la que los artesanos trabajaban, amontonando cestos, bonetes, pellejos, zapatos, herramientas y todo tipo de mercaderías a la espera de algún cliente. Pasó por la Plaza Nueva; era jueves, día de mercado. En aquel lugar parecía haber algo más de animación, pero sólo algo más. Los labradores exponían los pocos productos salvados de las lluvias, siendo continuas las discusiones entre ellos y los compradores debido a los precios, más caros que de costumbre a causa de la escasez. El mayoral del barrio y sus hombres mantenían ojo avizor para evitar que se pasara de las palabras a las manos o que alguien aprovechara la confusión para meterse una lechuga ajada bajo la camisa.

Sintiendo un impulso incontrolable, doña Aldonza ascendió por el cantón que llevaba al viejo poblado navarro. Se dijo que estaba actuando como una persona insana de mente, que a ella no se le había perdido nada allí, pero sentía una gran curiosidad por conocer el lugar y a sus moradores. Tal y como esperaba, el barrio, apenas una calle entre el portal de su mismo nombre y el de San Pedro de Lizarra, no tenía mayor interés. Las casas eran de madera y alguna había de adobe, pero sólo una era de piedra: estaba situada junto a la antigua parroquia y sus contraventanas permanecían cerradas a pesar de faltar todavía varias horas para la caída de la noche.

–Es la casa de los Ogaiz –escuchó una voz a su espalda.

Dio un respingo. Un hombre viejo como el mundo, con el rostro y las manos curtidas por el sol, el cabello y la barba blancos, vestido a la vieja usanza, *kapuzai* negro y calzas del mismo color, camisa blanca, medias de lana y abarcas, la contemplaba con una sonrisa amable no exenta de cierta ironía.

–Semeno Ogaiz fue uno de los primeros señores del valle –prosiguió el anciano–. Plantó su torre al igual que otros plantan las berzas, fue caballero de los verdaderos reyes de Navarra, luchó contra los invasores y sus descendientes fueron alcaides del castillo de Lizarra.

Comenzaba a sentirse incómoda. ¿A cuento de qué le venía el viejo hablando de cosas pasadas que ya a nadie interesaban? Dirigió su mirada nuevamente hacia la casa. No parecía estar en tan mal estado como ella creía. Podría venderse si las cosas empeoraban. Las épocas de penuria empobrecían a muchos, pero también enriquecían a unos cuantos. Siempre existía gente avispada capaz de volver las tornas a su favor, dispuesta a comprar cuando los precios estaban bajos y vender cuando subían de nuevo. Tendría que convencer a Oneka, claro, pero la mujer le estaba obligada. A fin de cuentas, las había alimentado y vestido a ella y a su hija durante mucho tiempo y había pagado la educación de Ane. Se sobresaltó al escuchar la voz del viejo, a quien ya había olvidado.

–A pesar de injusticias, muertes y extrañamientos, los Ogaiz siempre han estado en Lizarra y volverán a estarlo más tarde o más temprano. Su casa los estará esperando a su regreso.

Doña Aldonza se giró.

–¿Por qué me cuentas todo eso? –le preguntó irritada.

–Tú eres la pañera del burgo, ¿no es cierto?

Miró a su alrededor, súbitamente asustada. Unas mujeres la observaban en silencio desde el quicio de una puerta, un hombre que llevaba un burro atado con una cuerda se detuvo a pocos pasos de ellos y los contempló curioso, unos niños sentados en el suelo detuvieron su juego con unas pequeñas bolitas de barro cocido y miraron en su dirección. No respondió a la pregunta del anciano y emprendió el regreso, bajando de manera tan precipitada que a punto estuvo de rodar cuesta abajo.

Llegó sofocada a su casa. Oneka y Ane habían desaparecido de la vista y tuvo que ocuparse ella misma de calentar el agua de la olla para darse un baño en la tinaja. Necesitaba lavar su cuerpo para erradicar hasta la última mota de polvo de su piel y de sus cabellos. Se restregó con furia, presa de un ataque de ansiedad, con un jabón de aceite y hierbas fabricado para ella por un perfumero judío, y no se sintió tranquila y a salvo hasta hallarse sentada junto a la lumbre con un tazón de leche caliente entre las manos.

–¿Dónde estabas? –interrogó a Oneka con acritud cuando ésta apareció llevando unos huevos en el delantal.

–Dando de comer a las gallinas.

–¿Y tu hija?

–Ahí fuera, hablando con vuestro hijo.

Doña Aldonza trató de no mostrar su zozobra, miró a la sirvienta pero el rostro de Oneka estaba mudo. Sin embargo, un instante antes hubiera jurado notar una leve sonrisa en sus labios.

–¿Ha vuelto Roger? –preguntó, levantándose de la banqueta.

–Eso parece.

Durante los siguientes días, doña Aldonza se sorprendió a sí misma espiando todos los movimientos de Ane y también los de su hijo. Roger aparecía cada tarde a la misma hora, entraba en el comercio, la saludaba, entablaba con ella y con Blanca una conversación anodina sobre algunos aconteceres de la villa y luego, con una disculpa u otra, pasaba a la vivienda, permaneciendo dentro hasta poco antes del toque de cierre de las murallas, cuando los comerciantes habían recogido sus puestos, los peregrinos desaparecido de las calles y los niños abandonado sus juegos. Al cabo de un tiempo, el joven ni se molestó ya en pasar por el comercio, dirigiéndose directamente a la casa. En varias ocasiones, doña Aldonza lo encontró charlando con la muchacha, los dos solos, al igual que hacían antes. No era difícil de adivinar, por sus miradas, sus risas, sus guiños cómplices, que se atraían. Por primera vez en su vida, la pañera de la calle de San Nicolás sintió la punzada de los celos, unos celos terribles que le hicieron perder el sueño y el apetito. Decidió hablar con Roger sobre el asunto, sus obligaciones como esposo, el peligro que la relación con una criada podría tener para su futuro político, el respeto que le debía a ella, a su hermana e, incluso, a Oneka, la criada fiel.

–Madre, soy un hombre –replicó él, sincerándose– y ella es la mujer más hermosa que he conocido nunca. No existe el tiempo cuando estoy a su lado.

–Tienes una esposa.

–Di mejor que tengo una niña metida en mi cama –su tono se había vuelto duro–. Me casé con María porque tú así lo querías y porque creí que nunca más volvería a ver a Ane, quien, por cierto, me ha confesado que la idea del convento fue tuya...

No había reproche en el tono de su voz, pero doña Aldonza notó que algo había cambiado entre ellos. Nada sería igual a partir de entonces. El mochuelo había emprendido el vuelo solo, no la necesitaba, pero hizo aún otro intento para impedir aquella relación.

–Oneka, quiero hablar contigo de madre a madre.

La sirvienta se la quedó mirando y esperó a que hablara.

–Te habrás dado cuenta, como me la he dado yo y, probablemente, toda la calle, de que tu hija ha engatusado a mi hijo. Por su culpa, Roger descuida a su mujer, deshonra su apellido, pone su futuro en peligro y a todos, incluida a ti, en ridículo.

Calló, esperando una respuesta, pero Oneka continuaba mirándola sin expresión alguna en su rostro.

–Nunca te lo dije, pero mi decisión de llevarla con las monjas fue para evitar que mi hijo cometiera un error, aunque veo que no ha servido para nada, si no es para hacerme perder la importante suma de dinero que entregué para su manutención y educación. ¡Hay que hacer algo antes de que sea demasiado tarde!

–Podéis acusarla otra vez de ladrona como cuando era una niña –dijo Oneka con frialdad–, hacer que la metan en la cárcel o algo peor, pero, cuidado, esta vez no callaré. Vuestros hijos y todos los vecinos de Estella sabrán que sois una hembra sin corazón, que habéis esclavizado a dos mujeres libres, os habéis apropiado de sus bienes y destrozado sus vidas.

Doña Aldonza palideció al escuchar las palabras de su sirvienta. Jamás, en los años que llevaba en su casa, le había escuchado tantas palabras seguidas. Lo primero que le vino a la cabeza fue pensar que la ingratitud humana sobrepasaba todo lo imaginable. ¡Aquella miserable mujer, una campesina iletrada, la compañera de un rebelde, se atrevía a amenazarla después de lo que había hecho por ella y por la ramera de su hija! Necesitaba pensar con calma. Salió de la casa dando un portazo, subió llena de ira las escalinatas de San Pedro entrando en la iglesia, vacía de fieles y clérigos en aquella hora de la tarde. El interior estaba oscuro, apenas iluminado por algunas velas encendidas; se aproximó al altar y se arrodilló con los ojos puestos en un Cristo crucificado, tallado en madera, regalo del gremio de los mercaderes.

Regresó un par de horas más tarde, le dolían las rodillas, pero estaba serena. Ni aquel día ni los siguientes mostró gesto alguno de enfado o impaciencia, incluso se dirigió a Oneka de manera más cordial de lo habitual y regaló a Ane una falda nueva y un corpiño de mangas largas de color azul con una pañoleta de flores a juego.

–Es para que ayudes a Blanca en la tienda –le dijo, sonriendo con amabilidad al observar el sorprendido ademán de la joven al recibir las prendas.

Aprovechó, de paso, para despedir a los dependientes. Ya volvería a contratarlos cuando el negocio marchara bien otra vez, cosa que estaba segura no tardaría en ocurrir. Respiraba tranquila cuando Roger se ausentaba durante semanas. En dichas ocasiones, alojaba a María en su casa, compartiendo ésta la cama con Blanca, para que no se sintiera sola y, también, para, de algún modo, ejercer su influencia sobre ella y evitar que pasara demasiado tiempo en la casa de sus padres. Su nuera estaba embarazada y necesitaba reposo, pretextó. El olor a vino y el bullicio que organizaban sus hermanas y hermanos más pequeños, cinco en total, no eran lo más recomendable para su estado.

–No veo por qué no –protestó débilmente su consuegra–. Yo he parido nueve hijos sanos en esta misma casa y mi hija bien puede hacer otro tanto.

Doña Aldonza sonrió, mostró su admiración por hecho tan extraordinario, ocultando su desdén por una mujer capaz de parir como una coneja, y acabó llevándose a María con ella. Todos los atardeceres, las cinco mujeres se reunían junto al fuego de la cocina. Cenaban, hablaban, cosían y tejían prendas para el ajuar del futuro miembro de la familia Bertolín. Incluso Oneka parecía más relajada y, en ocasiones, llegaba a sonreír al escuchar algún chascarrillo relatado por las más jóvenes. La casa de la calle de San Nicolás se convertía entonces en una especie de capítulo conventual en pequeño, presidido por doña Aldonza en calidad de indiscutible priora.

Un día, sin embargo, a punto de cerrar la tienda, apenas comenzado a anochecer, penetraron dos hombres vestidos de peregrinos, capas, bordones y amplios sombreros que ocultaban sus caras. Ambos, esgrimiendo sendos cuchillos en las manos, exigieron la entrega de la caja de los dineros, golpeando a doña Aldonza cuando ésta se negó a dársela, y salieron llevándose a Ane con ellos.

–¡No se os ocurra avisar a los guardias o esta mujer morirá e irá a parar al río! –amenazaron antes de desaparecer en dirección al portal de Castilla, llevando cada uno a la aterrorizada muchacha sujeta por un brazo.

Blanca acudió a auxiliar a su madre, quien permanecía tumbada en el suelo conmocionada por el golpe, y después corrió a la casa para avisar a Oneka y a María. El mayoral acudió a la llamada de esta última, iniciando inmediatamente él y sus hombres la búsqueda de Ane y de los dos peregrinos ladrones, pero no había rastro de ellos en todo el burgo ni en sus alrededores.

Oneka no abrió la boca durante todo el tiempo, pero en su rostro apareció de nuevo el rictus amargo que había desaparecido de él durante las últimas semanas.

Durante los siguientes cuatro años, Orti Ogaiz maduró, su cuerpo se fortaleció, aprendió a montar a caballo como si hubiera nacido pegado a la silla y a manejar la espada y la maza como un miembro más del linaje alavés. Su barba se pobló, ocultando a medias la cicatriz, y se rapó la cabeza a la altura de las sienes. Optó por el color negro para sus vestimentas y su aspecto feroz era capaz de amedrentar al más templado. También su carácter mudó. De ser un joven alegre, más bien despreocupado, pasó a ser un hombre duro que nunca dejaba entrever sus intenciones ni sus sentimientos. Era el primero en desenvainar y entrar a galope en los encuentros de los hombres de Egino con los del merino de las Montañas, con los del de Estella o con los escuderos de Arbizu, Olazti y otras poblaciones. Parecía buscar la muerte, pero ésta lo rehuía y, aparte de algunos golpes, no había sufrido una sola herida en todo ese tiempo. Su fama se había extendido por los contornos y su nombre se mencionaba casi con el mismo temor que el del señor a quien servía, Corbarán Díaz de Lezea, el hijo de Diego Sánchez de Lezea.

Don Diego había muerto a poco de acogerlos a él y a Daniel en su torre. No había sido en una batalla como él siempre había creído que sería, ni tampoco ahorcado como en el fondo temía, sino a consecuencia de un ataque al corazón en pleno banquete de celebraciones en la boda de Corbarán con María de Ilarduia, una prima segunda. Nadie le prestó atención cuando golpeó la mesa con su cabeza, creyéndolo demasiado bebido. El propio Ladrón Vélaz de Guevara, señor de Oñati y merino de Guipúzcoa, acudió a sus exequias y tuvo palabras emocionadas para el hombre que tanto y tan bien lo había servido a lo largo de su vida. Corbarán tomó entonces las riendas del linaje y dejó bien claro que nada cambiaría. Los Lezea y sus parientes continuaron luchando en contra de sus enemigos naturales, apoyando al señor de Oñati y, según se prestase, al rey de Castilla, aunque tampoco les dolían prendas a la hora de servir al rey de Navarra. Lo único que verdaderamente les interesaba era mantener el dominio sobre sus tierras y ampliarlas. Orti fue uno de los primeros en tenderle la mano.

Daniel, por su parte, continuaba como siempre, parco en palabras, observador y algo retraído. Al contrario que su amigo, no había mostrado ningún interés en aprender el manejo de las armas y jamás acompañaba a los demás en sus partidas, pero tenía la habilidad de hacerse querer. Al igual que había ocurrido en Zudairi, su pericia para arreglar muebles rotos, recomponer goznes desvencijados y elaborar joyas con la plata que, en forma de platos, cucharas o copas, traían los hombres a la torre después de algunas de sus correrías, le había granjeado el aprecio de Corbarán y los suyos, admirados por su maña. Había montado un pequeño taller en la cabaña que les servía a él y a Orti de vivienda y allí fraguaba su venganza, mientras su amigo daba rienda suelta a la rabia contenida en el cuerpo.

–El artesano maneja mejor el punzón que la espada –comentó con sorna Orti un día, dejándose caer en el catre que le servía de cama.

Acababa de regresar de una batida y estaba completamente agotado y manchado de barro desde la cabeza a los pies. Daniel levantó los ojos de su trabajo y lo contempló preocupado.

–¿Qué te ha ocurrido? –le preguntó.

–Hemos llegado hasta Arbizu y nos hemos traído un buen número de reses de Urdiain e Iturmendi. Si no llega a ser por la lluvia, también hubiésemos arramplado con algunas que pastaban cerca de Bakaiku.

–Quería decir que qué ha ocurrido contigo. Ya no eres el mismo de antes, has cambiado.

–Todos hemos cambiado.

–Yo no.

Orti se sentó en el catre y miró el perfil de Daniel inclinado sobre la mesa que él mismo se había construido, encima de la cual se alineaban en perfecto orden tenacillas, punzones, martillos, limas, pinzas, troqueles y una balanza de pesos en la que no había reparado hasta entonces. Era cierto, su amigo no había cambiado. Ya no hablaban tanto como antes, tal vez porque no tenían mucho que decirse. Recordó su rostro desencajado por la ira al hablar sobre la jarra que habían visto en el escritorio del notario de Estella.

–Ayudé a mi padre a realizarla –le había dicho con un tono helado de voz–. Y por el Dios de los judíos y también del de los cristianos, algún día le haré pagar por ella.

No habían vuelto a hablar del asunto. Él encontró un escape para su desesperación cabalgando como un poseso por la tierra de Asparrena, atacando a los campesinos de La Burunda, luchando contra los hombres del merino. Cada golpe que daba, cada hombre que mataba, cada campo que quemaba era un eslabón más que se rompía en la cadena que lo unía al pasado. La vida lo había tratado injustamente, su familia había sido destruida, sus bienes robados, su honor mancillado. No había lugar sobre la tierra para la justicia y él no tenía por qué ser diferente a otros que con poder, engaños y malas artes hacían su voluntad. Veía el rostro del merino que había colgado a su padre en cada hombre que mataba, la cara de la mujer de la tienda de paños que había esclavizado a su madre y a su hermana en cada mujer que violaba, la mirada orgullosa del hombre que lo había marcado en cada enemigo.

–¿Y qué haces para vengarte? ¿Ya has olvidado? –preguntó a Daniel con acidez.

–¿Qué haces tú?

–Destruyo a la humanidad y a mí con ella.

–Yo sigo el consejo del hombre que nos acogió en este lugar –y añadió al observar la mirada interrogante de su amigo–: La venganza es más sabrosa cuando se sabe esperar.

–¿Qué mierda de venganza es la tuya? ¡Te pasas el día recomponiendo rotos!

Daniel esbozó una sonrisa antes de coger algo de la mesa y lanzárselo al vuelo. Era una moneda de plata, brillante, recién acuñada.

–¿Y esto?

–Eso es mi venganza.

Orti miró la moneda con más atención. En una de sus caras estaba reproducida una corona; en la otra podía verse la flor de lis.

–No lo entiendo.

–Es falsa.

–¿Cómo lo sabes?

–Porque la he hecho yo –rió Daniel, satisfecho de sí mismo.

–¡Eres un trabuquero! –exclamó Orti admirado.

–¡Y de los mejores!

–¡Seremos ricos!

–Di, mejor, que otros serán pobres. Arruinaré al notario Pasqual y después a los que, de una forma u otra, tuvieron que ver con la muerte de los míos y... de los tuyos, si quieres. Matar a los enemigos puede ser más fácil o más difícil, según sean las circunstancias, pero una vez muertos... ¿qué? Yo haré que aquellos que destrozaron mi vida y mi futuro mendiguen como pordioseros y no les daré ninguna oportunidad, como ellos tampoco se la dieron a mis padres.

Daniel calló, cansado por su largo discurso. Se había jurado a sí mismo no revelar nunca sus intenciones, ni siquiera a su mejor amigo, pero era bueno hablar en voz alta y tener un oyente a quien confiarse.

Como si sus palabras hubieran actuado a modo de bálsamo apaciguador de emociones, Orti comenzó a recuperar su antigua manera de ser. Continuaba acudiendo a la llamada de su jefe porque se lo debía y también porque no sabía hacer otra cosa, aunque evitaba pasadas brutalidades, pero ocupaba todo su tiempo libre encerrado en la cabaña, observando atentamente los manejos de su compañero. Él no era hábil con las manos, pero colaboraba a la hora de fundir el metal y verterlo en el crisol; martilleaba hasta darles forma redondeada a las piezas de bronce que Daniel luego recubría con una fina capa de plata; aprendió a limar las monedas reales para rebajarles el peso; sobó, pisoteó, enterró en el barro y colocó entre paja húmeda las nuevas piezas para darles un aspecto usado y fue él quien probó a colar las primeras falsificaciones salidas de las manos de su amigo. No lo hizo en la comarca de Asparrena, entre otras razones porque no deseaba enemistarse con su protector ni arriesgarse a sufrir su ira. Cabalgó hasta Segura, atravesando San Adrián, el túnel natural bajo los montes de Alzania que unía las tierras alavesas y guipuzcoanas, y adquirió botas, calzas, sayos y tabardos para Daniel y para él. Observó con una sonrisa irónica cómo el comerciante examinaba las monedas con recelo y luego las mordía para asegurarse de que eran buenas.

–Lo hago siempre –se disculpó el hombre–. Hay mucho ladrón suelto por ahí...

–No te preocupes, buen hombre –lo tranquilizó él–. Yo también lo hago. Hoy en día uno no puede saber de quién fiarse.

Exigía su parte de las ganancias en plata, cobre o bronce, desvalijaba a cualquier viajero cuyo camino se cruzase con el suyo y, en una ocasión, robó la campanilla de misa y un mortero, ambos de bronce, en la iglesia de Astigarraga. Tanta actividad no podía pasar inadvertida. Un buen día, cuando ambos se encontraban ensimismados en la tarea, se abrió la puerta de la cabaña y en el umbral apareció el propio jefe del linaje.

–¿Se puede saber qué cojones hacéis los dos todo el día aquí metidos? –rugió Corbarán.

Era inútil negar la evidencia. El fuego estaba encendido, el crisol encima y el tablón de la mesa repleto de monedas y herramientas. A pesar de su feroz aspecto, Orti enrojeció hasta las orejas, como un niño pillado en falta. Daniel, sin embargo, se mantuvo sereno.

–Falsificamos dinero amonedado –respondió con tanta tranquilidad que Corbarán creyó por un momento que le estaba tomando el pelo.

–Sabéis que si os pillan, os cuecen –dijo éste, aún sorprendido, al cerciorarse de que no bromeaba.

El castigo para los falsificadores de moneda era el más horrendo que se pudiera imaginar. El culpable era cocido hasta morir en una olla gigante llena de agua hirviendo, siendo después colgado como ejemplo para otros trabuqueros que osasen cometer el terrible crimen de timar al Estado. El método había sido aplicado en Francia y de allí importado a Navarra, aunque su carácter disuasorio estuviese aún por verse.

–Primero hace falta que nos pillen –respondió Daniel con la misma parsimonia.

–¡Dejadme ver!

Examinó con atención los sueldos y dineros que él mismo pesó para cerciorarse de su exactitud, los florines de Aragón, los reales sicilianos, las doblas castellanas y los francos occitanos que podían utilizarse sin problemas en tierras navarras.

–¿Estáis pensando en introducir toda esta basura en mis tierras? –preguntó finalmente en tono amenazador.

–Pensamos regresar a Estella y ocuparnos de un par de personas que sentirán haberse cruzado en nuestras vidas –dijo Orti recuperando la voz perdida momentos antes.

Corbarán Díaz de Lezea miró a uno y a otro, miró las monedas y se echó a reír. Los dos jóvenes intercambiaron miradas. Nunca se sabía si el jefe del linaje se reía porque algo le divertía o porque estaba pensando en hundirle a uno la cabeza con la maza.

–Una por cinco –dijo finalmente.

–¿Una por cinco? –preguntaron ellos al unísono sin comprender.

–Me daréis una por cada cinco monedas que fabriquéis –les aclaró–. A cambio, seguiréis disponiendo de la cabaña, comida, leña y todo lo que necesitéis. En el caso de que yo os proporcione la materia prima, el reparto se hará a medias. Si estáis de acuerdo, bien. Si no, ya os estáis largando de aquí con viento fresco.

No necesitaban consultarse. La oferta era justa. Pasaron todo el verano trabajando. Corbarán acudía a menudo a la cabaña, unas veces llevándoles objetos de plata, cobre y bronce y otras para coger la parte que le correspondía y que controlaba con una pericia digna del mejor cambista.

A mediados del otoño, Orti acompañó al jefe alavés y a sus parientes en una batida por La Burunda, una de las que periódicamente realizaban en las tierras vecinas para obtener animales y grano de cara al invierno. Llevaban ya varios meses sin hacer incursiones por aquella zona y regresaron sin contratiempos con más de doscientas cabezas de ganado, el mejor botín obtenido en los últimos años. El número de reses era importante, así que Corbarán decidió guardarlas al cobijo de la fortaleza de las peñas de Egino. Un año antes había sido nombrado, por el propio gobernador, alcaide de la fortaleza en poder de los navarros con el fin de poner orden entre las familias fronterizas y evitar sus correrías por los alrededores.

–No es bueno mezclar las cosas –aseguraba cuando alguien le hacía alguna observación sobre la incongruencia que suponía ser alcaide de una fortaleza navarra y atentar contra los intereses del rey que pagaba sus servicios–. Las quince libras anuales que recibo son una miseria. ¡No pensarán que puedo mantener a raya a los malhechores con una cantidad tan menguada! ¿Creen que me saco del sobaco el dinero para pagar a mis hombres y comprar armas y caballos?

El nuevo merino de las Montañas no pareció estar de acuerdo con la justificación del señor de Egino. Raynaldo de Bruyeres estaba decidido a acabar con los ataques fronterizos que tanto su predecesor, García de Aniz, como el hijo de éste, que lo había sustituido, no habían sido capaces de controlar. Dos días después se presentaba ante la fortaleza acompañado de dieciséis hombres a caballo y quinientos a pie, un verdadero ejército.

Los vigías que Corbarán tenía en un alto para avistar cualquier movimiento, de tropas o ganados, en la barranca, alertaron a su jefe y todos los miembros del linaje en La Llanada acudieron en su apoyo. La fortaleza de Eginoa, a dos millas de Egino, estaba situada junto a la llamada Cueva de los Gentiles, una gran peña horadada con entrada de arco de piedra de mampostería que contaba con un aljibe en perfecto estado de conservación, cuyo origen se remontaba a varios siglos atrás. Los sitiados no temían por tanto la falta de agua ni tampoco de comida, gracias a las reses recién sustraídas. La situación de sus defensas, el monte que resguardaba sus espaldas y el terreno rocoso, no apto para caballerías, les permitían resistir durante mucho tiempo. Estaban seguros dentro, al igual que lo habían estado sus antepasados, pues jamás, que se supiese, había conseguido nadie hacerse con ella. Raynaldo de Bruyeres, nuevo en la zona, creyó que sería pan comido, pero días después se vio obligado a levantar el cerco. De todas partes le llegaban avisos sobre incursiones por la zona guipuzcoana y por otras de Álava. No era cuestión de dejar desguarnecida la frontera por cuatro ladrones de vacas.

–¡Nos veremos las caras! –le gritó a Corbarán antes de emprender la retirada, llevándose la mayor parte de las reses robadas.

–¡Me conformo con ver tu trasero corriendo delante de mí! –respondió éste en el mismo tono–. ¡Y no vuelvas a pisar mis tierras, cabrón!

Al oír la voz de alarma, Orti y Daniel recogieron a toda prisa el material y las monedas ya fabricadas y corrieron a la fortaleza. Encontraron la chabola destruida al regresar de nuevo a Egino. El merino había ordenado quemar todas las casas, incluida la torre, pero, antes, sus hombres las desvalijaron a conciencia, llevándose también una pequeña imagen de la Virgen de Antioquía que otro Corbarán, bisabuelo del actual, había traído a su vuelta de la Cruzada a la cual asistió como caballero del segundo Teobaldo. La ira del jefe del linaje ante semejante hecho herético fue tal que sus gritos se escucharon en toda La Llanada y juró por la memoria de su ancestro acabar él mismo con Bruyeres y sus hombres en represalias por el ultraje. Definitivamente, estuvieron de acuerdo en opinar los dos jóvenes, aquél era el lugar menos seguro de la Tierra y ellos ya estaban en disposición de llevar a cabo su propósito. Era hora de regresar.

–Os voy a echar de menos –les dijo Corbarán, y parecía sincero, al tiempo que sopesaba la bolsa de monedas entregada por Orti de acuerdo con lo pactado–. De todos modos, ¡ya sabéis dónde estamos!

Vestidos con las ropas compradas en Segura con el dinero falso y montados en sendos caballos adquiridos del mismo modo en Agurain. Los dos jóvenes cogieron una vez más el camino de Urbasa. Llevaban las monedas bien ocultas en cinturones huecos atados bajo las blusas y tabardos, y las herramientas de Daniel confundidas entre otros objetos en las bolsas de viaje colgadas de las sillas de montar. Esta vez no se detuvieron en Zudairi. No querían dar explicaciones a la familia ni tampoco mentir. Joanes era un montañero rudo, pero honrado y no estaría conforme con la nueva actividad de su sobrino y de su amigo. Tampoco aprobaría la vida que habían llevado desde su último encuentro y ellos no tenían ganas de discutir.

Llegaron a Estella poco antes del toque de cierre, dando un rodeo a la muralla y penetrando por el puente de San Felipe y Santiago desde Bearin. Orti no quería pasar por su barrio. Su aspecto había cambiado tanto en cuatro años que difícilmente podrían haberlo reconocido, pero no quería correr riesgos. Además, tampoco quería ver de nuevo su casa. No podían alojarse en ella, no por el momento, y tenía que mantener la cabeza fría. Acudieron a una posada de la Garlanda del Mercado Nuevo en la población de San Juan, haciéndose pasar por peregrinos acomodados en viaje de regreso desde Santiago, adonde habían ido para cumplir una promesa. Su buen aspecto, las prendas de calidad que vestían y los caballos, un lujo al alcance de muy pocos, fueron suficientes para que los aposentaran en una habitación con chimenea, otro lujo fuera de lo habitual.

Durmieron toda la noche y parte de la mañana del día siguiente, se hicieron preparar un baño en tinaja, dejándose enjabonar por una sirvienta de la posada, y llamaron al barbero para que les arreglara el cabello y las barbas. El hombre movió la cabeza dubitativo al observar el corte de cabello desigual de Ogaiz, como hachazos en un tronco, aunque finalmente consiguió igualarlo al estilo francés, orejas y sienes libres. El joven se negó en redondo a dejarse afeitar la barba para no dejar a la vista la cicatriz y no dar así una pista al altivo caballero que lo había marcado, pero permitió que el barbero se la recortase a la altura de la mandíbula. El hombre suspiró aliviado cuando pasó a ocuparse del otro cliente, mucho más dócil. Cortó por debajo de las orejas la larga melena que Daniel llevaba siempre atada en una cola e hizo abundantes elogios sobre la buena calidad de sus cabellos, su color y espesura, provocando más de un comentario irónico de su compañero. También lo afeitó, dejándole un bigote ancho hasta la comisura de los labios, muy en boga entre los ricoshombres navarros.

Descansados, limpios y acicalados, salieron a la calle. Nadie hubiera podido reconocer en aquellos caballeros bien trajeados y seguros de sí mismos al joven de Lizarra y al judío de Olgacena llegados tiempo atrás en busca de un recuerdo, apaleados, heridos y condenados a trabajar en la cantera. Nunca más lejos de la realidad el dicho de que el hábito no hacía al monje; en su caso, no sólo lo hacía, sino que también lo hacía creer.

–¿Por quién empezamos? –preguntó Daniel, clavando su fuerte dentadura en una manzana recién comprada a una vendedora del mercado.

–Hay un notario avaricioso que, estoy seguro, nos recibirá con los brazos abiertos –respondió su amigo con una amplia sonrisa, palpándose la cintura blindada por el cinturón lleno de monedas falsas.

Caminaron sin prisas, recuperando los olores de Estella, de sus rúas, tiendas y mercados; contemplando a las mujeres con sus tocas y sus pañoletas de colores sobre los hombros, a las doncellas de cabellos cortos que los miraban admirando su buena planta, a los niños que corrían entre gritos, metiéndose entre las piernas de los viandantes; escuchando las campanas de iglesias y conventos, los gritos de los aguadores y vendedores. Nada ni nadie volvería a echarlos de la vieja villa que tanto querían.

Julio de 1343

Enviado por el merino, Roger Bertolín acudió a Pamplona para informar al gobernador sobre su labor en la frontera. Era necesario atraer a los jefes de los linajes de la *muga*, ofrecerles títulos, privilegios o incluso dinero para obligarlos a abandonar su acoso a labradores y ganadores de las tierras de Ameskoa, la Burunda, Aranaz y Araiz. A pesar de sus numerosos éxitos, detenciones y ejecuciones, los ataques no cesaban y suponían un goteo continuo de gentes que abandonaban el campo para dirigirse a zonas más seguras, incluyendo la emigración hacia los reinos vecinos. Ahora más que nunca cra necesario que todos los navarros arrimaran el hombro o el reino sufriría unas consecuencias de las que iba a serle muy duro recuperarse. Durante los últimos diez años, las lluvias y las sequías, unas detrás de las otras, habían acabado con los sembrados y los pastos de forraje. De todos los males que podían sufrir los seres vivos, el hambre era, sin duda, el peor de todos, la causa de una muerte lenta y atroz, y Navarra estaba hambrienta. Era, por tanto, de primera necesidad que las fértiles tierras occidentales continuaran produciendo, algo a todas luces imposible mientras existiese la amenaza de los linajes de la frontera.

Tras transmitir el mensaje, Roger aprovechó la ocasión para visitar a su tío y también a fray Pedro. Acudió a la clavería de Atarrabia, pero el canónigo ya no estaba en ella. El nuevo clavero le informó de que su tío había sido llamado a Roncesvalles varios meses atrás y que no volvería a ocupar su antiguo puesto. A Roger le dio la impresión de que el hombre se alegraba por ello. Era un monje de aspecto sobrio, muy diferente al rechoncho Bertolín. También observó que habían desaparecido del lugar algunos objetos valiosos y recordó comentarios oídos en boca del tío sobre las malas relaciones existentes entre los canónigos y los monjes de Roncesvalles. El prior deseaba que los primeros dejaran de ostentar la canonjía y pasaran a ser como los demás, lo cual, naturalmente, no estaban dispuestos a aceptar a pesar de sus votos de obediencia. Se imaginó a su tío, acostumbrado a la vida social y a la buena mesa, durmiendo sobre un catre y comiendo un potaje de verduras, un currusco de pan y una medida de vino y le entró la risa. Tentado estuvo de preguntar al clavero sobre la llave de la bodega, pero el hombre no parecía propenso a las confianzas y, mucho menos, a las confidencias. Abandonó el lugar después de darse una vuelta por la preciosa huerta de los monjes, igual a un jardín real, pensando en la reacción de muchos campesinos hambrientos si conocieran el privilegiado enclave.

Su visita a fray Pedro duró bastante más. El franciscano apenas había cambiado. Lo miró por encima de los anteojos sujetos a la punta de su nariz y una sonrisa distendió su rostro, habitualmente serio.

–Roger, muchacho, ¡te ves espléndido! –exclamó al reconocerlo.

Era verdad. El joven imberbe y pueblerino que había hecho sus pinitos como escribano del teólogo, se había convertido en un hombre que llamaba la atención. Su madre podía sentirse orgullosa de él. Era todo lo que ella había deseado: un caballero, apuesto, elegante y buen conversador, con un cargo importante y muchos visos de seguir ascendiendo en la escala social.

El franciscano dejó de lado la labor en la que se hallaba sumido, una nueva revisión del Amejoramiento del Fuero, pidió a su ayudante que les sirviera algo de comer y de beber y le ordenó que no dejara pasar a nadie hasta que su visitante se hubiera marchado. Los dos hombres hablaron largo y tendido durante toda la tarde, siendo la política el tema principal de la conversación. Fray Pedro no ocultó su desagrado por el entusiasmo que mostraba don Felipe de Evreux para acudir a la llamada del rey de Castilla en su lucha contra el moro de Granada.

–Se comporta como un niño jugando a los soldaditos. Se ha ofrecido a ayudar a Castilla y Aragón, comprometiéndose a entregarles sus conquistas sin pedir nada a cambio.

–Una acción generosa.

–Una acción tonta. Nadie da nada por nada.

–Extrañas palabras en boca de un hombre de Dios –ironizó Roger.

–Recorre Navarra en busca de hombres y pertrechos –prosiguió el franciscano haciendo caso omiso al comentario–, habla de victorias en tierras lejanas a gentes cuya única preocupación es encontrar algo que comer todos los días.

–Vos sois su consejero...

–Lo era. Hace tiempo que sólo escucha a sus consejeros franceses, tan extraños a esta tierra como él mismo.

Roger también supo por boca de fray Pedro que su antiguo señor, el obispo de Pamplona, Arnaldo de Barbazán, otrora principal consejero del rey Felipe, se encontraba en situación peliaguda y había tenido que abandonar Pamplona.

–¿Y eso? –inquirió interesado.

–Ordenó la ejecución de un judío de Pamplona llamado Milón al que se halló culpable de herejía pues vivía según la ley hebraica a pesar de haberse bautizado en Toulouse años atrás. La Corona está muy sensibilizada en el tema después de los ataques a las juderías, especialmente a la de Estella. No es que le preocupen los judíos más que otros súbditos, simplemente teme quedarse sin sus pechas. Además, el obispo se niega a acompañar al rey a Al-Andalus.

–¿Qué iba a hacer un obispo en tierras musulmanas?

–Según una antigua disposición, en caso de guerra, el obispo de Pamplona debe acudir con cien hombres a la llamada real, pero hace ya tiempo que dicha medida quedó relegada al olvido.

–Pero sigue vigente...

–Sí, pero también es cierto que ahora el obispo ya no es el señor de Pamplona y, por lo tanto, no tiene los medios de antaño.

Tal vez, pensó Roger, sería una buena idea alistarse en el ejército del rey para ir a luchar a Granada. Nada lo retenía en Navarra. María había muerto al dar a luz a un niño muerto. Sintió pena por la esposa a la que no había tenido tiempo de conocer. Era una criatura dulce, bonita y sumisa. Su matrimonio apenas había durado un año y algunos meses, pero no había tenido mayor queja que el no haberla amado, ni siquiera deseado. Su pena fue mayor por el hijo nonato, a fin de cuentas era parte de sí mismo, su propia carne y su propia sangre. A veces, mientras cabalgaba por la sierra de Aralar a la caza de salteadores y ladrones de ganado, pensaba en el niño al que pondría de nombre Felipe, en honor al rey, y Roger en el suyo propio. Lo imaginaba cabalgando a su lado, hermoso como un rayo de luz. Él estaba alcanzando posiciones sociales inimaginables años atrás, pero su hijo sería aún más importante. Obtendría para él un título nobiliario. Los planes se habían frustrado en la raíz y no podía impedir echarle la culpa a María por su juventud, por no tener el cuerpo formado, apto para la maternidad. De paso, también le echaba la culpa a su madre y a sus suegros. Se habían confabulado para meterla en su lecho y he ahí el resultado, dos vidas sesgadas sin haber vivido y un hombre herido en su orgullo y sus esperanzas. En un gesto propio de un mercader, Sancho Ibaíñez le reclamó tras el funeral la dote entregada, aduciendo que el matrimonio no había pasado de ser una especie de cata por lo poco que había durado y que, una vez muerta su hija, el dinero debía volver a la familia.

–¿Preferís batiros en duelo o veros las caras conmigo ante un tribunal? –le preguntó Roger con un tono helado de voz.

Al bodeguero se le mudó la cara de color y se marchó farfullando algo sobre lo bien que le había salido la jugada al hijo de la viuda y las futuras dotes de las dos hijas que aún le quedaban por casar y que pensaba amarrar bien en caso de que ocurriera algo parecido.

El duelo, las misas por el alma de la difunta, los pésames de condolencia y los días de permiso obtenidos dadas las circunstancias no le impidieron en ningún momento dejar de pensar en Ane. No supo sobre su desaparición hasta pasados un par de días después de su llegada. Su madre despachó un mensajero a la frontera cuando María comenzó a sentirse mal y las hemorragias alertaron al galeno. Llegó justo en el momento en que el cura le daba el viático. La casa estaba llena de familiares y vecinos hablando, gimiendo y rezando. Entre tanta gente, conmocionado por lo ocurrido, no tuvo tiempo de pensar en ella hasta el día del funeral. Observaba con la mente en blanco a las personas que se acercaban a comulgar durante el funeral, sentado a la derecha del altar, en una de las sillas forradas de tafetán rojo de su boda que doña Aldonza había regalado a la iglesia para su uso en momentos señalados. Conocía a casi todos, regidores, vecinos, parientes, sus tíos y primos, algunos soldados del castillo. Distinguió la inconfundible figura de Oneka entre las últimas mujeres en aproximarse, enjuta y seca, vestida de negro, cubriéndose la cabeza con la sobrefalda de su vieja saya. Buscó a Ane con la mirada, pero no la vio.

–¿Dónde está? –preguntó a su madre durante la comida de funeral.

–¿Quién?

–Ane.

–¿No lo sabes?

Él negó con la cabeza. Doña Aldonza se lo llevó a un rincón de la tienda, transformada en comedor para la ocasión.

–Ay, hijo mío –suspiró su madre–, ¡las desgracias nunca llegan solas!

Enjugándose las lágrimas con un pañuelo, la mujer le explicó lo sucedido pocas fechas antes del hecho luctuoso que se había abatido sobre la familia, le mostró el moratón dejado por el golpe, discretamente oculto bajo el velo de duelo colocado sobre la toca, y la forma como los ladrones se habían llevado a la joven.

–Nuestra pobre María acudió rauda en busca del mayoral –continuó entre sorbetones–. Estoy convencida de que el esfuerzo, la agitación y el susto fueron los causantes de que entrara en labor antes de tiempo.

–¿Y Ane?

–El mayoral y sus hombres la buscaron por todo el burgo, también se dio parte al alcalde y se enviaron patrullas por los caminos, pero fue como si la tierra se los hubiera tragado, a ella y a los dos malhechores. Oneka no ha abierto la boca desde entonces y temo por su salud mental.

Roger no pudo decir nada. Atónito, vio a su madre alejarse para atender a parientes y amigos. Durante varios días se encerró en su casa, despidió a los sirvientes y no respondió a doña Aldonza ni a su hermana que, cada poco, golpeaban la puerta de la vivienda, rogándole que les abriese. No podía creer lo que le estaba ocurriendo. Perder de un solo golpe a María, al niño y también a la mujer que amaba y deseaba con todas las fuerzas de su ser había sido demasiado para él. A pesar de lo que su madre pudiera pensar, sus relaciones no habían pasado de conversaciones en las que los guiños y las palabras dichas con segunda intención suplían la falta de contacto físico, presente en un roce de manos, una mirada más intensa, un aliento con olor a hierbabuena. La imagen de su joven esposa fue difuminándose y mezclándose con la de la muchacha de cabeza rapada y mechones acaracolados cayéndole por la frente que se agitaban cuando reía. Ane ocupó el lugar de María. Roger se tumbaba en el lecho, cerraba los ojos, pensaba en ella acostada a su lado; se imaginaba a sí mismo besando su boca y sus pechos, acariciando su cuerpo, haciéndole el amor. La ira entonces se apoderaba de todos sus sentidos, gritaba y blasfemaba, dejando luego paso a la más grande de las tristezas y lloraba hasta quedarse dormido abrazado a su recuerdo.

Cuando por fin salió de su casa, sus vecinos lo saludaron con respeto al verlo con las ropas arrugadas, el cabello alborotado, la barba que cubría sus mejillas y las grandes ojeras bajo sus párpados. Hasta el más humilde tendero del burgo y la más harapienta de las mendigas se apiadó de él y de su pena. Al día siguiente partió de nuevo hacia la frontera, tras un breve adiós a su madre y a su hermana. Sus hombres se quedaron sorprendidos al verlo aparecer en Alsasua como si fuera un espíritu de ultratumba y los pésames quedaron olvidados porque no les dio la mínima oportunidad para expresarse. El camarada educado y divertido que conocían se había convertido en un jefe implacable; no permitía la menor familiaridad, castigando severamente cualquier falta, por leve que fuera, y a todo malhechor, o supuesto malhechor, que pillaba lo ahorcaba sin dilación u ordenaba atarle una piedra al cuello y tirarlo al río. En poco tiempo su fama se expandió como el fuego en un pajar y eran raros los ladrones de ganado que se adentraban en las tierras por él controladas. Cuando no estaba al mando de una patrulla persiguiendo a los bandidos, cabalgaba solo, a galope tendido, ascendiendo por el camino de Urbasa o por el de Lizarraga hasta la caída del día. Su silueta, la capa al vuelo, y la de su negra montura se recortaban en el horizonte y, al verla, más de un campesino se santiguaba aterrorizado, seguro de haber visto al propio *Txerren*, el diablo del que tanto se hablaba. Nadie ignoraba que recorría los caminos en busca de almas en pena para llevarlas a la tenebrosa profundidad cuya entrada se hallaba en el monte Balankaleku.

Luego, súbitamente, su rabia se apaciguó, la pena se transformó en una resignación fría y consoló su soledad con una joven fornida, hija de un caserío de la zona, a la que penetraba sin una caricia, sin una palabra de amabilidad. A la muchacha no parecía preocuparle gran cosa su forma de actuar, le bastaba la pieza de plata que el caballero dejaba sobre el arcón antes de marcharse. Era el único medio de vida que podía procurarse para alimentar a su familia, un padre enfermo y dos hermanos más pequeños. La tierra llevaba años sin dar frutos y hacía tiempo que se habían comido la vaca, los conejos y las gallinas.

–¿Tienes mujer? –se atrevió a preguntarle ella en una ocasión.

–Está muerta –respondió él, rompiendo su silencio habitual.

–¿Cómo se llamaba?

–Ane.

La orden del merino para que llevase el mensaje al gobernador le vino como anillo al dedo. Un cambio de aires le sentaría bien. Deseaba volver a estar con gente civilizada, tomar un baño como era debido, en tinaja en lugar de en las frías aguas del río Arakil, pasearse a pie por calles bien empedradas, dormir en camas sin pulgas. Partió por tanto hacia Pamplona en cuanto recibió el encargo. En ningún momento se le ocurrió aprovechar los días de permiso concedidos para regresar a Estella. En algún lugar, en el fondo de su cabeza, latía una pequeña esperanza. Tal vez Ane aún estuviera viva, tal vez la encontraría en Pamplona. Había recorrido toda la tierra entre Alsasua y Codes, detenido a cualquier sospechoso, examinado concienzudamente cada pueblo, caserío, cuadra o posada buscándola, pero no había rastro de ella ni de sus raptores. Nadie supo darle razón de dos hombres y una mujer, extraños a los lugares en los que preguntó. La capital del reino era un buen lugar para esconderse. No quería pensar en la posibilidad, pero allí había varios burdeles repletos de mujeres de procedencia desconocida. Daba lo mismo que una fuera musulmana, judía o cristiana y, no era ningún secreto para nadie, la mayoría no estaba allí por propia voluntad, sino obligada. ¿Por qué otro motivo si no se hubieran llevado dos ladrones a una muchacha pobre, pero hermosa?

Después de visitar la clavería de Atarrabia y a fray Pedro, Roger Bertolín dedicó su tiempo a indagar por rúas y callejas. Examinaba con atención los rostros de todas las mujeres que se cruzaban en su camino; entró, una por una, en tabernas, expendedurías de vinos y licores, y posadas; exigió ver a todas las mujeres que ofrecían sus servicios en los burdeles, visitó los hospitales de la ciudad e, incluso, fue a los conventos de mujeres, incluidos los de clausura, presentando una orden que él mismo escribió y selló, aduciendo buscar a una criminal peligrosa para así poder ver con sus propios ojos a las novicias recién incorporadas. No había ni rastro de Ane. En un último intento, acudió a la catedral, postrándose ante la venerada imagen de la Virgen y rezando con intensidad y fervor durante tanto tiempo que, al finalizar, hubo de apoyarse con las dos manos en el suelo para poder levantarse. Esperaba encontrar a su amada nada más salir de la iglesia, pero ella no apareció ni aquel día ni los siguientes. Cada pesquisa malograda iba marcándose en su rostro como las líneas en un mapa, de forma que, al abandonar Pamplona, de regreso a Alsasua, parecía haber envejecido varios años. Fue a despedirse de fray Pedro, quien no pudo ocultar el asombro que le produjo el cambio sufrido por su antiguo pupilo en apenas unas semanas.

–Voy a celebrar misa –le dijo, sin intentar averiguar la razón de su transformación–. ¿Quieres acompañarme?

–Ya he rogado inútilmente –respondió él con amargura–. Dios es sordo y mudo.

–¡No blasfemes! –exclamó el franciscano, escandalizado.

–Blasfemia o no, es la verdad. Dios castiga y no da ningún consuelo a cambio.

–Tus palabras son sacrílegas.

–Pues rogad por la salvación de mi alma vos, que creéis en los milagros, porque yo no volveré a hacerlo en lo que me queda de vida.

No esperó a ver la reacción del anciano teólogo, abandonando la ciudad a continuación.

No les fue difícil a Orti y a Daniel convencer al notario Pere Pasqual de que eran dos acomodados peregrinos que habían realizado el viaje a Galicia debido a una promesa y que, a su regreso, habían decidido instalarse en la hermosa y próspera villa de Estella. De hecho, Daniel fue el único que habló. Añadió un suave acento gutural al pronunciar las erres e intercaló en la conversación algunos vocablos franceses y otros en latín, con lo cual el notario quedó absolutamente convencido de que estaba tratando con un caballero francés, culto y refinado. Le explicó que procedía de la Auvernia, más concretamente del Puy-de-Vélay, lugar de origen de muchas de las familias francas de la villa, incluida la del propio notario.

–Aunque ya no me quedan parientes allí –añadió con presteza para evitar responder si el otro le preguntaba por alguien en concreto–. Mi abuelo se instaló en el Port de Canfranc y mi padre abrió un negocio en Jaca. Puede decirse sin equívocos que soy de muchos lugares y de ninguno a la vez.

–Como la mayoría de nosotros –replicó Pasqual con una sonrisa aduladora–, *mesire*...

–Daniel Blanc du Pont du Mercy et de la Chartreuse –se presentó él, dejando boquiabierto a su amigo–, pero, si me permitís, aquí seré únicamente el hombre de negocios Daniel Blanc.

–Y ¿vos? –preguntó el notario, dirigiéndose a Orti.

–Mi colega procede de la tierra de Ultrapuertos –intervino de nuevo Daniel, sacando del apuro a su compañero que ya había olvidado el nombre supuesto aprendido en la posada–. Su nombre es Jacques Berrie.

–Bien, caballeros, ¿y qué puedo hacer para serviros?

Ante la mirada estupefacta del hombre, Daniel procedió a quitarse el tabardo de piel fina y a sacarse la camisa de las calzas. Orti lo imitó. Se soltaron los cinturones huecos, repletos de monedas falsas y los colocaron encima de la mesa. Luego se vistieron de nuevo.

–Disculpad, señor Pasqual –se excusó Daniel–. No es fácil viajar con dineros encima y nunca he tenido mucha confianza en los cambistas, así que parte de mi fortuna viaja conmigo, aunque otra parte está a buen recaudo. A mi amigo le ocurre otro tanto.

–Así es –dijo Orti, hablando por primera vez.

–El caso es que, como ya os hemos explicado, deseamos instalarnos en esta población, y ¿quién mejor que un notario de la villa para aconsejarnos acertadamente sobre la forma de invertir nuestro dinero?

Pere Pasqual se había quedado mudo de la sorpresa. Sus ojos iban de los cinturones a sus visitantes y de éstos de nuevo a los cinturones. Trataba de pensar con rapidez, de calibrar por el bulto la cantidad de monedas ocultas en los cueros. Las cosas no le habían ido muy bien durante los últimos tiempos. No es que le faltara trabajo, nunca faltaba trabajo para un notario, pero el número de contratos redactados había disminuido en proporciones alarmantes, al igual que sus ingresos. Las gentes no tenían dinero, vendían pero pocos compraban. Aquellos dineros le llegaban como agua en tiempo de sequía, nunca mejor dicho. Su mujer y él estaban acostumbrados a una forma de vida holgada, por no decir lujosa. Aún no habían acabado de pagar la multa impuesta por el asunto aquel de los judíos; se habían visto obligados a despedir a dos de las tres sirvientas; atrás quedaban las comidas ofrecidas a los prohombres de la villa e, incluso, habían tenido que restringir sus donativos a los conventos. Comparados con muchos de sus vecinos, vivían cómodos, pero no era suficiente.

–Tendría que..., bueno..., todo depende de la cantidad... –sus ojillos codiciosos estaban fijos en los cinturones.

–Por supuesto, por supuesto.

Daniel sonrió a su amigo y éste sacó un cuchillo de monte. Con un gesto experto destripó los cinturones, uno después del otro, y las doblas, florines, sueldos y francos de plata se desparramaron encima de la mesa del notario, brillantes por la luz del sol que penetraba por la única ventana del escritorio. Pere Pasqual abrió los ojos atónito, fue a decir algo pero ninguna palabra salió de su boca. En su lugar, una gran sonrisa iluminó su rostro gris. Era la viva imagen del niño sorprendido ante un regalo inesperado, la del buscador que encuentra por fin el ansiado tesoro, la de un hombre que tiene por primera vez a su primogénito en brazos. Los dos amigos tuvieron que hacer un esfuerzo por no soltar una carcajada, limitándose a contemplar el embeleso del hombre a quien tenían intención de arruinar.

–Deseamos una casa, una casa hermosa –dijo Daniel al cabo de un momento–. En una calle céntrica, con local comercial en los bajos. También nos interesa invertir en tierras, a poder ser en la zona de Lizarra.

–¿Lizarra? –preguntó sorprendido el notario–. ¿Por qué allí?

–Nos han dicho que son buenas tierras, protegidas por la Virgen y... baratas –añadió.

–Eso es cierto. Los labradores de ese barrio apenas consiguen lo suficiente para alimentarse y alimentar a sus familias. Más de uno habrá que esté dispuesto a vender, aunque la mayoría de las huertas son propiedad real.

–¿No pueden comprarse las tierras de la Corona? –preguntó Orti, abriendo la boca por segunda vez.

Pasqual pareció sorprendido al escuchar su voz. Casi había olvidado al, para él, oscuro compañero del educado francés.

–Imagino que sí. Hoy en día todo se puede comprar y vender. Las arcas reales sufren la penuria que sacude al reino y los reyes también tienen que comer –respondió con una sonrisa confidencial, dando a entender que no era solamente comida lo que la realeza precisaba.

–A lo dicho, señor notario –intervino de nuevo Daniel–, confiamos en vos. Aquí os dejamos los dineros y esperamos tener pronto noticias respecto a su inversión.

–Hoy mismo me pondré al trabajo. Mis honorarios...

–No hablemos de cosas tan vulgares, querido amigo. Sabemos que sois un hombre honrado. Si nosotros nos beneficiamos, de ley es que vos también lo hagáis.

El notario no podía dejar de sonreír. La fortuna estaba de su lado. Invertiría, compraría, sobornaría en nombre de aquellos dos caballeros y, de paso, él volvería a ser tan rico como antes del ataque a Olgacena, de la sequía y de los males que los habían acompañado.

–Bonita jarra –dijo Daniel, interrumpiendo sus pensamientos y señalando el objeto que continuaba en el mismo lugar, encima de la mesa, junto a carpetas de cuero y documentos–. ¿Me la venderíais? Tengo una predilección especial por este tipo de trabajos. ¿No os lo he dicho? Comercio con plata.

–Me honraríais, *mesire* Blanc, si la aceptaseis como un humilde presente por vuestra confianza y la buena marcha de nuestros negocios futuros.

El joven no se lo hizo repetir, asió la jarra con tal delicadeza que parecía iba a romperse en cualquier momento. Sintió la emoción atenazándole la garganta. De pronto se vio en la casa de la judería, arriba de la cuesta, observando a su padre mientras éste manipulaba el recipiente encima del tas, golpeándolo suavemente con el martillo de argentero para darle forma. Sintió el olor de las rosquillas de anís que su madre freía en la cocina; se vio a sí mismo labrando el bastoncillo de plata, retorciéndolo, conformando las hojas y los granos de la parra, soldándolo al recipiente. Había sido su primer trabajo verdaderamente profesional y tuvo que morderse el labio inferior para evitar que las lágrimas saltaran impetuosas de las cuencas de sus ojos.

–En verdad, es un buen trabajo –dijo en un tono neutro.

El notario los acompañó hasta la calle, les dio la mano y se inclinó varias veces agradecido antes de despedirlos. Daniel llevaba la jarra asida con las dos manos y no la soltó hasta hallarse de nuevo en su habitación de la posada. Entonces, la frotó con un paño de piel de gamuza para sacarle brillo y borrar el ultraje de unos dedos asesinos posados en ella. La frotó primero con suavidad y luego con rabia mientras las lágrimas empañaban su mirada. Orti lo dejó hacer, sin interrumpir su reencuentro con una minúscula parte de su pasado.

–Daniel Blanc de... ¿qué? –preguntó al cabo de un rato, tratando de alejar tristes pensamientos de la mente de su amigo.

–Daniel Blanc du Pont du Mercy et de la Chartreuse –respondió éste sin poder evitar una carcajada que fue coreada por el otro.

–¿No podías haber encontrado un nombre más corto?

–A los francos les encantan los nombres sonoros y largos; cuanto más largos, más importantes. Ya lo has visto, el hombre se lo ha creído a pies juntillas.

–Lo que de verdad le ha convencido han sido los dineros que se ha quedado.

–El cebo ya está echado, ahora sólo hace falta que pique la presa.

–Y esta presa tiene muchas ganas de picar.

Sus risas volvieron a escucharse en la habitación. Aunque ninguno de los dos lo hubiera confesado, habían sentido un hormigueo nervioso en sus estómagos al entrar en el escritorio del notario. Siempre cabía la posibilidad de que algo saliera mal, podían haber sido reconocidos o haber dicho o hecho algo que hubiera puesto al hombre a la defensiva.

Orti respiró profundamente al salir a la calle. No se había confiado a su amigo, pero el cuchillo para abrir los cinturones hubiera servido igualmente para rajarle las tripas al hombre en caso de problemas. Daniel no lo hubiera aprobado, como tampoco aprobaba sus correrías con Corbarán Díaz de Lezea. Nunca le había dicho nada, pero estaba seguro de que le disgustaba mucho verlo regresar de las batidas a veces con sangre en las ropas, otras oliendo a alcohol, las más a hembra en celo. Hizo memoria, pero, en todos aquellos años, no recordaba a su amigo yaciendo con ninguna mujer a excepción de la noche compartida con Mencia, la sobrina de su protector. A la mañana siguiente lo vio dirigirse al río y lavarse a conciencia, frotando todo su cuerpo con un manojo de hojas hasta casi dejarlo en carne viva y lavando después sus ropas con igual energía, al tiempo que recitaba algo parecido a una oración en una lengua desconocida.

–¿Y eso? –le preguntó curioso.

Nunca lo había visto hacer algo parecido en todo el tiempo que llevaban juntos. Ni tan siquiera cuando su tía Gaila los enviaba al nacedero del Urederra a quitarse la mugre y el olor a estiércol de vaca.

–Me lavo –respondió Daniel con indiferencia–. Purifico mi cuerpo y mis ropas.

–¿Por qué?

–Porque están impuros y seguirán estándolo hasta pasadas unas horas. Nosotros creemos, porque así lo dejó escrito Moisés, que el flujo derramado nos vuelve impuros.

–¿Qué flujo? Y ¿quién es ese Moisés?

–Me llevaría mucho tiempo explicarte algunos aspectos de la religión de mis padres, parte de la cual yo mismo he olvidado.

–¿Tiene algo que ver con la Mencia?

Daniel sonrió, pero no dijo nada más. Fue la única ocasión en la que ambos hablaron de algo vagamente religioso y no volvieron a hacerlo porque era la única cosa que podría separarlos y ninguno de los dos deseaba que eso ocurriera. Para Orti la religión era un elemento más de su vida, ni más ni menos importante. Mientras vivió en Lizarra, acudía a la iglesia todos los domingos y en las fiestas de los santos y también en los funerales, acompañando a la familia; subía al santuario el día de la romería y en su casa no se comía carne durante la Cuaresma. Aparte de eso, nunca se había cuestionado la fe, la misma que tenían todos aquellos a quienes conocía. Daniel, sin embargo, no era como él, eso lo sabía, pero tampoco tenía muy claro qué era en realidad porque en Zudairi actuaba como todos los demás e incluso conocía oraciones cristianas que él mismo ignoraba. Sin embargo, había cosas...: se lavaba demasiado, ¡eso estaba claro!, antes y después de comer; nunca mezclaba la leche y el queso; tampoco lo había visto nunca comer tocino, jamón, chorizo ni chuletas de cerdo.

–Es que no me gusta y me produce urticaria –había dicho una vez, respondiendo a una pregunta de la tía cuando rechazó un plato de morcilla asada.

Por lo demás, no parecía hacerle ascos a cualquier otro tipo de comida y de bebida a pesar de que él sabía que en Estella los judíos cultivaban sus propias viñas y elaboraban sus caldos de manera diferente a la de los cristianos. Se lo había oído comentar a su padre en una ocasión, pero, como no conocía a ningún judío, tampoco se interesó más por el asunto.

Dejó de pensar en su amigo y en sus costumbres para centrarse en su madre. Ahora que había pasado la prueba del notario, estaba en disposición de entrar de nuevo en contacto con ella y con su hermana. Recordó a la antipática mujer de la tienda de telas y la mirada aterrada y llorosa de su madre cuando le pidió que se fuera con él. Estaba seguro de que algo muy grave la retenía, aunque nada podría hacer hasta no estar seguro.

–Daniel, mañana quiero ir al burgo.

Su amigo dejó de contemplar la jarra y lo miró.

–Habíamos quedado en hacer las cosas con calma...

–No quiero hacer nada, pero necesito volver a ver a mi madre y saber dónde está Ane.

–Tu madre te reconocerá.

–El notario no lo ha hecho.

–No compares a un notario avaricioso con una madre. Te reconocerá.

–Entonces, ve tú.

–De acuerdo.

A la mañana siguiente, Daniel se dirigió al burgo, seguido a cierta distancia por Orti.

–Si me quedo aquí pensando, acabaré comiéndome los dedos –había asegurado éste.

–Vale, pero ¡ni se te ocurra intervenir o estaremos perdidos! Te recuerdo que fue el hijo de esa mujer quien nos envió a la cantera y puede volver a hacerlo, o algo peor si nos reconocen.

A medida que se aproximaban al puente de San Martín, Orti notaba que las piernas le flaqueaban, pero se mantuvo firme. Observó cómo Daniel golpeaba con los nudillos en la puerta de la vivienda adosada al comercio de telas, la puerta se abría y él penetraba en su interior. Esperó con el alma en vilo, paseando arriba y abajo por la calle de San Nicolás, aparentemente interesado en los comercios de la calle. Lo vio salir de nuevo al cabo de un rato que se le hizo interminable y tentado estuvo de abalanzarse sobre él para hacerle las mil preguntas que le venían a la mente. ¿Y si su madre había muerto? No tenía muy buen aspecto la otra vez y ya habían transcurrido cerca de cuatro años. ¿Y si se había marchado? ¿Dónde la buscaría? Continuó observando las mercancías expuestas en los tenderetes, escuchó las ofertas de los vendedores llamando voz en grito a unos clientes inexistentes y, finalmente, enfiló hacia el puente. Atrapó a su amigo a la altura de la calle de la Navarrería y asiéndolo por un codo, lo obligó a entrar en una taberna. Pidieron dos platos de verduras con cordero y una jarra de vino, sentándose a una mesa de las dos situadas en el rincón más oscuro del cuchitril.

–Y ¿qué? –preguntó impaciente.

–Tu madre está bien.

–¿La has visto? –preguntó de nuevo–. Dime, ¿la has visto?

–He hablado con la hija de la dueña; ésta no estaba.

–¿Y mi madre? ¿Y Ane? –Orti mordisqueaba nervioso un trozo de pan.

–Le he preguntado a la joven por la señora Oneka –prosiguió Daniel con calma–, diciéndole que traía un mensaje de parte de su hermano Joanes de Zudairi, con quien me une una gran amistad.

–¿Y mi madre?

–La joven, Blanca se llama... –Daniel miró al techo y sonrió recordando a la amable muchacha–, mc ha dicho que tu madre no habla con nadie. Lo siento, amigo mío, pero ya van para dos años que unos ladrones entraron en la tienda y se llevaron a tu hermana. Al parecer los hombres del merino los buscaron por toda la comarca, pero no aparecieron. La señora Oneka no ha vuelto a abrir la boca desde entonces. Blanca me ha dicho que había ido al río a lavar la colada como todos los lunes.

Orti continuó mordisqueando el trozo de pan sin decir nada y continuaba callado cuando el posadero colocó delante de ellos una fuente repleta hasta los topes de verduras y cordero guisado.

–¿Hace dos años? –preguntó de pronto.

–Eso me ha dicho...

–¿Y dónde estaba hace cuatro cuando fuimos a buscarlas?

Daniel se alzó de hombros.

–¿Quieres que te diga lo que estoy pensando? –preguntó de nuevo su amigo y siguió hablando sin esperar la respuesta–: creo que mi madre no quiso abandonar esa casa porque temía por Ane. No me preguntes la razón ya que no la sé, pero no hay motivos para que ella continúe allí si mi hermana ha desaparecido.

Como si se hubiera quitado un gran peso de encima, Orti se lanzó con ganas sobre la fuente de comida, mientras Daniel lo observaba sin saber qué decir.

Tal y como había prometido el notario, antes de acabar la semana les presentó los documentos de compra de una hermosa casa en la Carrera Luenga, la más transitada y activa de la población de San Juan. Era un edificio de dos plantas con espacio suficiente para montar un negocio en los bajos y con una amplia bodega en el sótano. Sus anteriores dueños, al igual que muchos otros, se habían visto obligados a venderla por falta de recursos. Propietarios de un buen número de ovejas, vendedores de lana, pieles y quesos, vieron impotentes cómo sus animales morían debido a la falta de pastos y a los parásitos que atacaban al ganado ovino. Intentaron mantenerse vendiendo a bajo precio el vino guardado en las barricas de su bodega hasta agotarlo, no quedándoles después nada de valor.

–Ha sido fácil –les comentó Pere Pasqual satisfecho–. La casa es todo lo que tenían.

–¿Adónde han ido? –se interesó Daniel.

–Probablemente a casa de algún hijo o de vuelta a Urbiola, de donde son oriundos. No lo sé, no se lo he preguntado.

–Es una lástima que alguien pierda todo lo que tiene –prosiguió Daniel, con la mente puesta en su propia familia y en otras en parecidas circunstancias–. Toda una vida luchando truncada en un abrir y cerrar los ojos...

–Bueno, ¡así es el mundo!, unos ganan y otros pierden.

–¿Qué haríais vos si algo parecido llegará a ocurriros?

El notario lo miró sorprendido. ¿Por qué preocuparse por algo que jamás ocurriría? La ruina, el hambre y la miseria eran para los labradores, para los burgueses humildes, gentes sin visión de futuro, miserables cuentasueldos, incapaces de levantar la cabeza.

–¡Yo no poseo ovejas! –exclamó y se echó a reír.

Daniel sonrió también y el hombre se sintió satisfecho de contar con un cliente que entendía su punto de vista tan bien como él mismo. No advirtió el gesto de Orti, a sus espaldas, levantando el dedo corazón a la altura de su cara y provocando la sonrisa de su amigo.

Durante toda la semana siguiente, ambos jóvenes estuvieron muy ocupados organizando su nueva vivienda. La casa era, en efecto, un buen edificio. Los antiguos propietarios sólo se habían llevado algunos objetos con ellos, pero los pocos muebles que quedaban eran modestos y varios de ellos estaban apolillados. Una vez más, acudieron al notario y le rogaron que adquiriera en su nombre los muebles necesarios para vestir las habitaciones.

–¡Dejadlo de mi cuenta! –exclamó el hombre eufórico.

Los carpinteros, al igual que los demás artesanos de Estella, apenas tenían clientes. Necesitaban vender a cualquier precio. Negociaría por bargueños, alacenas, camas, mesas, sillas y demás elementos; los adquiriría por cuatro sueldos aunque en las facturas constasen los precios reales y la diferencia iría a parar a su bolsa. Jamás en su vida había tenido una oportunidad semejante de hacer fortuna de manera tan fácil y con tan poco esfuerzo. Para ocultar sus verdaderas intenciones, los dos amigos también compraron vino con el que rellenar las barricas de la bodega y decidieron montar en el bajo de la casa un negocio de platería. Ambas operaciones se las encargaron igualmente a Pasqual, entregándole otro cuero repleto de monedas para disponer el local de manera apropiada y adquirir objetos de plata.

–¿Creéis en verdad que el negocio argentero puede tener salida? –les preguntó el notario en un rasgo de honradez, visto cómo estaba el mercado.

–Tal vez no de momento –respondió Daniel–, pero los malos tiempos pasarán antes o después, como siempre ocurre. No tenemos ninguna prisa y a mí me gusta ocupar las horas elaborando objetos para mi propio placer.

El pequeño taller situado en la parte interior de la tienda era la mejor tapadera posible para continuar fabricando monedas falsas. Un tas de platero, un pequeño horno de fundición y herramientas eran todo lo que precisaba para continuar la labor.

Orti no podía disimular su impaciencia. Mientras su amigo se ocupaba de darle una fachada a su actividad trabuquera, él no dejaba de pensar en su madre y en la forma de abordarla. No podía soportar la idea de saberla tan cerca y, al mismo tiempo, inalcanzable. Las tripas se le revolvían cuando la imaginaba trabajando como una esclava. De vez en cuando, sacaba la copia del documento obtenido del escribano del Concejo y releía la sentencia de indulto de la familia Ogaiz. ¿Y qué si lo reconocían? ¿Y qué si el orgulloso lugarteniente aparecía de nuevo? La ley estaba de su parte, el papel lo decía y podía demostrar que él no había ido a la casa de la pañera con intención de robar, sino a rescatar a su madre. Cuantas más vueltas le daba, más nervioso se sentía. Finalmente, decidió actuar por su cuenta sin contar con Daniel. Sabía que éste intentaría disuadirlo, pero había tomado una decisión y no pensaba echarse atrás.

El siguiente lunes, a primera hora de la mañana, se plantó en el lavadero de la zona de Los Llanos, utilizado por las mujeres de la villa para hacer la colada. El día estaba claro, pero las nubecillas procedentes de las sierras de Urbasa y Andía que se aproximaban con rapidez, empujadas por el viento, presagiaban una tarde gris y, probablemente, lluviosa. Los labradores no dejaban de mirar en su dirección, esperando la llegada del agua, sin atreverse a pronosticar la ansiada lluvia muchas veces anunciada y otras tantas abortada. Orti no miró al cielo. Recorrió la orilla del río intentando descubrir a su madre entre las mujeres que comenzaban a llegar cargadas con grandes cestos de ropa sucia. Las vio subirse las mangas de blusas y corpiños, arremangarse las sayas sujetándolas a la cintura, arrodillarse en la tierra húmeda, mojar y restregar las prendas con rasposos jabones elaborados por ellas mismas con grasa y ceniza. Algunas llevaban sus propias tablas, otras utilizaban unas piedras planas colocadas allí para dicho menester; las últimas en llegar tenían que esperar o apañárselas como pudieran. Las lavanderas sacudían las prendas con palas de madera, las introducían en el agua y las estrujaban sin dejar de charlar unas con otras; eran las correveidiles de los chismorreos y noticias de la villa.

La vio llegar y se le hizo un nudo en la garganta. La mujer algo robusta, de mejillas tostadas por el sol, la sonrisa pronta y el seno acogedor que él recordaba y a quien apenas había reconocido cuatro años antes se había convertido en una figura seca, enlutada y triste. Portaba el cesto de la ropa sobre su cabeza, buscó un sitio libre, bastante alejado del ruidoso grupo, se recogió los mechones de cabello escapados del moño y se dispuso a comenzar la tarea. Orti la contempló durante un tiempo que se le hizo eterno, sin atreverse a acercarse, temiendo que huyera de él como la otra vez. Las demás mujeres iban acabando y comenzaban a marcharse. Oneka, sin embargo, no parecía tener prisa. Se tomaba su tiempo con cada prenda, enjabonándola a conciencia, frotándola y apaleándola. De vez en cuando detenía el trabajo y se abstraía, la mirada perdida. Su hijo la vio sonreír en un par de ocasiones, ensimismada en recuerdos felices, y deseó correr hacia ella y estrecharla entre sus brazos, pero se contuvo. No deseaba tener testigos. Esperó, por tanto, a que hubiera desaparecido la última lavandera antes de aproximarse. Lo hizo despacio para no asustarla, pero ella sintió su presencia y se giró. El sol le daba de lleno en la cara, obligándola a entornar los ojos y a protegerlos con la mano. En dos grandes zancadas, su hijo estaba a su lado, arrodillado y asiéndole las manos mojadas. Durante unos instantes, ambos se contemplaron, intentando reconocerse, incapaces de hablar. Luego, Oneka miró asustada a su alrededor y Orti vio de nuevo el miedo en sus ojos.

–Madre, estamos solos tú y yo –trató de tranquilizarla– y nadie va a volver a separarte de mí.

Un gemido se escapó de la garganta de la mujer, desasió una de las manos y acarició el rostro del esposo muerto que el tiempo le devolvía, quince años después. Al igual que una persona ciega, palpó su frente, su nariz, su boca, mientras lágrimas silenciosas rodaban por sus mejillas.

–Ane...

–La encontraremos y también al pequeño Lucas –le aseguró el joven con la voz rota por la emoción–. Seremos una familia de nuevo.

Dejándose llevar de la mano al igual que una niña perdida en pleno mercado, Oneka siguió a su hijo hasta la Carrera Luenga.

–La colada... –dijo al penetrar en la casa, recordando el cesto olvidado al borde del río.

–De ahora en adelante sólo te ocuparás de lavar tu propia ropa –respondió Orti antes de cerrar la puerta tras ellos.

A Oneka le costó unos días acostumbrarse a su nueva vida. Se despertaba con las primeras luces en una cama blanda que olía a laurel y romero, y no se atrevía a mover ni un dedo;

escuchaba el silencio de la casa, la voz del aguador pasando por debajo de su ventana y contemplaba incrédula los puños bordados de su camisa de noche. Se preguntaba si aquello era un sueño después de los años pasados durmiendo en un colchón sobre el suelo del taller de paños, de levantarse casi de noche, de acarrear agua, encender el fuego, fregar y encerar los suelos, preparar comidas y tantas y tantas tareas más. Disponía de un cuarto para ella sola, su hijo la había provisto con ropas de todos los tipos, dignas de una señora, y había contratado a una mujer para que la sirviera, limpiara y cocinara. No podía creérselo y, al mismo tiempo, no podía acostumbrarse. Se sentía incómoda siendo ama en lugar de sirvienta, dando órdenes, viendo hacer a otra lo que ella había hecho durante toda su vida.

–Tómate tu tiempo –le indicó Orti al verla deambular por la casa sin saber qué hacer–. Recobra la salud, descansa y recuerda que aquí eres tú el ama.

Los dos pasaron muchas horas hablando, intentando recuperar los años que les habían sido robados, pero era difícil. Ella había dejado a un chaval, apenas salido de la infancia, y encontraba a un hombre barbado cuyo único lazo con el pasado era la memoria y el gran parecido físico con su padre. Él, por su parte, se veía incapaz de confiar en una mujer mayor, casi una desconocida. No era fácil expresar con palabras la angustia, la soledad y el dolor del niño, el endurecimiento del joven, el olvido del adulto. Sólo la firme decisión de ambos de no renunciar a salvar lo que aún quedaba de común en sus vidas les permitió continuar hurgando en el pasado y en sus propios sentimientos. Se dijeron todo aquello que no habían podido decirse en los quince años de separación, incluso salieron de sus bocas palabras de amor y desaliento que jamás hubieran pensado manifestar, sabiendo que nunca más volverían a hacerlo. Desnudar sus almas era un esfuerzo demasiado intenso para repetirlo.

Poco a poco, al principio con timidez, luego con más seguridad, Oneka ocupó su puesto en la casa de su hijo y del amigo de éste. Le gustaba Daniel. No preguntó sobre él, su familia o sus orígenes. Le bastaba saber que había sido el compañero de Orti en los momentos de zozobra y constatar lo mucho que se apreciaban. Al igual que su hijo, el joven estaba deseoso de sentirse querido y ella ansiaba querer. Los cobijó maternalmente, como la gallina a los polluelos, a pesar de ser ya hombres hechos y derechos, mientras les escuchaba bromear, recordar pasadas aventuras, rememorar el tiempo transcurrido en Zudairi en casa de su hermano Joanes. Sabía que le ocultaban los momentos malos, pero no indagó sobre la cicatriz que cruzaba la mejilla de su hijo, visible a pesar de la barba, ni tampoco sobre un par de marcas en las espaldas de ambos que veía cuando se despojaban de las camisas para asearse. Estaba segura de que más pronto o más tarde se confiarían a ella. Las heridas de cualquier tipo tardaban en curar y algunas no curaban nunca. Ella tenía varias, todas con nombre: Semeno, Lucas, Ane.

Unos días más tarde, despidió a la mujer contratada para hacer la comida y las labores de la casa.

–¿Por qué? –le preguntó Orti intrigado.

–Porque he trabajado toda mi vida y no sé estar sin hacer nada –respondió ella con firmeza–. Una mujer es suficiente para ocuparse de dos hombres, aunque sean unos desordenados como vosotros.

–Yo quería darte una vida de señora...

–Y me la has dado, hijo, pero no sé dar órdenes y prefiero ocuparme yo sola de todo.

No le dijo que no deseaba compartir su espacio con una persona extraña, que quería gozar intensamente de cada momento de libertad, moverse sin ser espiada, no estar obligada a hablar. Tampoco le dijo que tal vez valiera más no tener testigos. Había preguntado a su hijo de dónde provenía el dinero utilizado para adquirir la vivienda, comprar los muebles y las ropas, montar el negocio de platería.

–No quieras saberlo, madre –le respondió Orti, casi en una súplica–. Algún día te lo contaré todo.

Y luego estaba el asunto aquel de los nombres, Jacques Berrie y Daniel Blanc. ¿De dónde los habían sacado? ¿Por qué no utilizaban los suyos propios?

–Confía en nosotros –le rogó su hijo–. No hemos hecho nada de lo que tengamos que avergonzarnos, pero cuanto menos sepas del asunto, mejor.

Decidió no volver a preguntar y despidió a la mujer. Si Orti y su amigo tramaban algo, no sería ella quien los descubriría, ni tampoco permitiría que otros lo hicieran. Había tratado poco con ella. Llegaba a primera hora de la mañana y se marchaba después de dejar preparada la comida, mientras ella permanecía en su dormitorio. Ignoraba el parentesco que unía al dueño de la casa con la mujer a la que llamaba señora, así que no había peligro de que se fuese de la boca. A partir de entonces, decidió que, de puertas para fuera, "doña Oneka" sería únicamente el ama de llaves de los dos comerciantes.

Con cierto recelo la primera vez y más segura en las siguientes ocasiones, comenzó a salir de la casa. Era necesario llenar la alacena, acudir al mercado, proveerse de legumbres, fruta y verduras frescas. Conocía a algunos de los vendedores que ponían puesto en la plaza del Mercado Nuevo los jueves, pero ellos no la reconocieron. Vestida con una túnica de color azul oscuro, ribeteada de blanco, suelta y de anchas mangas, camisa blanca y una toca cuadrada de viuda forrada de lino blanco, en nada se parecía a la silenciosa sirvienta de negro con la sobrefalda sobre la cabeza, siempre a la sombra de doña Aldonza. De todos modos, no dio demasiadas explicaciones ni respondió a las preguntas curiosas de los vendedores, interesados en contar con una clienta nueva, mientras miraba a la gente con disimulo, temiendo darse de bruces con su antigua ama. No sabía cómo reaccionaría si llegaba el momento de enfrentarse a ella.

Tampoco se atrevió a acercarse a Lizarra. Guardaba como el más valioso de los tesoros el documento que el escribano del Concejo le había entregado años atrás. No se había separado de él durante todo aquel tiempo. Cuando la desesperación hacía presa de ella, introducía la mano en el bolsillo de su faltriquera y palpaba el precioso documento que la hacía libre. Estaba arrugado y había amarilleado. No sabía leer, pero todos los días encontraba un momento para desdoblarlo y mirar los garabatos escritos en él porque algún día regresaría a su casa, a la casa de Semeno Ogaiz.

–¿Y Lizarra? –preguntó a su hijo durante sus primeras conversaciones.

–¿Qué quieres decir?

–¿Por qué no has vuelto a nuestra casa?

–Sigue allí, en el mismo sitio.

–Es nuestra. Lo dice este documento –dijo, extrayendo el papel arrugado.

–Lo sé. Yo también tengo uno –dijo él, mostrándole el suyo guardado en un bolsillo interior de su camisa–. Volveremos, madre, te lo prometo, pero no aún.

Al igual que con el asunto de la cicatriz y las marcas en la espalda, no quiso preguntar. Algo grave tenía que haber ocurrido para que su hijo actuara de aquella extraña forma, pero confiaba en él. Si había logrado encontrarla y llevársela con él, también lograría recuperar lo que en justicia les pertenecía. Y también encontraría a Ane y al pequeño Lucas, estaba segura. Sólo esperaba tener salud y vida suficientes para poder verlo con sus propios ojos. No había perdido la fe de sus mayores, a pesar de haberse preguntado en infinidad de ocasiones la razón por la cual algunos parecían gozar de todas las bondades divinas, mientras otros penaban sin culpa alguna. Pero su fe no era la misma que la de doña Aldonza, visible, de gestos grandilocuentes como dejar caer las monedas de la limosna para que todo el mundo supiese de su generosa contribución. Muchas veces la había acompañado a San Pedro de la Rúa y algunas otras a la pequeña iglesia de San Nicolás, al final de la calle. Permanecía al fondo del recinto sagrado y contemplaba a la pañera arrodillada ante el altar, aparentemente reconcentrada en la oración; la veía acudir a la comunión con actitud devota y la ayudaba a limpiar la tumba del santo obispo muerto durante su peregrinación. Su fe, por el contrario, era sencilla, pensó Oneka. Nunca había pedido nada a Dios, ni siquiera en los peores momentos de su vida. No creía en un Ser Supremo sentado en un trono de oro, rodeado de ángeles luminosos, como lo describían los curas, dispuesto a escuchar las peticiones de los creyentes. ¿Cómo explicar si no que sólo escuchara a algunos y permitiera tanta desdicha a otros? Era mejor no pedir y esperar. Ocurriría lo que tuviera que ocurrir, pero confiaba en morir en su propia cama, en el lecho compartido con Semeno, en el que habían nacido sus tres hijos.

—Doña Aldonza no se percató de la ausencia de su criada hasta bien entrado el mediodía, cuando cerró el negocio y pasó a la vivienda para comer y descansar un rato.

–¿Y Oneka? –preguntó.

–No la he visto desde esta mañana –respondió Blanca–. Iba al lavadero.

–¡Dios santo! ¿En qué estará pensando esa mujer? ¿No sabe que todo tiene que estar dispuesto para antes del Ángelus?

–Tal vez ha tenido que esperar turno –aventuró la joven, siempre conciliadora.

–¡Qué turno ni qué turno! Si no fuera tan holgazana, madrugaría más que las demás para ocupar los primeros puestos.

–Estás siendo injusta, madre.

Doña Aldonza no respondió y se dispuso a preparar una ensalada para acompañar la carne que su hija había colocado sobre las brasas. Picó hojas de lechuga y col, añadió rábanos pequeños y nueces, y aderezó todo con aceite, vinagre, sal y un poco de orégano. Comieron en silencio. No tenían mucho que decirse. Blanca no era del tipo hablador y a ella no le apetecía mantener una conversación en aquellos momentos. ¿Qué había ocurrido para que todo saliese tan mal?, se preguntó por enésima vez en los últimos meses. Las muertes de su nuera y de su nieto, la marcha de Roger, del que no había vuelto a saber nada, y el descalabro de su negocio eran demasiadas penalidades juntas para soportarlas con buen ánimo. Tal vez lo que más le dolía era el comportamiento de su hijo. No podía olvidar su mirada incrédula al conocer la desaparición de Ane. A pesar de sus intentos, no había logrado hablar con él. Ni siquiera fue capaz de hacerlo cuando fue a despedirse antes de partir de nuevo hacia la frontera; él no le dio oportunidad. Desde entonces, ni un mensaje, ni una señal. Le había escrito todas las semanas rogándole encarecidamente que respondiese a sus misivas, pero sólo obtuvo un silencio absoluto por respuesta. Supo por el tenente del castillo que estaba bien y con buena salud, también supo que había sido enviado en misión a la corte de Pamplona. No lograba entender su actitud. Con más fervor que nunca, acudió a la iglesia, se postró durante horas, rogando a Dios y a San Andrés una muestra del favor divino para quien siempre había sido devota cumplidora de sus obligaciones religiosas. Hacía frío fuera y dentro del templo y un escalofrío había recorrido su cuerpo abrigado con un sobretodo forrado de piel.

–¿Y si le ha ocurrido algo?

Le sobresaltó la voz de su hija y tardó unos momentos en darse cuenta de a qué se refería.

–¿Qué iba a ocurrirle? –preguntó a su vez para darse tiempo.

Cierto era que desde la desaparición de Ane, Oneka se había replegado más y más en ella misma, apenas probaba bocado, nariz y pómulos sobresalían en su rostro, dándole un aspecto cadavérico. Estaba muy delgada, casi flaca, aunque en ningún momento mostrara debilidad física ni signos de enfermedad. ¿Qué años tendría? Trató de calcularlo, pero fue incapaz. Jamás se había interesado por asunto tan trivial. Puede que ambas fueran más o menos de la misma edad puesto que sus hijos también lo eran o, tal vez, la sirvienta fuera algo mayor. En todo caso, pasaba de la cincuentena, al igual que ella. De pronto sintió la misma sensación que la había sobrecogido en la iglesia. Sintió frío, a pesar de estar cerca de la lumbre y de haberse bebido un buen pote de vino durante la comida. No había pensado seriamente en la muerte. De hecho, nunca lo había hecho, ni siquiera cuando le trajeron a Esteban casi irreconocible después de haber sido aplastado por la muchedumbre, ni tampoco cuando su padre se extinguió como la llama de una vela por la acción del viento. Se habían ido sin molestar; ninguno de los dos había sufrido enfermedad ni mantenido a sus familias en vilo durante interminables semanas. ¿Qué le ocurriría a ella? Se santiguó en un intento de borrar de su mente la momentánea imagen de sí misma amortajada y se levantó del escaño, un banco de madera corrido con una tabla para comer que se bajaba o se subía según fuera a utilizarse.

–Ocúpate de la tienda –le ordenó a Blanca–. Yo voy a ver si encuentro a esa galbanosa.

Fue andando hacia la orilla del río con paso apresurado, súbitamente presa de un mal presagio. Al llegar al lavadero comprobó que no había nadie y respiró tranquila. Lo más seguro era que la mujer hubiera ya regresado y estuviera escarbando sin mucho éxito el pequeño huerto en la parte trasera de la casa. Las nubes de la mañana habían desaparecido por completo y con ellas la esperanza de los labradores que observaban cómo la tierra estaba cada día más seca y morían las simientes recién sembradas. Se estaba bien al aire libre, pensó, respirando la brisa fresquilla del norte, rodeada de árboles y matos crecidos al albur del escaso caudal del Ega, escuchando su sonido y el revoloteo de los pájaros a la espera de los primeros días del invierno para emigrar hacia tierras más cálidas. El momento de asueto duró poco. Debía regresar sin tardanza al negocio porque Blanca estaba sola. A pesar de sus intenciones, no había vuelto a contratar a nadie tras despedir a los dos dependientes. Echó a andar hacia el puente y fue entonces cuando sus ojos observaron una prenda enganchada en la rama de un espino. Su asombro no tuvo límites al comprobar que la prenda en cuestión era una de sus camisas de interior. Estaba desgarrada y la orla de puntillas colgaba descosida, apenas sujeta al cuello por un par de puntadas. Algo más adelante encontró una camisa de dormir y un delantal, también suyos. Buscó durante un buen rato pero, al parecer, aquellas tres prendas era todo lo que quedaba de la colada del lunes. Regresó todo lo rápido que pudo sin perder la compostura, entró en la tienda y cerró la puerta por dentro con el pasador.

–¡Ha tenido que ocurrir algo horrible! ¡No quiero ni pensarlo! –exclamó con voz entrecortada, al tiempo que agitaba las ropas al aire.

–¿Qué pasa, madre? –la interrogó Blanca.

Doña Aldonza le explicó lo sucedido, el hallazgo de las prendas desperdigadas y rotas.

–¡Mi mejor camisa de noche! –se lamentó la pañera.

–¿Y Oneka?

–No había ni rastro de ella.

–¡Hay que avisar al mayoral inmediatamente! –Blanca se retorcía las manos nerviosa.

Quería a su madre y la respetaba, pero Oneka era la cara amable de su vida, triste y aburrida. Nunca lo diría en voz alta, no se atrevería a afirmar que, en ocasiones, la sirvienta había sido para ella la madre que hubiera deseado encontrar en doña Aldonza. Conocía con todo detalle los avatares de la familia Ogaiz, lloraba cuando Oneka les contaba a Ane y a ella el triste final de su amado compañero, la pérdida de sus dos hijos varones y el empecinamiento de su madre para no dejarlas regresar a Lizarra, algo de lo que las tres mujeres hablaban cuando ella no estaba presente. También observó la atracción mutua sentida por Roger y Ane y se alegró. Adoraba a su hermano, su única referencia masculina, ¿qué mejor mujer para él que su amiga, su compañera? Sería una forma de compensar a ésta y a su madre por los malos ratos, los años de servidumbre, las humillaciones y la pérdida de su familia.

–¿Por qué has llevado a Ane al convento? –se atrevió a preguntar con motivo de su marcha.

–Para que se eduque y pueda ser una mujer de compañía apropiada para ti –le respondió doña Aldonza.

Sabía que eso no era cierto. Lo único que verdaderamente le importaba a su madre era el riesgo de que Roger decidiera casarse con una sirvienta, pero, como siempre, aceptó la explicación sin hacer comentarios. A veces, se reprochaba a sí misma ser tan blanda, no oponerse, no decirle que conocía su proceder. A ella sólo le quedaba soñar en la soledad de su pequeño cuarto pues estaba claro que su madre no tenía ninguna intención de buscarle un marido.

–Tú vales más que cualquier hombre de Estella –le había respondido en una ocasión en la que se atrevió a insinuar algo al respecto–. No hay ninguno suficientemente bueno para ti.

Pasaría el resto de su vida vendiendo tejidos, envejecería sin haber conocido el amor, ni haber tenido un hombre en su lecho, ni saber lo que era sentirse deseada, sin un hijo o una hija para recoger su último aliento. Y no era el destino, sino su propia madre quien la condenaba a la soledad.

–¡Hay que avisar al mayoral inmediatamente! –repitió.

–¡Deja que piense! –exclamó doña Aldonza impaciente.

Oneka era libre, podía hacer lo que quisiera con su vida, ir adonde le apeteciera. ¿Qué explicación daría al mayoral? ¿Y si la encontraban y ella se negaba a volver? Todo el mundo en Estella lo sabría, podría hablar. Pero ¿y si estaba malherida en algún lugar?, ¿si había perdido el uso de la razón? La pañera sopesó los pros y los contras y, finalmente, decidió no hacer nada. Era necesario ser discretas, no dar que hablar, no levantar sospechas. ¡Sólo le faltaba perder a los pocos clientes que aún les quedaban! Blanca y ella la buscarían para cerciorarse de que estaba bien, recorrerían las calles de Estella e, incluso, irían a aquel horrible barrio de Lizarra. Si había decidido abandonar la casa que la había protegido durante los últimos quince años, dejar sin un adiós a las personas que la habían acogido, cuidado y alimentado a ella y a su hija, el motivo no podía ser otro que regresar a su vieja casucha llena de ratas.

–No haremos nada –afirmó, añadiendo al ver el gesto consternado de Blanca–: nosotras mismas la buscaremos mañana. No ha podido ir muy lejos, no conoce a nadie, ¿adónde iría?

–Puede estar por ahí, perdida –insistió la joven una vez más.

–Así sabrá lo que significa un refugio seguro.

Asediada por los recuerdos, doña Aldonza durmió mal aquella noche. Repasando algunos hechos de su vida, llegó a la conclusión de que jamás había sido completamente feliz, queriendo siempre más, insatisfecha de sus logros, anhelando ser la primera en todo, ambicionando lo mejor para sus hijos, había construido un muro infranqueable a cualquier sentimiento que no fuera el beneficio, el dinero, el poder. Ni siquiera al bueno de Bertolín le había permitido traspasar el umbral de su intimidad, de sus deseos más recónditos. En algún momento entre el sueño y la vigilia se prometió cambiar un poco su manera de ser y de actuar. Entre otras cosas, le buscaría un marido a Blanca. Aún estaba a tiempo. Había perdido parte de su frescura juvenil, pero aportaría una buena dote, aliciente éste suficiente para animar a los remisos, aunque la pareja debería vivir en la casa de la calle de San Nicolás. No pensaba pasar sola la vejez. Ella se encargaría de la educación de sus nietos. Se quedó dormida a la hora en que normalmente se levantaba. Su último pensamiento fue para Oneka.

Al día siguiente no abrió la tienda. Ella y Blanca recorrieron una por una todas las calles y también los callejones de Estella, comenzando por la población de San Miguel, pasando luego a la de San Juan y regresando de nuevo a San Miguel. Caminaron por la calleja del Chapitel, deteniéndose en un momento a contemplar el trabajo de un soguero; por el callizo de la Baldresería, habitado por varias familias de peleteros; por el de la Brotería, en cuya carnicería la pañera adquirió unas chuletas de cerdo y escuchó al *broter* quejándose sobre la pésima marcha de su negocio.

–A mí género no me falta, pero no hay dinero y si fías a unos, tienes que fiarles a todos.

Continuaron su camino, prestando especial atención a las mujeres vestidas de negro que se cruzaban en su camino, levantando la vista por si pillaban a Oneka asomada a alguna ventana, atisbando por encima de las vallas de los corralillos traseros de las casas, asomando la cabeza en el interior de los portales. Al mediodía, con los pies cansados y la esperanza alicaída, doña Aldonza sorprendió a Blanca al introducirse en una posada de la Garlanda del Mercado Viejo.

–Tengo hambre –dijo la pañera como respuesta a la mirada interrogante de su hija.

En el local había media docena de comensales, tratantes de ganado y comerciantes por su aspecto, que alzaron las cabezas un tanto sorprendidos al ver aparecer a dos mujeres en un local público. Doña Aldonza hizo caso omiso a sus miradas, dirigiéndose a uno de los extremos de la mesa alargada y haciendo una seña a Blanca que se había quedado regazada, azorada por la expectación causada por su presencia. Ambas tomaron asiento en el banco corrido y esperaron en silencio a que el posadero les sirviera la comida del día: habas con jamón y menudillos de pollo. Poco después, un hombre joven, bien vestido y con aspecto distinguido tomó asiento a su lado, tras quitarse el sombrero y saludarlas con una inclinación de cabeza. Blanca le sonrió y él respondió de igual forma ante la sorpresa e incipiente indignación de doña Aldonza.

–¡Blanca! –le reprochó en un susurro de voz.

–Madre, este caballero es el amigo del hermano de Oneka, el que vino el otro día preguntando por ella. Ya te lo mencioné...

Doña Aldonza miró al hombre con desconfianza. Era algo sospechoso que hubiera ido a su casa preguntando por la sirvienta y que ésta hubiera desaparecido tan sólo unos pocos días después.

–Así es, señora –dijo él–. Permitid que me presente, Daniel Blanc, natural de Puy-de-Velay.

–¿Hablasteis con Oneka? –preguntó ella sin ocultar su recelo.

–No y lo siento. Joanes Periz de Zudairi es un viejo amigo y me encargó la saludara de su parte.

–¿Amigo?

–En realidad, era amigo de mi padre. Negocios –aclaró–. Pasé por su torre hace unas semanas, a mi vuelta de Compostela.

–¿Torre? ¿Compostela?

–Así es. El señor de Zudairi posee la casa-torre de su linaje en el hermoso valle de Ameskoa. Es un hombre muy respetado.

Fui a Santiago de Galicia para cumplir la promesa que le hice a mi padre antes de su muerte –añadió con una sonrisa, respondiendo a ambas preguntas.

Doña Aldonza no podía ocultar su sorpresa. En ningún momento había imaginado que su sirvienta fuera miembro de un linaje. De hecho, desconocía que no fuera de Estella.

–¿Y cómo sabíais que Oneka estaba en nuestra casa? –preguntó de nuevo, sin haber eliminado del todo la sospecha.

–Porque fui a la dirección que me dio su hermano en el viejo barrio y allí me informaron de su paradero. He de confesaros que me extrañó mucho que teniendo casa propia, doña Oneka prefiriese alojarse en otra, aunque imagino que ello se debe a la gran amistad que os une. Vuestra hija –Daniel sonrió a Blanca quien bajó los ojos, enrojeciendo ligeramente– me informó sobre su mal estado de salud.

La pañera no sabía qué responder. El caballero extranjero hablaba con suma cortesía, era educado y parecía muy serio. En ningún momento se había referido a Oneka como a una criada, lo cual significaba que ignoraba el verdadero lugar que ocupaba en su casa. Era raro que no le hubieran informado en Lizarra, pero luego pensó que tampoco era algo tan extraño, dado el carácter cerrado de los habitantes del barrio viejo.

–¿Os quedaréis mucho tiempo entre nosotros? –preguntó cambiando de tema de conversación.

–Confío en ello, señora. He adquirido una casa en la Carrera Luenga y me estoy estableciendo. Esta población, además de hermosa, es camino obligado en muchas direcciones, tiene una vida comercial pujante y es muy atractiva para un hombre de negocios como yo.

–¿Y vuestra familia?

–No la tengo, desgraciadamente. Perdí a los míos en..., en una epidemia devastadora. Yo me libré por pura casualidad.

–¿A qué os dedicáis, señor Blanc?

–Comercio en plata.

La sonrisa de doña Aldonza no abandonó su rostro durante el resto de la comida. Le habló de su tienda sastrería, de su hijo, el lugarteniente del merino, de la necesidad para él de tener amistades influyentes en la villa, de lo mucho que les gustaría a ellas ayudarle a establecerse... y, antes de marcharse, le hizo prometer que las visitaría en la rúa de San Nicolás en cuanto acabase de organizar su nueva vivienda. Al salir de nuevo a la calle para seguir la búsqueda, la pañera aspiró con fuerza, llenando sus pulmones de aire. El Señor y San Andrés comenzaban a responder a sus plegarias. ¿Qué más podía pedir que un comerciante apuesto y rico para yerno? Olvidó su idea de mantener soltera a Blanca o casarla con un hombre apocado a quien poder dominar. Había momentos en la vida en los que era necesario tener visión de futuro y aquél era uno. No quedarían desamparadas ni se verían obligadas a malvivir si empeoraba el negocio de los paños.

–Sigamos buscando –dijo en tono firme–. Es necesario dar con Oneka.

Continuaron por la Carrera Luenga, la más larga de todas las calles de la villa, ascendieron por la Tecendería, una de las tres de la población de San Juan, junto a la de la Carpintería y la de la Navarrería. Familias enteras de tecederos, tejedores de lienzos, trabajaban en los portales, podía verse a mujeres y hombres haciendo hilo, sentados frente a sus casas, aprovechando la luz del día, formando madejas que pasaban luego a los telares donde las hebras atravesaban el peine como el sol a través de una celosía para elaborar la trama. Había mucha actividad en aquella calle. Doña Aldonza se detuvo para examinar unas piezas de lino y preguntar el precio. Nunca había pensado en hacerle el ajuar a Blanca, así que ahora tendrían que darse prisa porque pronto habría boda si su plan tenía éxito. Sería necesario tener dispuestos lienzos para el lecho, paños para el asco, camisas de noche y de interior... Un vistazo al gran número de piezas apiladas era suficiente para apreciar que, al igual que en el resto de los comercios, la producción excedía a la venta. Sonrió. El coste sería mucho menor que lo habitual.

Al llegar al barrio de Lizarra, la pañera se dirigió directamente a la casona de piedra junto a la iglesia, seguida de su hija, curiosa y excitada a la vez por hallarse en el lugar del que tantas veces le había hablado Oneka. La primera impresión de la joven fue algo decepcionante. El enclave, cercano y misterioso a la vez, no dejaba de ser, en su opinión, un barrio de campesinos más bien pobres. Un examen más cuidadoso, sin embargo, descubría detalles casi inapreciables como las miradas exentas de curiosidad que les dirigían sus habitantes, la dignidad que mostraban, saludándolas como a sus iguales a pesar de que, a la vista estaba, ellas iban mejor trajeadas. Por un momento, Blanca se sintió incómoda con su falda de terciopelo verde con ribetes amarillos, su corpiño negro de fieltro con botonadura de plata, su camisa también amarilla de encaje y la capa granate de suave lana echada sobre los hombros. Comparada con ella, las mujeres de Lizarra parecían pobres menesterosas con sus faldas y corpiños de burda tela oscura. Doña Aldonza se había detenido delante de la casa y observaba con atención cualquier asomo de vida en su interior. Los postigos continuaban cerrados y no parecía haber nadie dentro. En un par de ocasiones, echó un vistazo a su alrededor, temiendo ver al viejo de la otra vez, pero el hombre no apareció. Para cerciorarse de que, en efecto, la casa estaba vacía, también inspeccionó la parte trasera, comprobando que, aparte de un montón de gatos tomando el sol en la huerta abandonada, allí no había señal de Oneka ni de ningún otro ser vivo.

Regresaron bajando hasta la calle de la Astería, recorriendo toda la calle de la Zapatería, paralela al Ega, para volver a cruzar el puente de San Martín y caminar el último tramo hasta su casa. Durante su paseo tropezaron con varias personas, conocidas de doña Aldonza, extrañadas de verla por la calle siendo día de trabajo. No se atrevió a explicarles la razón de su presencia al otro lado del río, limitándose a exponer una excusa sobre un trato con un comerciante de cordones de seda y otro de pesillos para los bajos de las sayas; prometió disponer de más tiempo para visitar a sus conocidos y dejarse ver en la misa solemne que se celebraría en el santuario con motivo de la conmemoración de los ciento setenta años transcurridos desde la entrega de la iglesia del Puy a los Sesenta Cofrades de Santiago por parte del afamado Pedro de París, obispo de Pamplona.

–¡Para fiestas estoy yo! –exclamó ya en casa y con sus doloridos pies introducidos en un pequeño barreño lleno de agua caliente hasta los bordes–. No entiendo cómo la gente puede pensar en celebraciones con los problemas que hay por todas partes.

–Puede que sea una forma de olvidar las penas... –meditó Blanca en voz alta.

Las únicas fiestas que ella conocía eran las del Burgo de San Pedro en junio, el día del Santo Apóstol, y su presencia en ellas se limitaba a la contemplación de algún espectáculo teatral sacro dentro de la propia iglesia y a la actuación de los titiriteros que recorrían la Rúa y la calle de San Nicolás. Doña Aldonza no consideraba los bailes, ni tampoco las carreras, pruebas de fuerza, agilidad con la lanza y otras actividades decentes para ser vistas por una joven de buena familia. Así que, en dichas ocasiones, permanecía en su cuarto, escuchando por la ventana entreabierta la música, el barullo y las peleas que tenían lugar en la calle, imaginándose a sí misma como prenda de una de las competiciones, besada por el campeón y abriendo después el baile.

–¡Tonterías! –exclamó de nuevo doña Aldonza–. Es una manera estúpida de dilapidar el erario público que buena falta hace para asuntos más graves.

Su hija no respondió, se quitó los zapatos y las medias, se arremangó la saya e introdujo sus pies en el barreño. Permanecieron mucho rato en silencio, con las faldas levantadas y los pies dentro del agua caliente, sin confiarse sus pensamientos. Doña Aldonza se sorprendió pensando que echaba en falta a Oneka. Eran ya muchos años compartiendo espacio para no sentir su ausencia. Su casa, otrora llena –Esteban, Roger, Oneka,

Ane...–, estaba ahora vacía de voces, de pisadas, de idas y venidas, de vida. ¡Ojalá las cosas pudieran volver a ser lo que habían sido! Miró a Blanca. Su hija parecía una estatua, quieta, con los ojos en las llamas del hogar, las manos entrelazadas sobre el regazo. Sintió de pronto una gran ternura por la joven dócil que jamás le había dado motivo alguno de disgusto, la única persona que permanecía a su lado.

–¿Qué te ha parecido *mesire* Blanc? –le preguntó de pronto.

–No entiendo...

–Te he preguntado a ver qué te ha parecido el señor Blanc.

–¿Qué tenía que parecerme? –preguntó Blanca con cautela.

–A mí me ha parecido un hombre encantador, elegante, culto... No se ven por aquí caballeros tan refinados y, además, de buena posición –doña Aldonza no quiso empañar sus alabanzas con la palabra "rico"–. Me ha dado la impresión de que te caía bien.

–Es una persona muy amable...

–Y también me ha parecido que tú le agradabas.

Las mejillas de Blanca, coloreadas por el calor del fuego, subieron un poco de tono, pero no dijo nada.

–Espero que venga pronto a visitarnos –insistió su madre–. Ya va siendo hora de ver de nuevo a un hombre por esta casa.

Dos días después, doña Aldonza recibió una visita inesperada. Don Pere Pasqual se presentó de improviso en la tienda, poco antes cerrar, dejándola sorprendida y algo preocupada. ¿Qué podía querer el notario en su casa? No lo conocía muy bien, más bien de oídas y no precisamente laudatorias. Todo el mundo en Estella estaba al corriente de los tejemanejes que se traía el letrado con los pleitos, las herencias, los contratos de compraventa, favoreciendo siempre a los que más tenían para así hinchar sus facturas. Tampoco había quedado muy bien parado después del asunto del barrio judío por el que había sido multado de forma individual más que ningún otro vecino. Entre los que no se sentían orgullos por aquel hecho, los que lo deploraban de forma contundente y los que preferían olvidar, la presencia de Pasqual en reuniones, asambleas o, incluso, festividades, no hacía otra cosa que reavivar el peliagudo asunto. Doña Aldonza, muy en su papel de viuda de un héroe muerto en defensa de sus vecinos, había retirado la palabra a los principales implicados en el ataque a la judería y también se había negado a venderles su mercancía y a comprarles a ellos las suyas. Las razones habían sido varias y diferentes, siendo la principal, sin duda, la muerte de Esteban, pisoteado por los asaltantes, a la que también había de añadirse la pérdida de los mediadores judíos en su negocio, asunto éste que le había ocasionado no pocos quebraderos de cabeza y pérdidas económicas muy importantes. De todos modos, no movió ni una pestaña y esperó a que el notario le explicase la razón de su presencia.

–Vengo a veros en nombre de mi cliente, *mesire* Daniel Blanc du Pont du Mercy et de la Chartreuse –comenzó diciendo Pasqual en un tono engolado de voz.

Doña Aldonza no pudo evitar abrir los ojos asombrada al escuchar el nombre del comprador. El caballero francés de la posada únicamente había mencionado la primera parte de su apellido. ¡Sólo faltaba que encima fuera noble!, pensó emocionada. Permaneció, sin embargo, callada a la espera de conocer más detalles.

–Mi cliente –prosiguió el notario– es un importante comerciante en plata que desea establecerse en nuestra villa. Ha adquirido una vivienda en la Carrera Luenga y también desea algunas tierras en Estella. Me ha comisionado para que gestione la compra en su lugar. Debido a mi profesión, estoy al corriente de que poseéis terrenos en la zona de Zarapuz y en Lizarra. Tal vez os tentaría una generosa oferta.

La pañera tuvo que hacer un esfuerzo sobrehumano para no dejar entrever su nerviosismo. La huerta de Zarapuz era un erial desde hacía tiempo. Las vacas y ovejas de los Ogaiz habían sido vendidas o habían muerto de puro viejas. El terreno no valía nada y nadie en su sano juicio ofrecería medio sueldo por él. En cuanto a las tierras de Lizarra, las tierras de Oneka...

–Permitid un momento, maese Pasqual...

Doña Aldonza se apresuró a cerrar la tienda por dentro, despejó su mesa de trabajo de papeles y documentos, acercó a ella dos banquetas, encendió una lámpara de aceite de cuatro brazos y sacó de un arcón una botella de vino y dos copas de vidrio.

–Es mejor hablar de negocios en buenas condiciones –dijo con una sonrisa.

Roger Bertolín no podía creer lo que estaban viendo sus ojos. Delante de él, como si de una aparición se tratara, se hallaba la mismísima Ane en carne y hueso. Su sorpresa fue tal que tardó un rato en reaccionar. Ella también lo reconoció y bajó los ojos confundida y ruborizada, pero no dijo nada. La madre superiora del pequeño convento, próximo a Irañeta, ajena a la situación, había introducido al lugarteniente en un pequeño comedor y compartía con él una sopa de ajo, espesa como la argamasa utilizada para unir los ladrillos de la tapia.

–Siento no poder ofreceros algo mejor –se disculpó–. Las lluvias arrasaron nuestra huerta el pasado año y durante éste aún no ha caído una sola gota, por lo que no hay manera de cosechar ni una mísera coliflor. En mi larga vida nunca había visto algo parecido.

–Está bien así. No os preocupéis –respondió Roger sin perder de vista a Ane mientras ésta le servía la sopa.

–¿Qué os ha traído hasta Irañeta, señor lugarteniente?

–Persigo a unos bandidos que han atravesado la frontera. Me han llegado noticias de que pudieran estar por estos lugares.

–¡Espero que os equivoquéis! –exclamó la superiora alarmada–. La última vez que ocurrió algo parecido, quemaron todas las casas y estuvieron a punto de...

La conversación quedó interrumpida por la entrada de una religiosa que se dirigió a la superiora y le susurró algo al oído.

–Disculpadme –se excusó levantándose del asiento–. Tengo que atender un asunto. Enseguida estoy de regreso.

Las dos religiosas salieron de la sala, dejando solos a Roger y a Ane. La joven llevaba una túnica negra y cubría su cabeza con un velo blanco. Fue a retirar el plato de la superiora, pero él le asió la mano.

–¿Qué haces aquí? –su pregunta tenía un deje de reproche.

–No puedo hablar...

–¿Qué haces aquí? –insistió–. ¡Maldita sea! Te he buscado por media Navarra. He creído volverme loco de dolor.

–¡Me haces daño! –Ane intentaba recuperar su mano sin conseguirlo.

–He llevado luto por ti, he dicho a todo el mundo que estabas muerta y he dejado de creer en Dios por tu culpa.

La joven se sentía aturdida. Finalmente logró soltarse y salir corriendo, tropezándose con la superiora que regresaba en aquel momento.

–¿Qué ocurre? –preguntó la monja, sorprendida–. ¿Ha ocurrido algo, señor lugarteniente? ¿Os ha ofendido nuestra novicia?

–¿Quién dice que es? –preguntó a su vez Roger, sin responder a sus preguntas.

–Se llama Ane. Llegó aquí hace algún tiempo en un estado lamentable, vestida tan sólo con una camisa y heridas en brazos y piernas. No sabemos de dónde procede porque no ha querido decirlo. ¿Ocurre algo?

–Siento tener que comunicaros, señora, que esa mujer está siendo buscada por la autoridad. Es una criminal peligrosa.

Roger extrajo de su tabardo militar la orden escrita por él mismo durante su búsqueda en Pamplona y que aún guardaba por si podía utilizarla algún día. La superiora se llevó la mano a la boca horrorizada.

–Comprenderéis que debo prenderla y llevarla ante el merino...

La monja afirmó con la cabeza en silencio, todavía bajo la impresión causada por la noticia, y le indicó que la acompañara. Ane estaba acurrucada en un rincón de la cocina, llorando a lágrima viva. La visión de Roger le había producido una tremenda conmoción. De golpe, revivía todo lo que había creído olvidado en el pasado.

Al salir de la tienda, asida fuertemente por los dos peregrinos ladrones, fue empujada sin miramientos hasta una pequeña carreta, golpeada, maniatada y cubierta con una tela de saco. Sintió el traqueteo de las ruedas de la carreta sobre el suelo empedrado, escuchó las voces de sus raptores hablando con los guardias de uno de los portales de la villa, no supo cuál, y perdió el conocimiento. Cuando despertó, el traqueteo era insoportable. Su cuerpo daba botes sobre los maderos de la carreta y, a veces, era lanzado contra los laterales, golpeándose la cabeza, notando cómo las astillas se clavaban en su carne. La tortura duró muchas horas, perdió el conocimiento un par de veces más y creyó morir otras tantas. Por fin, el movimiento cesó y de nuevo escuchó voces. Estaba aterrorizada. Era de noche cuando la sacaron de la carreta llevándola en volandas hasta una casa solitaria en mitad del camino. Una vez allí, la empujaron dentro de un cuartillo maloliente y cerraron la puerta, dejándola a oscuras, aún maniatada. A la mañana siguiente, una mujer con la fuerza de dos hombres la asió por un brazo y la obligó a levantarse. No podía mantenerse en pie, así que la mujer optó por agarrarla de la cintura y ayudarla a caminar, introduciéndola en otro cuarto, algo más grande pero no mejor que el anterior, aunque había un colchón mugroso en él y un pequeño ventanuco dejaba pasar la luz del exterior. Sin decir palabra, le soltó las ligaduras y le quitó la ropa, dejándola completamente desnuda y examinándola después con detenimiento, palpando sus pechos y sus nalgas, haciéndole abrir la boca para ver su dentadura. La mujer se marchó, llevándose sus ropas y cerrando la puerta con llave. Un rato más tarde entró un hombre que la tumbó en el colchón y luego otro, y otro, así durante tantos días que perdió la noción del tiempo. A pesar del ventanuco, ya no sabía si era de día o de noche. A veces, pocas, la dejaban tranquila, pero era incapaz de pensar o de dormir. En algún momento pensó en quitarse la vida, buscó algo, una cuerda, un cordón para atarlo a una de las vigas y colgarse de ella, pero no había nada y tampoco tenía fuerzas para desgarrar la tela del colchón que, de tan inmunda, había perdido toda elasticidad. Luego, un día, su guardiana entró, le tendió una camisa larga tan sucia como la tela del colchón y la llevó hasta el río, ordenándole introducirse en él.

–¡Lávate, guarra! –le dijo al tiempo que le lanzaba un estropajo.

Fue la primera y única vez que escuchó la voz de la mujer, una voz dura, como un latigazo. El agua estaba helada y ella no podía dejar de temblar, pero hubiera permanecido allí el resto de su vida. La tormenta estalló de manera imprevista, el cielo se desgarró y un rayo fue a caer justo en un hermoso roble a medio camino entre la casa y el río, partiéndolo por la mitad y asustando a la varona, que salió corriendo dando gritos. Ella no lo pensó dos veces, echó a andar río arriba contra corriente y no paró mientras la sostuvieron las piernas. Con la piel amoratada por el frío, exhausta por el esfuerzo y las penalidades sufridas, anduvo un buen trecho hasta llegar al convento, golpeó la puerta y cayó desvanecida ante los sorprendidos ojos de la hermana portera.

Las monjas la atendieron y curaron sus heridas, recobró lentamente la salud y decidió permanecer en aquel refugio seguro cuando la superiora le informó de que podía marcharse o quedarse. Únicamente sentía no volver a ver nunca más a su pobre madre, que tanto había penado y se había sacrificado. Tal vez ahora que ella ya no estaba, su madre no temería a doña Aldonza y podría regresar a Lizarra. Nada la retenía ya en la casa de la viuda y rogaba con todas sus fuerzas para que la creyera muerta. Pensaba haber hallado por fin la paz, pero estaba escrito que no sería así. Roger había aparecido de nuevo en su vida.

–Te has escondido bien, acogiéndote a una casa de santas mujeres, pero de nada te ha valido. ¡Andando!

Conmocionada por el tono de voz del hombre que amaba, Ane se dejó llevar sin resistencia hasta la grupa de un caballo atado a un árbol fuera del convento, vio la consternación en los rostros de la superiora y de otras monjas que salieron para verla marchar y sintió el fuerte brazo de Roger sujetándola por la cintura. Cabalgaron durante un buen trecho sin hablar hasta que él detuvo la montura a poca distancia de una población y le arrancó el velo de la cabeza.

–Tú ya no necesitas esto –dijo, lanzándolo la suelo– y, además, ¡menuda cara de asombro pondrían los campesinos palurdos al ver al lugarteniente del merino con una monja sobre su silla de montar!

Besó sus labios con tanta intensidad que Ane creyó que se ahogaba y, a continuación, soltó una carcajada y puso de nuevo el caballo a galope. Sus hombres lo esperaban en Aranaz. Era cierto lo que había dicho a la superiora sobre que buscaba a unos bandidos, pero no del todo. Los malhechores habían desaparecido sin dejar rastro a la altura de Iturmendi. Seguramente habían tomado una de las veredas que ascendían hacia la sierra, donde era casi imposible encontrarlos. Él había galopado solo, como siempre hacía después de una persecución, para olvidar, para ahuyentar los demonios que corroían su espíritu, hasta que sintió hambre y llamó a la puerta del convento. Ni en sus mejores sueños habría jamás imaginado que precisamente allí, en un pobre convento de religiosas, fuera a encontrar a la mujer que buscaba desesperadamente desde hacía dos años.

No se entretuvo en dar explicaciones a los hombres que lo esperaban bebiendo en la desastrada posada en la cual se alojaban, subió las escaleras llevando a Ane de la mano y se metió en su cuarto, el único que había en el local y que se había adjudicado como convenía a su rango. Besó de nuevo sus labios con furia mientras le arrancaba el hábito, la apretó contra su pecho en un ademán tan desesperado que le hizo daño; un gemido, casi un sollozo salió de la garganta del hombre antes de tumbarla sobre el lecho y cubrir su cuerpo con el suyo.

Algo en el interior de la joven se rebeló. Amaba a Roger, lo había amado desde que era una niña, antes de que él partiera para Villava; lo había visto crecer, bello como un héroe de leyenda; había llorado hasta quedarse sin lágrimas cuando su madre los separó y más aún cuando, a su regreso, lo encontró casado. Se contentó con sus visitas cada vez que él se encontraba en Estella y llegó a pensar que, si no podía ser su mujer, no le importaría ser su manceba. Sólo deseaba estar a su lado, amarlo y ser amada por él. Su rapto había truncado toda esperanza. Incluso si algún día volvía a verlo, no podría entregarse a él porque había sido violentada de todas las maneras posibles y ya no era digna de él ni como amante. Quería contárselo, explicarle que su corazón continuaba siendo el mismo aunque su cuerpo no lo fuera, que seguía amándolo, pero no le había dado oportunidad. Aquella forma de besar, sin tiempo para responder; la manera de quitarle la ropa, sus caricias hambrientas, exentas de toda dulzura, le hacían más mal que bien. De nuevo se sentía manoseada, sobada, violada.

–Roger, no...

–Calla..., deja que te ame.

No volvieron a intercambiar ninguna otra palabra durante toda la noche. Roger la penetraba, se desahogaba y caía rendido para volver a recuperarse y hacerlo una y otra vez. Al amanecer se quedaron dormidos. En su sueño, Ane recobró la inocencia, las subidas al santuario en compañía de su hermano mayor, la voz de su madre narrándole en un susurro viejas historias del país de los vascos, el amor por el joven señor... Despertó sobresaltada al sentir una vez más sobre ella el cuerpo de su amante, sudoroso y agitado, y sus lágrimas empaparon la almohada.

Durante meses cabalgó con Roger y sus hombres, ora con aquél, ora montada en el mismo caballo con uno de éstos. A pesar de resultar algo inusual e incluso irregular, ninguno osó hacer un comentario y aún menos se atrevió a quejarse.

–Ésta es doña Ane, mi mujer –se limitó a presentarla al día siguiente de su encuentro.

Cabalgaban durante el día en busca de malhechores, recorriendo la tierra de La Burunda, de Ameskoa, de Garaia, de Lana, alojándose en posadas de mala muerte, en torres y fortalezas o, simplemente, en tiendas cuando la oscuridad se les echaba encima sin haber encontrado un lugar apropiado para pernoctar. Cada noche, a cubierto o al ras, Roger la tomaba y no se dormía hasta haber saciado su deseo. Había recuperado el buen humor, de nuevo bromeaba con sus hombres y colmaba a Ane de regalos, algunos adquiridos en las poblaciones que atravesaban, otros, los más, obtenidos bajo presión a un buhonero errante o en algún puesto de mercado. La joven no sabía qué pensar. Desde su encuentro, en ningún momento le había hablado de amor y no había querido saber nada de lo ocurrido, a pesar de que ella había intentado desahogarse, contarle su paso por el infierno.

–Lo pasado, pasado está –afirmaba él interrumpiéndole–. Ahora estamos juntos y eso es lo único que importa. Nadie ni nada volverá a separarnos.

Una noche, sin embargo, Ane se despertó en la oscuridad, empapada en sudor. Habían cabalgado durante todo el día y tenía el cuerpo dolorido. A pesar del cansancio, Roger le había hecho el amor hasta caer rendido. Hacía calor, la habitación del caserío en el que se alojaban, a un par de millas de Olazti, era pequeña y no tenía ventana. Los caseros, preocupados por su acomodo, les habían cedido su propio cuchitril y habían añadido varias pieles de oveja para que no tuvieran frío. Permaneció despierta sin atreverse a moverse para no despertar a Roger, cuyo brazo reposaba sobre su pecho. Escuchó su respiración jadeante, sintió su aliento a un palmo de su cara y notó cómo se removía inquieto.

–Puta... –le oyó decir en sueños y el sudor se heló sobre su piel–. Es una puta...

Permaneció despierta el resto de la noche. No había futuro para ella, Roger nunca la tomaría por esposa. Durante algún tiempo había esperado que lo hiciera, ahora que sabía que era viudo. Sintió la muerte de María Ibaíñez, a la que había llegado a apreciar durante las veladas de costura en casa de doña Aldonza, pero también se alegró porque ya no había nada que les impidiese unir sus vidas. Ansiaba que él se lo pidiera, pero las semanas habían transcurrido sin escuchar en ningún momento la ansiada propuesta. Ella era únicamente una obsesión que él conjuraba cada vez que yacían juntos. La abandonaría como a un perro viejo en cuanto la fiebre pasara. Suavemente, sin hacer movimientos bruscos, llevó sus manos a su vientre y lo acarició.

–¿Qué será de ti, hijo mío? –musitó con tristeza.

Había querido esperar el momento propicio para comunicarle la noticia. Sabía que se alegraría porque en una ocasión le había confiado la pena sentida por la pérdida del niño nacido muerto. Deseaba perpetuarse, así se lo había dicho, porque un hombre necesitaba un hijo para verse reflejado en él y porque los años pasaban y no quería ser un padre viejo. También sabía que no lo rechazaría, sobre todo si era un varón, pero ahora ya no estaba tan segura de querer decírselo. ¿Qué sería de ella una vez nacido el niño? Conocía varios casos en la propia Estella de mujeres abandonadas a las que les habían arrebatado sus hijos después de parir y nunca más habían vuelto a verlos. Ella guardaría su secreto tanto como pudiese y, a la menor oportunidad, huiría del hombre al que tanto había amado y admirado, y que acababa de herirla, sin saberlo, en lo más profundo de su alma.

Estaba amaneciendo cuando uno de los hombres entró en el cuartucho portando una tea.

–¡Señor! ¡Señor! Esos bastardos acaban de llevarse una partida de ganado de las campas de Olazti. Un campesino ha venido a avisaros.

Roger despertó del profundo sueño en el que finalmente se había sumido, tiró de una patada las pieles de oveja que los cubrían y se levantó con celeridad. Fue un instante breve, pero suficiente. El hombre recorrió con mirada ávida el cuerpo desnudo de la muchacha y ella deseó morir en aquel mismo momento.

–¡Llama a los demás! –ordenó Roger al tiempo que se introducía en las calzas–. ¡Ane! ¡Levántate!

El hombre salió del cuarto y la joven obedeció. Poco después galopaban en dirección a Ziordi. Podían ver la polvareda levantada por las reses y azuzaron a sus monturas, que iban rápidamente acortando las distancias. No se dieron cuenta de que eran seguidos por otro grupo de hombres nada más penetrar en la barranca. Antes de llegar a la frontera, se habían enzarzado en una lucha feroz. Roger descabalgó a Ane con brusquedad, dejándola en medio del campo, rodeada de hombres a caballo y a pie que se batían a muerte empuñando espadas, hachas y mazas. Seis hombres del lugarteniente y cuatro de los atacantes yacían muertos sobre la hierba a poco de iniciarse el combate. Los otros seis soldados, Roger incluido, se hallaban rodeados por una veintena más, poco dispuestos a dejarlos partir.

–¿De quién es esa mujer? –preguntó el jefe de los bandidos señalando a la joven, atónita, que contemplaba el encuentro.

–¡Es mía! –gritó Roger.

–Te propongo un trato –dijo el jefe después de haber examinado a Ane de arriba abajo–. Tu vida y la de tus hombres por esa mujer.

–¡Hecho! –respondió Roger sin pensárselo dos veces–. Pero volveré y te aseguro que entonces no habrá tratos. ¡Acabaré con vosotros, bastardos!

–¡Aquí te esperamos! –rió el hombre.

El lugarteniente giró su montura y salió a galope seguido por sus hombres y las risas e insultos de los vencedores. El jefe de éstos se aproximó a Ane, se inclinó, la asió por la cintura y la subió al caballo.

–Bien, hermosa –dijo satisfecho–, esta noche conocerás a un hombre de verdad.

La joven estaba aterrorizada pero, a la vez, se sentía aliviada. Su héroe había demostrado lo que en realidad era: un cobarde. No había siquiera intentado negociar con el bandido, luchar por ella. La había abandonado a su suerte. Tal vez, pensó, su destino era morir a manos de unos desalmados. Sintió pena por el hijo que llevaba en sus entrañas, pero era mejor acabar de una vez por todas y dejar de sufrir.

Poco después se hallaba sentada a una larga mesa de roble, de un palmo de ancha, repleta de incisiones realizadas con objetos punzantes. Uno tras otro, fueron colocados encima pucheros llenos de espesa sopa, fuentes de asado, escudillas de lechuga y cebolla, jarras de vino y cerveza, hasta cubrirla por entero. Los hombres y mujeres sentados a su lado comían, hablando y riendo sin parar, siendo el principal tema de la conversación la deshonrosa huida del lugarteniente del merino, que había preferido entregar a su mujer en lugar de luchar.

–No soy su mujer –dijo Ane con frialdad al escuchar el comentario.

–¿Quién eres, entonces? –preguntó el jefe en tono irónico.

–Nadie.

–¿Y qué nombre tiene nadie?

–Ane.

–Ane es un bonito nombre, y ¿qué más?

La joven permaneció callada. ¿Qué les importaba a aquellos brutos cómo se llamaba?

–¿No tienes nombre o es que no sabes quién es tu padre? –insistió el jefe, soltando una risotada que fue coreada por los demás comensales.

–Me llamo Ane Ogaiz y mi padre era Semeno Ogaiz, un hombre honrado.

–¿Ogaiz? ¿Has dicho Ogaiz?

–Sí, Semeno Ogaiz de Lizarra, ahorcado por la libertad –exclamó con énfasis. Todo le daba ya igual. Si tenía que morir en una cueva de ladrones, que éstos al menos supiesen que tenía orgullo.

–¿Algo que ver con Orti Ogaiz? –preguntó de nuevo el jefe con un tono sorprendido de voz.

Esta vez fue ella la sorprendida.

–¿Conoces a mi hermano?

–¡Por los clavos de Cristo! ¡Claro que lo conozco! ¡Todos aquí lo conocemos!

Hombres y mujeres asintieron con la cabeza.

–¿Dónde está? –preguntó ella emocionada. Aún eran posibles los milagros.

–¿No lo sabes tú?

–No.

–Regresó a Lizarra, dijo que iba en busca de su familia.

Ane se echó a llorar. Tampoco tenía derecho al rayo de esperanza que acababa de cruzar la estancia para ir a perderse en el abismo en el mismo momento. Sintió la mano del hombretón apoyada sobre la suya y no tuvo fuerzas para retirarla.

–Eres la hermana de Orti Ogaiz, a quien aprecio –dijo Corbarán Díaz de Lezea–. Hasta que puedas reunirte con los tuyos, ésta será tu casa y nosotros –añadió, abarcando con la mirada a los demás–, tu familia. No tienes nada que temer.

La joven se pasó las manos por las mejillas para enjugar las lágrimas y sonrió. Era cierto lo que solía decir su madre, Dios existía en alguna parte y aparecía cuando una menos se lo esperaba.

Después de la humillación sufrida, Roger Bertolín presentó su renuncia como lugarteniente del merino y regresó a Estella dispuesto a convertirse en un hombre de negocios y, en todo caso, a optar por algún cargo importante en la propia villa. Entre la paga acumulada durante los últimos años, la dote intacta de María Ibaíñez y su parte de la herencia familiar, dinero no le faltaría y prestigio tampoco. No deseaba ser vendedor de paños, como sus padres, aunque reconociese que éste era un negocio de los más lucrativos y con mayor futuro. No se veía a sí mismo detrás de un mostrador, manteniendo conversaciones insulsas con los clientes, en especial mujeres, que acudían en busca de telas de lino, fieltros, terciopelos o sedas, dependiendo de sus bolsas o de los usos. Tampoco tenía muchas ganas de discutir sobre los precios con mercaderes, tintoreros, cordeleros y demás miembros del oficio. Deseaba ser rico, muy rico, en algo en lo que no tuviese que intervenir sino desde detrás de la mesa de un escritorio. Llegó a la conclusión, tras meditarlo durante algunos días, de que lo mejor era invertir en tierras y bienes raíces, comprar a bajo precio y vender a otro mucho mayor, especular según los momentos. A fin de cuentas, todo el mundo tenía que vivir en algún sitio y muchas personas, incluso las dedicadas exclusivamente al comercio, ansiaban poseer un pedazo de tierra en la que plantar una viña. Habló de ello con su madre nada más llegar al burgo.

Doña Aldonza no cabía en sí de gozo. Su querido Roger estaba de nuevo a su lado y esta vez, al parecer, tenía la intención de quedarse. Le apenaba que hubiera dejado su brillante carrera militar, la posibilidad de obtener un título, de ocupar un puesto en la Corte. Pero, por otra parte, si ello suponía tenerlo lejos y verlo de ciento en viento, casi prefería olvidar sus planes. Su regreso le había devuelto las energías y las ganas de luchar. Juntos crearían su propio feudo en Estella. La familia Bertolín sería la más rica e influyente de la villa. No hablaron para nada del pasado, ambos preferían olvidarlo. Atrás quedaban los malentendidos que habían estado a punto de romper su estrecha relación, era tiempo de comenzar de nuevo. Le habló de Pere Pasqual, de la propuesta hecha para vender las huertas de Lizarra.

–¿Tenemos huertas en Lizarra? –preguntó Roger sorprendido. No recordaba que las tuvieran.

–Nosotros no, pero Oneka sí.

Doña Aldonza tuvo que explicarle la desaparición de la sirvienta, el hallazgo de las ropas de la colada, la búsqueda llevada a cabo por toda la villa.

–No podemos vender lo que no es nuestro –afirmó él, frunciendo el ceño.

–Por eso es preciso encontrarla y obligarla a firmar el documento a nuestro favor.

–¿Y sus hijos?

La pregunta le quemaba los labios. Pensó en Ane y en la forma como la había abandonado en manos de unos bandidos. Aún ahora se preguntaba cómo había sido capaz de hacer algo tan cruel con la única mujer que, a su manera, había amado. Se lo había preguntado a cada instante desde el momento en que salió a galope, huyendo para salvar la vida. Algunas noches se despertaba y la buscaba medio dormido; tanteaba con la mano, esperando sentir su cuerpo junto al suyo y acababa despertándose del todo para constatar que estaba completamente solo. Recordaba su emoción al verla en el convento. Su corazón comenzó a latir con tanta fuerza que temió que la superiora pudiera escuchar los latidos, de tan fuerte como golpeaban su pecho. Y luego, la euforia de tenerla entre sus brazos, de yacer con ella. Había sido como salir de un pozo negro y profundo para encontrar el aire, la luz del sol. Su primera intención fue buscar a un cura y casarse con ella, en cualquier oratorio o pequeña ermita de la montaña, lejos del mundo. No le importaba lo que pudiera pensar su madre o lo que dijeran sus vecinos. Tampoco le importaba lo que hubiera podido ocurrir durante los meses en los que ella había estado perdida. Poco a poco, sin embargo, las palabras de la religiosa al describir la llegada de Ane al convento, la forma en la que ésta insistía en contarle algo que él no deseaba escuchar, la constatación de que ya no era virgen, fueron haciendo mella en sus intenciones. ¿Por qué comprometerse, hacerla su mujer, si era suya de todas formas? El matrimonio era algo muy serio, la mujer elegida tenía que ser digna madre de sus hijos. Dejó pasar los días y las semanas. Tenía la intención de seguir con aquella vida agreste durante unos cuantos años más. Disfrutaba con las cabalgadas y la vida al aire libre, compartiendo su tiempo con sus hombres, persiguiendo a los malhechores y colgándolos de un árbol cada vez que tenía oportunidad. Se sentía poderoso cuando observaba el respeto y el miedo en las miradas de los campesinos y pleno cuando yacía con Ane al final de la jornada pero, entre ella y su vida, prefirió elegir ésta. Quería olvidarla, comenzar de nuevo, ocupar un puesto de importancia en la villa, matrimoniar con alguna rica joven sosa y tal vez bonita, pero, muy a su pesar, no podía dejar de pensar en ella.

–No hay hijos, a menos que Ane aparezca, cosa del todo improbable, visto el tiempo transcurrido sin noticias de ella, y Oneka, si aparece, tiene una deuda conmigo por los muchos años en los que me he estado ocupando de su bienestar. Nosotros somos la única familia que tiene y así ha de entenderlo.

Ignorante de los pensamientos de su hijo, doña Aldonza continuó exponiéndole sus planes. En caso de que Oneka no apareciera en un tiempo razonable, solicitaría la enajenación de sus bienes a favor de la familia Bertolín. No les faltaban apoyos en el Concejo y todo el mundo estaba al corriente de lo bien que se habían portado con ella y con su hija.

–Don Pere Pasqual me ha dicho que no habrá problemas. Él también tiene aldabas a las que llamar.

–¿Es de fiar?

–¿Quién? ¿Pasqual? ¡Por supuesto! Es un hombre muy respetado y ambos nos entendemos muy bien. Te gustará.

Roger recordó las acaloradas palabras de su madre años atrás refiriéndose a los cabecillas del ataque al barrio judío y el perjuicio ocasionado por esta acción a los comerciantes de Estella, y su promesa de no volver a tener relaciones con ninguno de ellos durante el resto de su vida. Sonrió con ironía y no hizo comentarios. Estaba seguro de que ella encontraría una justificación a su nuevo proceder.

–¿Podrá encargarse de invertir mi fortuna de manera inteligente? –preguntó, volviendo al tema que le interesaba–. No me apetece tratar con los vendedores como si fuera un simple tratante de ganado.

–Puede encargarse de lo que queramos. Conoce al dedillo todas las propiedades disponibles y también a los propietarios a los que más les urge vender y que, por lo tanto, están dispuestos a aceptar acuerdos beneficiosos para nosotros. En estos momentos se ocupa de los intereses de dos ricoshombres llegados de fuera, dispuestos a hacer negocios en Estella y que, por cierto...

Doña Aldonza se detuvo. Tal vez no convenía, por el momento, poner a Roger al corriente de sus planes respecto a Blanca y al caballero Daniel Blanc. Podría hacerle recordar su intervención en su propio matrimonio con María Ibaíñez y reavivar los malos momentos.

–Por cierto..., ¿qué?

–Uno de ellos parece interesado en Blanca –confesó. De todos modos su hijo acabaría por enterarse.

Tras su primera visita, varios días después del encuentro en la taberna de la Garlanda del Mercado Nuevo, el señor Blanc se había presentado en su casa llevándoles dos preciosos dijes de plata para sujetar el velo, realizados, según dijo, por él mismo en su tiempo libre. El suyo representaba un ave en pleno vuelo y el de Blanca un cervatillo. Las visitas menudeaban y no había semana en la que el apuesto caballero no hiciera acto de presencia, aunque había tomado por costumbre enviar a un mozuelo la víspera para anunciar su llegada.

–Es un caballero francés –prosiguió informando doña Aldonza a su hijo–, elegante, educado, comerciante en plata y sin familia. Tu hermana parece complacerse en su compañía.

–¿Y el otro?

–¿Su socio? No lo conozco. Según el señor Pasqual, procede de la zona de Ultrapuertos. No habla mucho y parece ser algo brusco, pero dispone también de una gran fortuna y desea adquirir tierras en Lizarra.

–¿Por qué allí? –preguntó Roger sorprendido. Las huertas de Los Llanos o de Ordoiz eran mucho más ricas, tenían agua y estaban menos expuestas a los vientos.

–Yo también se lo pregunté, pero el notario dice que aquellas tierras son ahora las más baratas. Además, el hombre debe de ser muy devoto porque, al parecer, acude a menudo al santuario. Y ahí es donde entramos nosotros –se confió doña Aldonza con una gran sonrisa–. Ganaríamos una bonita suma si pudiéramos venderle las tierras de los Ogaiz, de Oneka, antes de que otros se nos adelanten y le vendan las suyas.

Varios días después, Roger tuvo la oportunidad de conocer al señor Blanc. Era, en efecto, tal y como lo había descrito su madre y simpatizó con él inmediatamente. El "francés" estaba al corriente de muchos asuntos que la gente corriente ignoraba. Conocía a fondo los entresijos de la política del reino y estaba de acuerdo con él en que las villas precisaban de hombres preparados para regir sus destinos, en lugar de meros enviados por el poder real. Navarra nunca sería de nuevo un verdadero Estado mientras fuera gobernada a distancia por mediación de intermediarios. El rey Felipe, embarcado en la aventura de Algeciras, había muerto de enfermedad en aquella plaza a comienzos del otoño, sin haber empuñado la espada ni dirigido en combate contra los musulmanes a los cuatrocientos hombres que lo habían acompañado. Un fin anodino, carente de gloria, que no pasaría de una simple reseña en los anales. Apenas había pisado tierra navarra, prefiriendo vivir en París y delegando amplios poderes en gobernadores, oficiales y reformadores que lo mantenían informado y, de paso, hacían y deshacían a su antojo. La reina Juana II, al igual que su marido, había estado en Navarra en contadas ocasiones. Prefería mantenerse al cobijo de su tío, el rey de Francia. Habían tenido cinco hijos, tres hembras y dos varones, todos ellos educados en la corte francesa. El mayor, Carlos, heredaría el trono de Navarra. Eran reyes extranjeros, gobernadores extranjeros, obispos extranjeros que desconocían la lengua y las costumbres de sus gobernados, abusaban de sus prerrogativas y estaban acabando con la paciencia de los navarros, acosados por la sequía, las breves lluvias torrenciales que no llegaban a empapar el suelo y la falta de recursos y medios económicos.

El señor Blanc también conocía la problemática de la frontera, llegando a dar los nombres de las localidades más afectadas por los ataques de los linajes alaveses y guipuzcoanos e, incluso, navarros. Todas las familias banderizas, fuera cual fuese su territorio, faenaban en un mismo mar de confusión, intentado pescar la pieza mayor.

–Siendo forastero, mesire Blanc, ¿cómo así sabéis tantas cosas sobre nuestros asuntos? –le preguntó con cierta extrañeza.

El hombre rió antes de responder.

–Mal negociante sería, ¡vive Dios!, si no conociera la situación de los lugares en los que se mueven mis intereses –y la respuesta pareció satisfacer a su interlocutor.

Roger comprobó que su hermana se transformaba en su presencia, enrojeciendo con facilidad cada vez que el caballero le dirigía la palabra o una mirada, sonriendo al menor comentario jocoso de éste. Parecía muy feliz y se alegró por ella. Desde su nacimiento, había ocupado un segundo lugar en la casa, a su sombra, y él apenas le había dedicado media docena de pensamientos en los últimos años. Tenía cosas más importantes en las que ocuparse. Calculó que andaría por los veinticinco o veintiséis años, una edad madura para una joven soltera y se preguntó por primera vez por qué no estaba ya casada. De todos modos, nunca era tarde y el señor Blanc también parecía a gusto con ella. Como siempre, su madre había acertado en su criterio. Hacían una buena pareja y la fortuna de él no era algo a desdeñar vistos los tiempos que corrían. Él mismo también debería de pensar en casarse, no sólo porque era el estado natural de cualquier hombre y deseaba tener hijos para hacer perdurar su apellido, sino también porque necesitaba entroncar con una familia vieja de Estella si quería llegar a ser alcalde y... porque, estaba seguro, así olvidaría a Ane y, con ella, su humillante cobardía.

Don Pere Pasqual recibió la visita de Roger con los brazos abiertos cuando el antiguo lugarteniente se presentó en su escritorio acompañado por su madre. No podían irle mejor las cosas, suspiró feliz el notario. En menos tiempo del que tardaba una mujer en traer un hijo al mundo, él había conseguido representar a cuatro personas ricas, deseosas de gastarse los dineros y permitirle a él rehacer su fortuna. Después de unos años miserables durante los cuales había perdido su propia estima y la de sus vecinos, estaba a punto de resarcirse de tanta humillación. A medida que adquiriese propiedades y huertas para sus clientes, lo haría también para él. Todo por el mismo precio o, mejor dicho, por la misma cantidad estipulada en los documentos. Los dos extranjeros le habían hecho una propuesta que, en principio, le llamó la atención poderosamente, aceptándola después al constatar los beneficios que podría obtener del trato.

–Por razones personales, no deseamos que nuestros nombres figuren en los contratos –le había informado el señor Blanc en una visita a la que acudió solo–. No es prudente que dos forasteros exhiban sus fortunas y, menos, que compren tierras a destajo.

–¿Qué hay de malo en ello? –inquirió él sorprendido.

–Veréis..., desearíamos pasar inadvertidos, ser unos simples comerciantes que intentan salir adelante. Éstos son tiempos difíciles. La gente sospecharía de nosotros si supiese que disponemos de medios suficientes para comprar media villa y el Concejo podría interponerse. Creedme, sé de lo que me hablo.

Los extranjeros lo son hasta que dejan de ser considerados como tales, y eso lleva tiempo.

–¿Qué proponéis?

–Vos compraréis y firmaréis los contratos en vuestro propio nombre.

–¿Tanta confianza tenéis en mí? –preguntó halagado el notario.

–Vos y nosotros firmaríamos después otros contratos en los que se estipularía que dichas propiedades son nuestras y que vos actuáis en nuestro nombre –continuó Daniel con una sonrisa–. En asuntos de negocios, querido amigo, no me fío ni de mí mismo.

–Pero... lo que no queréis que piensen de vos, lo pensarán de mí...

–No, porque vos aduciréis que obráis por orden de un comprador que no desea revelar su nombre. El secreto profesional os protegerá.

No había tenido que meditarlo mucho. A pesar de lo inusual de la propuesta, debían tenerse en cuenta dos puntos: el increíble beneficio que obtendría, puesto que ninguno de los dos caballeros estaría presente en las transacciones y, por tanto, podría comprar a un precio y reseñar otro mayor en los documentos, quedándose él con la diferencia; y la remota, pero no quimérica posibilidad de que ambos pasaran a mejor vida y él se quedara con lo adquirido. Aceptó encantado, aunque se hizo de rogar para no levantar sospechas sobre sus intenciones. La visita de los Bertolín acababa de redondear el plan trazado. Roger Bertolín deseaba invertir su fortuna en tierras e inmuebles sin preocuparse de la forma en la que éstos eran adquiridos, comprando hipotecas y dejando en la calle a varias familias a las que ni siquiera conocía y doña Aldonza estaba dispuesta a vender las huertas de su criada, a pesar de no ser suyas.

–Son todos unos ladrones –pensó para sus adentros. En ningún momento se le pasó por la cabeza que él era el mayor de todos.

El escribano del Concejo, el hombre lechuza que aún continuaba en su puesto a pesar de los años transcurridos, hizo un gesto de extrañeza cuando el notario le presentó un documento en nombre de la viuda Bertolín reclamando las huertas de la tal Oneka Periz de Zudairi, viuda de Semeno Ogaiz, desaparecida desde hacía varios meses, así como sus tres hijos en diferentes momentos y circunstancias.

–¿Estáis seguro de que todos han desaparecido? –preguntó con desconfianza.

–Seguro del todo –respondió el letrado–. Mis clientes han buscado más allá de lo obligado. Tenían mucho aprecio a su criada y a su hija, pero convendréis conmigo en que no es cuestión de que cualquiera pueda hacerse con unas propiedades que no le pertenecen.

El escribano fue a hacer un comentario, pero lo pensó mejor y guardó silencio. Recordaba perfectamente a la viuda de Ogaiz y la alegría reflejada en su mirada al saberse de nuevo libre, a pesar de que luego había decidido permanecer con doña Aldonza. También recordaba al joven, aunque no sus rasgos, llegado años después preguntando por su madre y al que entregó una copia del documento de indulto. No lo había vuelto a ver por allí desde entonces. Y ahora venía aquel "matajudíos", como mucha gente llamaba al notario, reclamando las famosas huertas de Lizarra. Algo olía mal, pero él no intentaría descubrir qué era. No le pagaban lo suficiente para arriesgar su pellejo.

–Habrá que editar un bando –se limitó a decir.

–¿Para qué?

–Por si Oneka Periz de Zudairi o alguno de sus hijos continúan en buena salud, que todo puede ser –afirmó con ironía–. No vaya a ocurrir que un día aparezcan y nos lleven a todos ante el tribunal.

–Es tiempo perdido. Ya os he dicho que los Bertolín los han buscado y no han podido encontrarlos. No queda un solo miembro de la familia Ogaiz para reclamar las posesiones.

–Tiempo perdido o no, es la ley. ¿Tenéis algo que oponer a la ley?

–¿Cuánto tardará en darse la aprobación?

–¡Quién sabe! Meses o, tal vez, años...

Pasqual fue a ver al síndico en cuanto salió del escritorio del escribano del Concejo. ¡Rata de biblioteca! ¡Mísero afilacálamos! ¡Se iba a enterar de quién era él! Explicó la situación al síndico, uno de los pocos amigos fieles que le quedaban de su época de esplendor, tal vez porque éste también había tomado parte en el ataque a Olgacena, aunque de manera menos ostentosa que el notario. El síndico se la expuso al alcalde y el bando se publicó pocos días después. Antes de finalizado el año salieron a subasta pública la casa y las huertas de la familia Ogaiz en Lizarra. Únicamente se presentó un postor a la puja: el notario Pere Pasqual en nombre de la familia Bertolín.

–¡Os he conseguido las huertas que deseabais! –exclamó orgulloso Pasqual, presentándose en persona en la casa de Daniel y de Orti–. Las que están en Lizarra, justo debajo del santuario, casa incluida.

–¿Quién era su propietario? –preguntó Orti aparentando indiferencia.

–Un miserable rebelde que acabó en la horca –el notario soltó una risa de hiena–. Su viuda desapareció hace ya tiempo, al igual que sus tres hijos. Doña Aldonza Roiz, viuda de Bertolín, las adquirió en subasta pública y está dispuesta a vendéroslas.

–¿Por cuánto?

–Por doscientas libras de plata.

Orti soltó un silbido de sorpresa.

–Es un precio muy elevado...

–Tened en cuenta que son las mejores tierras de esa zona, doña Aldonza es una viuda que pasa por momentos difíciles debido a la situación económica en todo el reino y... yo debo cobrar mi comisión.

–Está bien, aquí tenéis.

Orti extrajo de un arcón un pequeño cofre de hierro y lo abrió ante los estupefactos ojos del notario. Estaba lleno hasta los bordes de florines y doblas de plata. El joven contó despacio la cantidad estipulada, pesándola después y permitiendo que Pasqual admirase el tesoro con la boca abierta y la baba cayéndosele por las comisuras de los labios. El contrato quedó redactado en pocos días, doña Aldonza recibió la importante cantidad de dinero en moneda falsa, el notario cobró su comisión en la misma moneda y los dos amigos se bebieron media garrafilla de licor de arándanos para celebrarlo.

–¿Por qué has hecho eso? –preguntó Oneka en tono de reproche, sin entender nada–. Has comprado nuestra propia casa.

–Madre, confía en mí.

Febrero de 1345

Las cosas estaban saliendo tal como Orti y Daniel las habían previsto. La avaricia nublaba la visión de sus víctimas. Tanto don Pere como doña Aldonza habían caído en la trampa, manejando dineros trabucados, adquiriendo propiedades por toda la villa sin percatarse del engaño. Su venganza estaba próxima, esperarían un poco más y levantarían la liebre.

Daniel continuaba acudiendo a casa de la viuda. Había visto por casualidad a doña Aldonza y a su hija caminando por la calle de la Navarrería y las había seguido. Las vio entrar en una posada y él hizo lo mismo, celebrando una oportunidad que no se le presentaría dos veces y aceptando su invitación sin decir nada a su amigo. Deseaba conocer a fondo a las personas que, en alguna medida, habían contribuido a la infelicidad de Orti y de su familia, saber qué razones habían impulsado a aquella mujer aparentemente inteligente, trabajadora y capaz de actuar de una forma tan dura con sus semejantes. Cuanto más supieran de ella, en mejor disposición estarían para herirla donde más le doliera. Después de muchos silencios, la madre de su amigo había acabado por confiarse. Le había supuesto un gran esfuerzo, como si fuera a desvelar un gran secreto, pero finalmente les contó sus penalidades, el trato, la forma en la que la pañera había logrado retenerlas durante tantos años a su lado, utilizando a Ane como rehén. A medida que la mujer hablaba, él observaba oscurecerse el rostro de su amigo, adquiriendo aquel color ceniciento que también le había visto durante su estancia en las tierras de Egino. La ira se mezclaba con el dolor y con el odio, dando paso a la bestia que todos los seres humanos llevaban dentro. En aquel momento, Orti hubiera sido capaz de presentarse en casa de la viuda y degollarla con su propio cuchillo. Por esa razón, prefirió no decirle nada de sus visitas, no fuera a ser que quisiera acompañarlo y echara por tierra los planes tan cuidadosamente elaborados. No contó con sus propios sentimientos.

Tuvo que reconocer al cabo de unas semanas que no acudía a la casa de la calle de San Nicolás para espiar a la viuda Bertolín, sino para ver a su hija Blanca. La joven permanecía callada mientras su madre parloteaba de todo lo habido y por haber, tratando de deslumbrarlo, de hacerle ver lo necesario que era contar con amigos del viejo burgo, tan influyentes aún en la villa de Estella, lanzándole insinuaciones sobre su soltería y lo conveniente que para él sería encontrar una esposa de buena familia, decente, educada y cristiana. Él la escuchaba con oídos sordos, fija la mirada en Blanca, sonriendo al verla enrojecer por cualquier cosa, comentario o alusión de su madre o de él mismo. Tal vez se había criado con doña Aldonza, llevaba su sangre, pero cualquier parecido entre ambas mujeres era pura casualidad.

–¿Cómo era vuestro padre? –le preguntó en una ocasión.

–Era un hombre bondadoso.

–Demasiado para cosa buena –intervino la pañera–. En este mundo los buenos están abocados al fracaso.

–¿Me estáis diciendo que vos misma, que poseéis uno de los negocios más prósperos del burgo, sois una persona malvada? –preguntó él, sin poder evitar un tono sarcástico de voz.

La mujer no pudo responder con la misma celeridad con la que él había planteado la pregunta y su reacción confusa provocó la risa de los dos jóvenes.

Le agradaba Blanca, su risa, sus ojos verdes, su timidez. En algún momento, doña Aldonza había hecho un comentario sobre la falta de belleza de su hija, añadiendo rápidamente que éste era un don pasajero que desaparecía con la edad y que había cosas más importantes a tener en cuenta en una mujer. Supo que se había enamorado al escuchar dicha aseveración porque para él Blanca era la mujer más hermosa que había conocido, aunque su amor, desgraciadamente, no tuviera futuro.

Menos agradable fue encontrarse con Roger Bertolín en una de sus visitas. Reconoció de inmediato al hombre prepotente que los había enviado a él y a Orti a la cantera, el mismo que había marcado con su vara la mejilla de su amigo. Era curioso, pensó, que una paloma como Blanca hubiera podido nacer en un nido de halcones. Mantuvo con él una larga conversación, asombrándose de sí mismo por su propia capacidad de disimulo e inventiva, que le recordaba en cierta manera a su amigo de la infancia, Gento Bonafoux, futuro juglar e hijo y nieto de juglares, bufones y actores, muy apreciados por la nobleza navarra. ¿Qué habría sido de Gento y de los suyos? Lo vio caminar dando tumbos después del ataque, pero únicamente cruzó con él una mirada incrédula por lo ocurrido. Era divertido, aunque peligroso, jugar a ser otra persona. No era lo mismo encandilar a dos mujeres aunque fueran muy listas que a un hombre bregado, buen soldado, con amistades importantes y experiencia para descubrir malhechores. De regreso a su casa, no pudo dejar de sonreír. El antiguo lugarteniente era igual de incauto que su madre, su ambición sólo les dejaba ver lo que querían.

A partir de aquella fecha, Daniel no sólo no dejó de acudir a casa de la pañera, sino que prodigó el número de sus visitas. En alguna ocasión, él y Blanca se encontraban solos y podían hablar sin tener encima a la viuda, atenta al menor de sus gestos. No le costó mucho averiguar que la joven correspondía a sus sentimientos, aunque ninguno de los dos hubiera llegado a expresarlos con libertad.

Un día, no obstante, entró en la tienda al no encontrar a nadie en la vivienda. Blanca estaba sola y una sonrisa iluminó su rostro al verlo aparecer. El negocio no iba nada bien, le explicó respondiendo a sus preguntas. Llevaban semanas sin vender más allá de algunos paños baratos de lino y ya nadie estaba dispuesto a pagar el precio de una falda o de un sayo de buena tela.

Tendrían que cerrar, al igual que muchos de sus vecinos, si las cosas continuaban por aquel camino.

–¿Por qué no estáis casada? –le preguntó él de pronto.

Blanca enrojeció hasta la raíz de los cabellos.

–Nadie me lo ha pedido.

–¿Os casaríais si alguien os lo pidiera?

–Puede...

–¿Aunque fuera un viejo de aliento pútrido?

–¡En ese caso me lo pensaría! –rió ella recobrando la confianza.

–¿Y por amor? ¿Os casarías por amor aunque el hombre no tuviera fortuna o estuviera maldito?

–Si amara a un hombre y él me amara a mí, no me importaría su hacienda, ni su origen, ni sus pecados.

–¿Tampoco lo que pensaran vuestra madre y vuestro hermano?

–No –respondió Blanca en un susurro al cabo de un rato que a Daniel se le hizo eterno.

El cebo había sido echado y era hora de recoger las redes. A comienzos del año, pasadas las fiestas de la Natividad, Orti subió a Lizarra y abrió la casa de sus padres. Hacía un frío de muerte y la vivienda semejaba una tumba. Los vecinos del antiguo barrio no acudieron a ayudarlo como la otra vez. Permanecían encerrados, resignados, apurando los últimos víveres que aún les quedaban. El invierno había sido especialmente duro, las huertas llevaban meses sin dar frutos, los árboles se habían secado, ya no quedaban patos, conejos ni gallinas que llevar a la olla, las vacas estaban tan escuálidas que no daban leche y las ovejas casi habían desaparecido. Los más viejos no recordaban una penuria semejante. Algunas familias habían abandonado Lizarra para dirigirse a casa de sus parientes en la zona de Egaibar, en donde, se decía, aún había qué comer; otras habían optado por encaminar sus pasos hacia las zonas fronterizas con Álava y Guipúzcoa alentadas por la oferta de tierras de cultivo, a pesar de las continuas amenazas de los jefes banderizos, pero la mayoría permanecía en sus casas esperando que la situación cambiara o reuniéndose en la iglesia para rogar la clemencia divina.

Orti contrató a dos mujeres para limpiar la casa y a sus maridos para talar varios árboles de su propiedad y hacer leña. También les permitió talar algunos para ellos, pagándoles sus servicios con dinero real y apretando las mandíbulas con fuerza para no mostrar su emoción cuando una de las mujeres le besó la mano agradecida. Dos días más tarde, indicó a su madre que se vistiera para salir.

–¿Adónde vamos? –preguntó ella sorprendida.

–Madre, confía en mí –le respondió, como de costumbre, con una sonrisa de oreja a oreja.

Oneka no podía reprimir su nerviosismo a medida que ascendían por la Tecendería, sus labios temblaban mientras mantenía la vista fija en la parte alta de la calle y sentía las rodillas flojas. Tuvo que detenerse al llegar a Lizarra.

–Me he quedado sin aire –se disculpó.

Su hijo sonrió y esperó a que ella decidiese continuar.

El viento azotaba la colina y el frío les cortaba la cara, pero anduvieron despacio hacia el final de la calle desierta, recuperando imágenes del pasado, sintiendo la presencia de los seres amados con los cuales habían compartido aquel pequeño rincón del mundo. Oneka apretaba el brazo de su hijo con fuerza. Negándose a dejarse embargar por la emoción, alzó la cabeza y caminó los últimos pasos con el mismo orgullo de una reina dirigiéndose hacia su trono. No pudo, sin embargo, aguantar más cuando Orti abrió la puerta de la casa y penetró en ella. Regresaba a su hogar diecisiete años después de su salida de él, dejando el cadáver de su marido en el suelo, escoltada por los guardias del merino como una criminal, llevando al pequeño Lucas en los brazos y a Ane agarrada a su falda. Se dejó caer en una banqueta al lado del fuego encendido por una vecina y comenzó a sollozar con tanto dolor que su hijo se arrodilló a su lado, la rodeó con sus brazos y lloró con ella.

No regresaron a la Carrera Luenga. Ya no había razón para hacerlo. Orti cambió sus ropas de mercader rico por el *kapuzai*, las calzas negras y las abarcas de los campesinos. Su cabello había crecido y lo llevaba suelto o atado en una cola. Ni siquiera el notario Pasqual podría reconocerlo. Daniel y él habían preparado bien el plan, por eso siempre había permanecido en un segundo plano, sin hablar demasiado, sin mostrarse con toda claridad. Cuando todo el asunto finalizara, su amigo partiría, pero él seguiría allí.

–Dijiste que aquí habías nacido y que aquí te quedarías –le reprochó, recordándole las palabras dichas tantos años atrás.

–Me quedaré en Navarra –le aseguró Daniel–, pero sabes bien que no podrá ser en Estella, al menos no por ahora. Pasqual levantará todas las piedras de la villa para encontrarme. Iré a Tudela donde tengo familia o a cualquier otro sitio, que igual me da.

–¿Cuándo partirás?

–En cuanto acabemos el trabajillo que tenemos entre manos –rió Daniel–. Lo único que siento es no ver la expresión del notario cuando el asunto le explote en la cara como una bombarda defectuosa.

–Yo te lo contaré... cuando volvamos a estar juntos.

Una noche, pocos días después de esta conversación, los dos hombres recorrieron la distancia existente entre la Carrera Luenga y la parte alta de la calle de la Navarrería. Iban cubiertos de pies a cabeza y sólo podían apreciárseles los ojos mirando inquietos en todas las direcciones. La helada había caído al atardecer y el frío era tan intenso que a medianoche apenas se veía un alma por las calles, excepto algunos recalcitrantes empeñados en acudir a la única taberna abierta. Uno de éstos, arropado en una manta, con la cabeza cubierta por una capucha y las manos envueltas en telas, pasó corriendo por delante de ellos sin advertir su presencia y se introdujo en el garito. Al llegar al portal de una casa, Daniel sacó uno de sus instrumentos, un gancho alargado con la punta retorcida, y abrió la puerta sin esfuerzo. Poco después salían con un abultado saco de lona y regresaban a su vivienda. Una vez allí, encendieron el fuego de la chimenea y quemaron, uno a uno, todos los documentos transportados en el saco. Después se despidieron.

–Te echaré de menos...

–Y yo también a ti. Eres mi hermano y te quiero.

Se abrazaron emocionados. Era la primera vez que lo hacían y se separaron avergonzados por haberse mostrado débiles, ellos, que tanto presumían de ser fuertes como las encinas de Ameskoa.

Al día siguiente Daniel salió de su casa, trajeado como de costumbre y llevando una bolsa de viaje en la mano. Atravesó el portal de San Francisco, dirigiéndose a las caballerizas públicas, situadas extramuros, cerca del convento de los franciscanos, y adquirió dos hermosos caballos, dóciles y de excelente planta, abonando su precio con dineros auténticos para no dejar pistas. A continuación se dirigió a la orilla del río y esperó. Poco después hacía su aparición Blanca Bertolín, vestida con un traje de viaje, camisa de fieltro, túnica de una pieza sujeta a la cintura y capa de lana con capucha sobre la cabeza. También ella llevaba una bolsa en la mano. Daniel se apeó y abrió sus brazos.

–¿No te arrepentirás? –preguntó antes de besarla.

–¿Y tú? –respondió ella después de haberlo besado.

Montaron en los caballos, los pusieron al trote y tomaron el camino que llevaba a Tudela.

La víspera se había armado de valor y había confesado a Blanca quién era en realidad. No deseaba, no podía, marcharse sin decirle nada porque sabía que le rompería el corazón. Lo hizo después de varios encuentros secretos entre ellos en los sitios más inverosímiles, en la iglesia del Santo Sepulcro, mezclados con peregrinos; en la de Rocamador, a la vez que los penitentes que acudían a rezar a la Virgen de dicha invocación; al atardecer, en el bosquecillo cercano al lavadero; en la propia tienda de telas... No le había resultado difícil a Blanca escapar de los escrutadores ojos de su madre. Doña Aldonza parecía últimamente más preocupada por asuntos de importancia que la obligaban a ausentarse durante ratos bastante largos que por vigilar a su hija, algo que, por otra parte, no creía necesario. De este modo, los dos habían podido encontrarse y declararse su amor.

–¿Vendrías conmigo? –le preguntó.

Se habían refugiado del frío y las miradas en la vieja iglesia de San Miguel, ocupando un rincón, al lado de la pila bautismal, oculto a las miradas curiosas.

–¿Te vas? –el pavor asomó al rostro de la joven.

–He de hacerlo, ¿vendrías conmigo?

–Mi madre...

–No podrás decirle nada, ni tampoco a tu hermano o mi vida correrá peligro.

–¿Quién eres?

–Un judío errante sin casa ni familia.

A la débil luz del candil de aceite que se balanceaba encima de sus cabezas, movido por una corriente de aire, Daniel advirtió algo parecido al alivio en la cara de Blanca y sonrió imaginando las peregrinas ideas que se le habrían pasado por la cabeza en un suspiro. En pocas palabras le explicó quién era, cómo había conocido a Orti Ogaiz, los años pasados en la montaña, cómo habían sido enviados a la cantera por su hermano y habían regresado años más tarde, después de haber trabajado para conseguir dinero. No le contó la razón de su vuelta, ni el plan trazado para arruinar al notario y a su propia madre, ni tampoco que su riqueza no valía más que su peso en cobre o en bronce. Había cosas en la vida que más valía no confiar a nadie, ni siquiera a la persona por la cual estaba arriesgando su seguridad y la de su amigo. Blanca sólo parecía preocupada por dos cosas.

–¿Sabía mi madre que Orti era el hijo de Oneka cuando os presentasteis en la tienda la primera vez?

–Sí.

–¿Lo sabía mi hermano?

–No estoy seguro, pero tampoco quiso averiguarlo.

La joven permaneció callada durante largo rato. Por su mente pasaron retazos de conversaciones, recuerdos casi olvidados, palabras cuyo contenido ahora entendía. Su madre había obligado a Oneka y a Ane a permanecer durante años en su casa como criadas, se había interpuesto entre ésta y su hermano, había hecho que Roger se desembarazase de Orti y de su amigo, se había negado a buscarle marido como hacían todas las demás madres para tenerla siempre a su lado, para que se ocupara de ella en la vejez... Ahora lo veía claro, o tal vez ya lo había visto antes y se había negado a aceptarlo. Al fin y al cabo era su madre y la quería, pero no tanto como para perder al hombre del cual se había enamorado.

–¿Te llamas Daniel? –preguntó al fin.

–Sí, Daniel Ezquerra –respondió él con una sonrisa nerviosa y las manos húmedas de angustia a la espera de su reacción.

–¿Cuándo nos vamos?

–¿Estás segura?

–¿Tú lo estás?

–Mañana, a las diez de la mañana, junto al río, frente al convento franciscano.

Aquella noche, la última que pasaba en la casa de la cual apenas había salido en toda su vida, Blanca observó a su madre y a su hermano mientras trataban de negocios, ignorando, como siempre, su presencia. Les escuchó hablar de huertas y edificios, de rentas, alquileres y reventas, de influencias y privilegios, de brillantes futuros; los vio hacer números y calcular beneficios. Antes de retirarse, besó a su madre en la mejilla.

–Buenas noches, madre.

–Buenas noches, querida, pon el cobertor de lana en tu cama, que ha caído la helada. ¡Ah! –exclamó cuando ella salía–. Mañana abre tú la tienda porque yo tengo que ir con Roger a ver al notario.

Afirmó con la cabeza y los miró por última vez. A la mañana siguiente, después de vestirse y arreglar su cuarto, cogió un par de camisas, otro de sayas, una falda y un corpiño, un peine y dos pañoletas, y metió todo en la bolsa de viaje. También cogió de una cajita lacada en la que guardaba un par de pendientes, una cadena y una pulsera, el dije en forma de cervatillo, regalo de Daniel en su primera visita. Salió de la casa, cerró con llave, metió ésta por debajo de la puerta y echó a andar sin volver la vista atrás.

–¿Y Oneka? –preguntó a voz en grito cuando pasaban por delante del monasterio de Iratxe.

–¡Con Orti, en Lizarra! –le respondió Daniel en el mismo tono.

–¿Y Ane?

–¡Ellos la encontrarán!

Cuando doña Aldonza regresó a su casa, cercana la hora del almuerzo, se extrañó al no encontrar a Blanca allí ni tampoco en la tienda. También le extrañó ver la llave de la puerta en el suelo, pero no pensó mucho en ello. Tal vez el señor Blanc había ido a visitarla y juntos habían salido a dar un paseo. No le gustaban las familiaridades de ese tipo, no estaban bien vistas y podían dar motivo a rumores. Pero, por otra parte, se dijo con su lógica habitual, confiaba en su hija y no venía mal que diera un empujoncito al caballero para animarlo a que se declarara. Llevaba meses viniendo a verlas y aún no se había decidido ni había dejado vislumbrar intención alguna en un sentido o en otro. Si se dejaban ver juntos, significaba que la relación empezaba a tener visos de éxito.

Comenzó a preocuparse, no obstante, a medida que las horas transcurrían y no había señales de Blanca. No era en absoluto aquél su modo de actuar. Acudió a casa de Roger, pero éste tampoco estaba. Nuevamente se tranquilizó pensando que los hermanos estarían juntos, pero el tiempo corría y no había señales de ninguno de los dos. Sin poder aguantar más su impaciencia, salió a la calle, dispuesta a dar con alguno de ellos. Encontró a su hijo charlando animadamente con el alcalde y otros ediles en la casa llamada de San Martín, a poca distancia de la suya propia, donde se reunían los jurados y personas influyentes para dilucidar sobre la marcha de los asuntos del Concejo. Al ver su cara descompuesta, Roger abandonó el grupo y se dirigió hacia ella.

–¿Ocurre algo? –inquirió.

–Tu hermana ha desaparecido.

–¿Cómo que ha desaparecido?

–No está. La he esperado durante toda la tarde creyendo que estaría con el señor Blanc o contigo, pero está anocheciendo y no ha aparecido.

–¿Dónde vive el francés?

–En la Carrera Luenga, en la casa contigua al comercio de pieles de maese Juan López de Urra.

Caminaron con paso rápido. Las puertas estaban a punto de cerrarse y no había tiempo que perder. Llegaron a la casa y golpearon la puerta. No se veía ninguna luz en las ventanas ni parecía haber vida en su interior. Roger golpeaba cada vez con más fuerza al tiempo que gritaba para que le abriesen, mientras varios vecinos asomaban las cabezas por las ventanas, alertados por el ruido.

–Si está ahí dentro, ¡te juro que los mato a los dos! –exclamó Roger con furia.

El escándalo atrajo la presencia del mayoral de la calle, dispuesto a blandir la vara. El hombre cambió de intención al constatar que los causantes de la bulla eran el antiguo lugarteniente y su madre, personas muy respetadas en la villa. Quitándose la palabra de la boca, los dos le explicaron la desaparición de Blanca y sus sospechas de que estuviese en compañía del argentero francés. El mayoral, a su vez, golpeó la puerta y exigió con voz ronca que sus moradores abriesen de una maldita vez, pero únicamente recibió el silencio como respuesta.

–Tal vez maese Pasqual sepa dónde está su cliente –terció doña Aldonza, recordando súbitamente la estrecha relación que ambos mantenían.

Seguidos por el mayoral, que no deseaba perderse el final del suceso, y por varios vecinos, con la misma idea en la cabeza, se dirigieron a casa del notario. Don Pere Pasqual parecía un manojo de nervios. Había estado ocupado todo el día visitando haciendas, por la mañana con los Bertolín y por la tarde por su cuenta. Antes de regresar a su hogar, había pasado por el escritorio, encontrándose todo patas arriba. Se había dirigido rápidamente a la caja de los dineros pero ésta estaba intacta, las tres cerraduras con sus respectivos candados en su sitio, y suspiró aliviado. Buscó entonces la cartera de piel donde guardaba pagarés, facturas, contratos de compra y venta, constatando horrorizado que había desaparecido con todo su contenido, así como otros documentos guardados en un pequeño cofre de madera. Acudió a avisar al merino, pero el hombre se encontraba en Zalatambor y tuvo que tratar con su secretario, quien le informó de que daría parte del hecho a su jefe al día siguiente. Ocurrían robos, mayores o menores, todos los días y no era cuestión de enviar un mensajero al castillo justo antes del cierre de las puertas. Si los ladrones se hallaban aún en Estella, darían con ellos; de lo contrario, ya podía ir olvidándose de lo robado. Todo su porvenir se hallaba en aquellos documentos, las transacciones, las compras y ventas, los acuerdos, las facturas... Desesperado, volvió a su casa tratando de pensar sobre la forma de solucionar el problema que se le venía encima y llevándose con él la caja de los dineros, una arqueta del tamaño de un brazo de ancho por otro de alto. Llegó sudoroso y a punto de sufrir una apoplejía debido al esfuerzo y al disgusto. En ésas estaba cuando doña Aldonza y su hijo llamaron a su puerta.

–*Mesire* Blanc es un hombre respetable –dijo, respondiendo a las sospechas e imprecaciones de Roger Bertolín.

–¿Y dónde está ahora?

–¡Y yo qué sé! Habrá tenido que ausentarse por alguna razón...

–Si lo pillo con mi hermana, ¡lo mato!

–Mejor lo obligas a casarse con ella –añadió doña Aldonza sin perder la calma ni desaprovechar la oportunidad.

El notario se hallaba confuso. Había estado con su cliente la víspera para informarle de una nueva compra cerca de San Agustín, una sólida casona con terrenos a orillas del río. Habían hablado como siempre, con gran cordialidad, celebrando la adquisición con una buena jarra de vino y firmando el trato que los ligaba, uno de los que también había desaparecido de su escritorio, pero el señor Blanc no le había dicho en ningún momento que pensara ausentarse de Estella. No entendía lo que estaba ocurriendo, la desaparición del caballero, la de la joven Bertolín, el robo de sus documentos... Algo andaba mal, notaba una sensación molesta en el estómago. En cuanto sus visitantes se hubieron marchado, se bebió una tisana de toronjil y se fue a dormir, esperando que la noche se llevara con ella sus fantasmas y sus preocupaciones. Al día siguiente despertaría y descubriría que todo había sido un maldito sueño, el peor de su vida.

Doña Aldonza y su hijo regresaron a la calle de San Nicolás entrada ya la noche. Siguiendo las ordenanzas, los portales del puente estaban cerrados y los guardas se negaron a dejarlos pasar. Los hombres no respondieron a las imprecaciones, a pesar de que Roger les mencionó su nombre y exigió de malas formas que bajaran los portones para su madre y para él. A punto de estallar de ira, el antiguo soldado volvió sobre sus pasos, se dirigió a casa del alcalde, en la calle de la Navarrería, sacando a éste de la cama para que ordenara a los guardias abrir los portales. Si alguien en la población de San Juan y en el burgo no se había enterado aún de lo que ocurría, el tumulto, los gritos, las pisadas y el chirriar de las cadenas de los portones acabaron por ponerlo al corriente.

La mujer se acostó nada más llegar a su casa mientras su hijo se fue a la suya. Estaba sola, le dolía la cabeza y el alma. Por primera vez en su vida no había nadie a su lado. No podía conciliar el sueño. En cualquier momento la puerta de la entrada se abriría y escucharía los pasos de Blanca dirigiéndose a su cuarto. Aguzó el oído, pero el único sonido que le llegó fue el de las maderas crujiendo por efecto del viento. Se habían centrado en el caballero francés, dando por hecho que su hija estaba con él, pero ¿y si había sido raptada por unos bandidos? No quería ni pensarlo, pero una y otra vez se la imaginaba atada y amordazada, violada, maltratada y, finalmente, asesinada. No sería la primera vez que algo así ocurría. Ane... El ahogo que sintió fue tal que tuvo que sentarse en la cama para poder respirar, permaneciendo en dicha posición hasta el amanecer.

Semanas más tarde, una voz susurrante, una nota deslizada bajo una puerta, un rumor cada vez más extendido por la villa pusieron en alerta a las autoridades. El notario Pere Pasqual había estado comprando tierras y bienes raíces con dineros falsos. De todos los crímenes posibles, la falsificación de moneda era, al entender de los gobernantes, el más grave de todos porque atentaba directamente contra el Estado. Se había utilizado con éxito para arruinar a los reinos vecinos, introduciendo en ellos grandes cantidades de monedas falsas a fin de desestabilizar sus economías e igualmente habían hecho ellos en Navarra; frailes y monjas eran expertos trabuqueros, y tanto judíos como musulmanes o cristianos probaban suerte a pesar de los terribles castigos a los que se arriesgaban.

El propio merino de Estella, acompañado por varios oficiales, se personó en casa del notario y procedió a su registro. El hombre, aturdido, no pudo emitir palabra al ver violada su intimidad, abierta su preciosa arca de los dineros y escuchar de boca de un perito del Tesoro Real que la mayoría de las monedas valían tanto como un pellejo de vino agujereado; no opuso resistencia cuando dos de los hombres del merino lo encadenaron y fue llevado a la cárcel. El escándalo congregó a decenas de personas airadas que lo insultaron, tratando de agredirlo y que, en el mejor de los casos, le lanzaron todo tipo de objetos, desde berzas podridas hasta adoquines de la propia calle. Llegó a la prisión malherido, siendo empujado dentro de un agujero inmundo que olía a orines y excrementos.

El juicio contra Pere Pasqual se llevó a cabo varios días después y a él se presentaron numerosas personas denunciando haber sido timadas y entregando las pruebas de la estafa. Muchos eran vecinos que habían vendido sus casas o sus huertas al notario, otros eran comerciantes que le habían vendido muebles y enseres, y también los había que aprovecharon la confusión para desembarazarse de dinero trucado en su poder y, de paso, reclamar su devolución en moneda buena. Varios escribanos iban apuntando las declaraciones, acusaciones y reclamaciones por orden riguroso, siendo éstas examinadas por un comité de hombres buenos nombrados al efecto para dilucidar lo que correspondía a cada cual. En su alegato de descargo, Pasqual acusó a dos caballeros, llegados a Estella año y medio antes, Daniel Blanc du Pont du Mercy et de la Chartreuse y Jacques Berrie, sobre los cuales nadie pudo prestar testimonio, bien porque no los habían conocido o porque apenas habían tratado con ellos. El alcalde recabó un par de declaraciones asegurando que dichos caballeros no eran una invención del notario. El peletero de la puerta contigua juró haber intercambiado algunos saludos con ellos; la sirvienta contratada para hacer la limpieza también prestó juramento, mostrando algunas de las monedas recibidas en pago de sus servicios cuya autenticidad comprobó el perito; el encargado de las cuadras mostró el dinero con el que un caballero, igual al descrito por los testigos, había abonado el precio de los caballos adquiridos y que también resultó ser auténtico. En un acto de benevolencia, deseando poder creer al acusado, el alcalde incluso envió a una patrulla encargada de hacer saltar el candado de la casa de la Carrera Luenga. En su interior no se encontró nada que pudiera incriminar a los dos hombres mencionados por lo que se llegó a la conclusión de que el notario trataba de echar las culpas a dos honrados comerciantes forasteros, ausentes de la villa por causas desconocidas. No habiendo documentos, ni firmas, ni ningún otro indicio que demostrara su relación con Pasqual, éste fue declarado único culpable de falsificación, timo y traición al rey, siendo condenado a morir despeñado desde Zalatambor, después de ser torturado para obligarlo a confesar los nombres de los trabuqueros que le habían proporcionado los dineros falsos. El hombre escuchó la sentencia con una sonrisa imbécil y aquella misma noche se ahorcó dentro de su celda con el cinturón. Su cuerpo fue lanzado al río encima de una tabla de madera, práctica habitual en los casos de suicidio, pero, esta vez, no hubo ningún familiar o amigo corriendo por la orilla intentando recuperar el cadáver para darle sepultura en tierra, y acabó embarrancado y comido por los animales que, al igual que los humanos, buscaban desesperadamente algo para alimentarse.

Doña Aldonza permaneció encerrada en su casa durante todo el proceso. Estaba horrorizada, temblaba de miedo cada vez que el viento golpeaba una contraventana contra el muro; intentaba pensar o rezar, pero no conseguía hacer ninguna de las dos cosas. Roger se trasladó a vivir con ella, no pudiendo soportar la soledad de su propia vivienda. Juntos, sentados al lado del fuego, mantenían largos silencios o trataban de entender lo ocurrido. Las propiedades adquiridas por medio del notario no valían nada. El tribunal decretó la devolución inmediata a los antiguos propietarios de todas las propiedades adquiridas por Pasqual en los últimos dos años, cuyos antiguos dueños dispusieran de un contrato firmado por el condenado. Madre e hijo no se atrevieron a presentar ningún recurso.

–He llegado a un acuerdo con mis clientes, los dos caballeros de Ultrapuertos –les había explicado el futuro suicida al comienzo de su relación de negocios–, por el cual yo realizo las transacciones, señalando que actúo en lugar de una persona anónima cuyo nombre no puedo desvelar. Después ellos y yo firmamos un contrato privado en el que constan los suyos como verdaderos propietarios.

–¿Y eso por qué? –preguntó doña Aldonza interesada.

–Porque no están los tiempos para andar mostrando la riqueza. Las gentes no verían con buenos ojos que personas conocidas adquirieran las propiedades de sus vecinos menos favorecidos.

A los Bertolín les pareció una buena idea. A fin de cuentas, siempre habían sido bastante reacios a hacer ostentaciones.

Además, Roger había sido propuesto para jurado por la facción burguesa que podía no apreciar su enriquecimiento en unos momentos de crisis como aquéllos. Se prestaron al juego, entregándole una suma considerable de dinero, incluida la dote de María Ibaíñez y la cantidad obtenida por la venta de las huertas de Oneka.

–Nos hemos quedado sin nada –constató doña Aldonza desalentada.

–Nos queda la tienda –añadió su hijo, con la mirada puesta en el fuego.

–Que es igual que tener una vaca vieja de carne dura, incapaz de dar leche o de parir terneros.

–Puedo volver a enrolarme...

–Puedes...

La pañera no volvió a abrir la tienda y pasaba el día recorriendo la casa, limpiando los suelos, ordenando los arcones, haciendo y deshaciendo camas. Aún les quedaban víveres suficientes en el sótano, pero dejaron de comprar carne y pescado, limitándose, una vez que se habían comido ya todas las gallinas del corral, a consumir legumbres y frutos secos. Roger, por su parte, no acababa de decidirse a volver a la milicia, dejó de asistir a las reuniones del Concejo y declinó presentarse para jurado. Permanecía la mayor parte del día tumbado en su cama, sin cambiarse de ropa y con la barba descuidada. Su actitud molestaba enormemente a su madre. No podían dejarse abatir, era necesario seguir adelante, luchar contra la adversidad. Las cosas cambiarían, la prosperidad llamaría de nuevo a su puerta, sólo había que saber esperar.

Doña Aldonza entraba todos los días en el cuarto de Blanca, abría la ventana, sacudía el edredón de la cama, quitaba el polvo al arcón de la ropa y recolocaba los objetos de tocador que había encima de una mesita. Así tenía la impresión de que su hija aún estaba con ella. En cualquier momento entraría por la puerta y la abrazaría. Todo volvería a ser igual que antes. Observó, examinando sus ropas, que la joven se había llevado varias prendas y también el dije, regalo del francés. Así pues su primera intuición había sido correcta, pensó. Blanca se había marchado por su propia voluntad. Le alivió saber que no había sido raptada, pero, al mismo tiempo, notó una fuerte presión en el pecho, un dolor igual al producido por una herida profunda. Su niña, a la que había entregado su vida, la había abandonado, ocasionándole una angustia indescriptible, sin un adiós, sin una palabra a cambio de sus desvelos. En un arranque de cólera, tiró de un manotazo los objetos colocados sobre la mesita y salió de la habitación, regresando poco después para volver a colocarlos en su sitio.

El último domingo del mes de mayo, el obispo de Pamplona autorizó la celebración de una procesión al santuario de la Virgen de Lizarra solicitada por los Sesenta Cofrades de Santiago, los miembros del Concejo y todas las parroquias de Estella y de su merindad. El hambre estaba provocando estragos, los hospitales no daban abasto, niños y mayores, mujeres y hombres se morían lentamente; el campo se había vaciado de labradores, familias enteras erraban por los caminos con lo puesto, las pequeñas aldeas abandonadas eran refugio de animales famélicos. La propia villa se veía desbordada, campesinos arruinados y peregrinos hambrientos mendigaban la caridad; no había espacio en la cárcel de la villa para encerrar a los numerosos ladrones pillados con las manos en lo ajeno, sobre todo comida; las trifulcas, las riñas y peleas se sucedían en cualquier momento del día o de la noche; los mayorales de las calles enrolaron a los jóvenes, proveyéndoles de una vara gruesa, de dos dedos, para disolver las protestas cada vez más abundantes. La lluvia seguía sin caer, la humedad era muy elevada y el calor empezaba a dejarse sentir. La situación era insostenible.

La procesión se inició a partir de las tres parroquias principales, San Pedro de la Rúa, San Juan Bautista y San Miguel. Los habitantes de los barrios, agrupados tras sus respectivos párrocos, comenzaron la subida al santuario, portando ramos de espigas secas, coronas trenzadas de laureles, troncos de vid, algún que otro pollo y cientos de velas, con la intención de ofrecérselos a la Virgen del Puy, su última esperanza. Acompañando a curas, monjas y frailes, a las autoridades y a las familias más influyentes de la villa, miles de personas llegadas de toda la tierra de Estella rezaban sin cesar mientras subían la empinada cuesta. Ricos y mendigos, burgueses y comerciantes, labradores y peregrinos se unieron para pedir un poco de descanso en situación tan calamitosa.

Doña Aldonza se dejó ver por primera vez en varias semanas. La ocasión así lo requería y estaba por dicha razón dispuesta a afrontar miradas y comentarios. Además, nadie entendería que en momentos tan graves permaneciese ajena al sentir general y, por otra parte, tampoco iba con su carácter el esconder la cabeza bajo el ala. Vistió pues su mejor túnica, una de color granate oscuro con una tira bordada en los bajos, mangas ceñidas y sobremangas, una toca de viuda recubierta de inmaculada y almidonada tela de lino y los zapatos más cómodos que encontró porque tampoco era cuestión de acabar con los pies destrozados. Obligó a Roger a asearse, mudar de ropa y ella misma le arregló el cabello y la barba.

–Estaremos arruinados –afirmó–, pero nadie tiene por qué saberlo. Los Bertolín y los Roiz llevan ocupando un lugar importante en esta villa desde hace doscientos años y, por nuestros antepasados, ¡así seguirá siéndolo!

Estaba desconcertada y también desilusionada por la actitud de su hijo. De acuerdo con que él había sufrido un rudo golpe con la muerte de su mujer y de su vástago, que la pérdida de su fortuna era también difícil de digerir, pero ella estaba en la misma situación, había perdido a su hija, su dinero y su negocio levantado con tantos esfuerzos. No quería aceptarlo, pero tenía que reconocer que sólo había sido el hijo ideal mientras las cosas le habían ido bien. Sin embargo, era en los momentos arduos cuando verdaderamente se demostraba el valer y, para su desengaño, Roger se estaba comportando como un hombre pusilánime, carente de energía. No sabía aún si perdonar o no a

Blanca por su deserción pero, al menos, ella se había atrevido a tomar una decisión con valentía, arriesgando su reputación, su seguridad y su futuro.

Se unieron al grupo que partía de San Pedro de la Rúa, ocupando un puesto prominente junto a los notables. La viuda Bertolín no apreció ninguna mirada curiosa ni cuchicheo maledicente entre sus vecinos, a pesar de estar segura de que el burgo entero conocía la desaparición de su hija y sospechaba su ruina. Todo el mundo estaba en aquellos momentos mucho más preocupado en rogar para que llegaran las lluvias que en los desafortunados asuntos de la pañera y de su familia. Atravesaron el puente de San Martín y ascendieron por la calle de la Tecendería, repleta de lagares y bodegas, otrora activa y ahora triste y vacía; llegaron a Lizarra y continuaron subiendo, atravesando huertos tan agostados que daba pena verlos, cruzaron el portal del Rey y alcanzaron finalmente el santuario. Los vecinos de San Miguel los habían precedido y grupos llegados de las poblaciones vecinas iban poco a poco ocupando la explanada de la iglesia. Los últimos en aparecer fueron los judíos de Olgacena. El rabí portando los rollos de la Torá y escoltado por media docena de hombres, todos vestidos con el *talit* de ceremonia, abría paso seguido por los habitantes de la judería, que entonaban una canción en hebreo. Aunque no penetraron en la iglesia, limitándose a permanecer en el exterior, rezaron sus oraciones rogando para que al fin cayese la lluvia. Atrás quedaban los odios, la incomprensión, los resentimientos. Los habitantes cristianos y judíos de Estella se unían en una acción desesperada para conjurar la sequía, la muerte, la enfermedad y la ruina.

Al llegar a Lizarra, doña Aldonza no pudo evitar un pequeño desasosiego recordando a Oneka, en la que apenas había pensado en los últimos tiempos. Intentó avistar la casa de los Ogaiz, pero fue imposible debido a la distancia y a la muchedumbre. También sintió cierta incomodidad al atravesar la zona de las huertas. Algunos de aquellos terrenos eran de los Ogaiz o, mejor dicho, lo habían sido, porque después de la enajenación ahora eran suyos. Según el decreto del tribunal, las propiedades vendidas por el notario volvían a sus propietarios, por lo cual, pensó súbitamente animada, las cosas seguían como antes del deplorable asunto. Acabó el recorrido con la mente puesta en la casa, las tierras y en el modo de venderlas, aunque esta vez se encargaría ella de hacerlo sin contar con intermediarios.

La misa, las oraciones, prédicas, invocaciones y letanías se alargaron durante horas. Podía verse gente sentada en el suelo tratando de aprovechar la sombra proyectada por sus vecinos; ancianos a punto de sufrir un desmayo debido a la humedad y el sol del mediodía; personas que bebían a escondidas para no tener que compartir el agua transportada en pequeños cántaros, pero nadie se atrevía a abandonar el lugar para no dar que hablar. Finalmente, los romeros iniciaron el descenso. Fue entonces cuando doña Aldonza creyó ver un fantasma y estuvo a punto de soltar un grito. Frente a ella, como una aparecida, estaba Oneka. Lo primero que le vino a la mente fue que la mujer podría reclamar sus propiedades y se quedó sin aliento.

–Te marchaste sin una palabra... –fue lo único que se le ocurrió decir al recuperarse de la impresión.

–No tenía que hacerlo. Soy una mujer libre.

–Me debías una explicación...

–No te debía nada.

La pañera ni siquiera se percató de que Oneka la tuteaba como a una igual.

–Me ocupé de ti y de tu hija durante años...

–Te serviste de nosotras como el amo de su asno. Algún día te reclamaré el pago por nuestros servicios.

Doña Aldonza volvió a quedarse sin habla. ¿De qué hablaba? ¿Pagarle sus servicios? Debía de haberse vuelto loca.

–Vamos, madre.

La voz de Roger le permitió recobrar la serenidad. Miró a Oneka, constatando con asombro que aquella mujer vestida con una túnica de paño oscuro, camisa blanca bordada y toca de viuda, muy parecida a la suya, apenas recordaba a la sirvienta de sayas remendadas y cabeza cubierta con la sobrefalda. Había cogido peso y se la veía segura de sí misma, demasiado segura, y había recuperado la mirada orgullosa de los primeros años que ella se había empeñado en sojuzgar.

–Intenta reclamar algo y verás lo que ocurre –la amenazó.

Iba a proseguir su camino cuando se giró para enfrentarse a ella de nuevo.

–No sé dónde vives, pero te aviso de que tu casa y tus tierras son ahora mías. El Concejo las enajenó a mi favor.

–Date una vuelta por el escritorio del escribano del Concejo –replicó Oneka con una sonrisa de triunfo–. A lo mejor te llevas una sorpresa.

Roger había permanecido apartado durante la conversación entre las dos mujeres, pero se aproximó impaciente, deseoso de regresar cuanto antes a su casa y a sus recuerdos. La visión de Ane, abandonada en medio de un campo, rodeada de hombres peligrosos, no dejaba de perseguirlo despierto o dormido. Se castigaba pensando en ella, en sus grandes ojos oscuros y su piel blanca y suave. Al igual que le había ocurrido tras la muerte de María, se la imaginaba a su lado, sobre el lecho, desnuda, susurrándole palabras de amor. Era su único consuelo.

–¡Oneka! –exclamó sorprendido al reconocer a la antigua sirvienta.

–Hola, Roger –la voz de la mujer sonó amable–. No tienes muy buen aspecto. ¿Sigues siendo lugarteniente del merino?

–No..., ya no..., no... –su mirada estaba fija en los ojos de ella, los mismos ojos de Ane.

–Atrévete a repetirle a mi hijo lo que me has dicho a mí –intervino doña Aldonza, envalentonada por la presencia de su hijo a su lado.

–Madre, ¿por qué hablas con esta gente?

La intervención de un hombre, algo más bajo que Roger pero mucho más fuerte, de cabello negro, mirada brillante y una cicatriz en la mejilla descolocó a la pañera. Reconoció inmediatamente al joven que había llegado preguntando por su madre; el mismo que, según Roger, jamás regresaría de la cantera, y sintió frío a pesar del calor. Vio el odio en sus ojos y la determinación en la forma como le hacía frente. Asió el brazo de su hijo y echó a andar con paso apresurado.

–¿Quién era ese hombre? –preguntó Roger al cabo de un rato.

–El hijo de Oneka.

–No sabía que también tuviera un hijo...

Doña Aldonza no respondió y continuó andando. Al día siguiente, a primera hora de la mañana, se personó en la escribanía del Concejo para asegurarse de que nada había cambiado y de que la casa y tierras de los Ogaiz seguían siendo suyas. El hombre lechuza continuaba en su puesto. Ni los años, ni la sequía, ni los avatares políticos habían podido con él.

–La propiedad regresó a sus dueños –le informó sin disimular su satisfacción–. La viuda Ogaiz y su hijo presentaron los documentos correspondientes que los acreditaban como propietarios y el tribunal revocó la orden de enajenación.

–¿Por qué no se me informó?

–Ay, señora, aviados estaríamos si tuviéramos que ir puerta por puerta informando a todo el mundo acerca de cada ordenanza, ley, decreto o sentencia que se emite. Hay un registro, ¿sabéis? Si os interesa, mi ayudante os entregará lo acordado. Si me lo permitís, tengo trabajo.

El hombre la dejó con la palabra en la boca y se sumergió en la lectura de un documento redactado con letra muy pequeña para lo que necesitó ayudarse de una lupa, además de sus anteojos de pinza. Observó por el rabillo del ojo la súbita palidez de la mujer y se regocijó por ello. A lo largo de aquellos años había ido haciéndose una idea de la situación. Su inicial admiración por la pañera había ido transformándose en menosprecio al conocer sus argucias para apropiarse de los bienes de la viuda Ogaiz. También había escuchado rumores sobre sus inversiones en la compraventa de otras propiedades aprovechando la mala situación económica de sus dueños. Él era un oscuro escribano, pero documentos de todo tipo pasaban por su mesa poniéndole al corriente de los grandes y pequeños asuntos que tenían lugar en la villa y, además, en Estella todo acababa sabiéndose. Era reconfortante constatar que los pecadores también pagaban a veces sus culpas sin tener que esperar al Juicio Final.

Junio de 1348

Las primeras noticias se escucharon a comienzos del verano en boca de mercaderes procedentes de las tierras más diversas que recorrían el Camino Francés o de Santiago, ofertando sus mercancías o entregando pedidos encargados en viajes anteriores. Una epidemia se extendía por tierras de Italia, la Provenza y el Languedoc causando muertos a cientos. El brote había comenzado en el puerto de Mesina, en la isla de Sicilia. Los marinos de una galera genovesa habían sido infectados por una extraña enfermedad, muriendo algunos durante la travesía que los traía de vuelta desde un remoto país de Asia y todos los demás ya en tierra. Eran nuevas llegadas a la tierra de Estella junto con otras, como la guerra entre Francia e Inglaterra; el inicio del sitio de la plaza de Gibraltar por el rey de Castilla, Alfonso XI; la guerra civil que enfrentaba a los nobles de Aragón; el levantamiento contra el rey Valois, Felipe VI, de los señores de la Provenza apoyados por los aragoneses. Eran noticias que llegaban y se olvidaban. La única, la verdadera preocupación de los labradores estelleses era la sequía, la humedad y las noches frías a pesar de estar a las puertas del verano. No fructificaban los sembrados y tampoco había pastos para el ganado. El año se presentaba igual de mal que el anterior, y que el anterior, y que el anterior. Los comerciantes de la villa, por su parte, se habían acostumbrado a observar el cielo al igual que los campesinos mientras las horas del día transcurrían con lentitud exasperante.

Cuando la enfermedad comenzó a atacar, el físico del hospital de San Lázaro recordó que, un par de semanas antes, un peregrino había muerto presa de una terrible calentura, acompañada de vértigos y vómitos. El hombre sufrió alucinaciones durante muchas horas, gritando como un poseso y arañándose la cara, de forma que hubo de atarle para que no se lastimara o atacara al resto de los enfermos de la sala. Finalmente, había sucumbido en medio de terribles espasmos y se le había enterrado en una fosa común, no sabiéndose su nombre ni su origen. El diagnóstico del galeno fue que el infeliz había bebido agua emponzoñada de algún pozo o charca insalubre. Pocos días después fue internado otro peregrino con los mismos síntomas que el anterior. Preocupado por la repetición del caso, el físico lo examinó con mayor atención y observó que el hombre presentaba un bulto en la ingle derecha que sajó creyéndolo una señal de la infección. Un líquido negruzco brotó de la herida y un olor nauseabundo se extendió por la sala de los enfermos. A pesar de la cura, otro bulto de similares características se desarrolló en la ingle izquierda, la fiebre aumentó y unas manchas oscuras aparecieron en diversas partes del cuerpo del afectado. Murió en unas horas, al igual que el primero, entre terribles convulsiones y gritos de dolor. Era mucha la coincidencia y el asunto intrigó y preocupó al físico, que, rápidamente, dio parte al Concejo. No era la primera vez que una epidemia hacía su aparición y era mejor estar prevenidos. Antes de que los miembros del Concejo tomaran una decisión, los muertos habían sobrepasado la media docena constatándose la continua aparición de nuevos casos. Primero fueron los enfermos acogidos en el hospital y después comenzaron a llegar gentes de la villa, sin contacto directo con los peregrinos.

Las noticias procedentes de la capital del reino eran muy alarmantes. También en Pamplona se multiplicaban los casos, en Tafalla, en Olite y en todas las poblaciones de la tierra de Estella. La alarma cundió a la velocidad del rayo, se prohibió la entrada en la villa a peregrinos y viajeros, se redoblaron los controles en los portales, decidiéndose finalmente cerrarlos y declarar en cuarentena a la población. Pero ya era tarde. La infección estaba dentro de los muros, las calles amanecían y anochecían desiertas, la gente permanecía dentro de sus hogares, puertas y ventanas cerradas. Esperaban, rezando, a que el mal pasara de largo como lo había hecho siglos atrás, cuando Dios envió la séptima de las plagas, la más terrible pues mataba a los primogénitos de Egipto. Al igual que sus vecinos, aunque por otras razones, los judíos de Olgacena confiaban en que la historia se repitiese y ellos fueran salvados. No en vano habían sufrido ya bastante y no sería justo que una vez más la muerte entrara en sus hogares. Pero las súplicas, lágrimas y rezos, cristianos o hebreos, fueron insuficientes para evitar que, día a día, aumentara el número de los afectados.

Desconfiando de la eficacia de los médicos, cada cual buscaba una respuesta y, a la vez, un remedio efectivo, acudiendo a las curanderas y a las personas con fama de fitilleras. Pero éstas, a su vez, también sufrían el resultado de la larga y húmeda sequía. No había borraja, malvavisco, toronjil, ajenjo, hinojo, menta, tila, valeriana en cantidades suficientes para cubrir la demanda. Los emplastos con harina de linaza, los masajes con agua tibia, las fricciones con manojos de ortigas, las tisanas de tomillo y miel no surtían ningún efecto. Sólo quedaba continuar rezando a todos los santos conocidos del santoral, muy especialmente a San Andrés y San Sebastián, y también echar mano de las antiguas, aunque ocultas, creencias siempre vivas en la mente del pueblo. En los hogares se encendieron parejas de velas para exorcizar al diablo y con él a la plaga; se quemaron las plumas de las almohadas para evitar que se formara con ellas un gallo embrujado, señal de muerte, y muchos mantenían el dedo pulgar entre el dedo índice y el corazón formando una cruz para alejar a las brujas.

Semanas después de ocurrir el primer caso, casi no quedaba un hogar en Estella que no hubiera sido infectado. Ricos y pobres, burgueses y labradores, cristianos y judíos sufrían igualmente la terrible pandemia. El terror se adueñó de todos los habitantes de la villa, que acudieron en masa a las iglesias y a la sinagoga a la espera de un milagro. La ira de Dios había caído sobre la población y nadie conocía el remedio para aplacarla. Los párrocos instaban a los fieles a que rogaran con todas sus fuerzas, ayunasen, diesen limosnas y pidiesen perdón por sus pecados, única y segura causa del mal que los afligía. Grupos de flagelantes recorrían rúas y callejas con el torso desnudo, azotándose con manojos de cuerdas y ramas de espino, repitiendo el *miserere nobis* hasta caer exhaustos y medio muertos en plena calle, mientras otros, hombres, mujeres y niños bailaban en las plazas, girando y gritando como poseídos hasta caer igualmente rendidos, creyendo que así alejarían el mal. Tras los primeros enterramientos, el número cada vez mayor de cadáveres hacía imposible una inhumación decente. Los enterradores iban casa por casa recogiendo los cuerpos que amontonaban en un carro, salían de la villa y los echaban a una sepultura común que ni siquiera cubrían con tierra a la espera de la remesa del día siguiente. Después se limitaron a lanzarlos a las huertas por encima de las murallas, a veces envueltos en lienzos, otras sin nada. La suerte estaba echada y nadie dudaba ya de que el fin del mundo había llegado, resignándose a su suerte y lamentado que ésta fuera tan lenta y dolorosa. La esperada lluvia cayó entonces, abundante, de gota gorda, colándose por las techumbres de las casas, llenando de barro las calles de la población y empapando la tierra, pero no había ya fuerzas para sembrar los campos ni para esperar a recoger sus frutos. No había un mañana.

A los primeros rumores sobre la epidemia, doña Aldonza y Roger se encerraron en su casa, atrancaron la puerta y las ventanas y se dispusieron a esperar a que la calamidad pasara. La mujer no sintió esta vez la necesidad de ejercitarse limpiando y encerando, no tenía fuerzas ni ganas. Poco a poco, los muebles y el suelo se cubrieron de polvo y las telarañas comenzaron a adueñarse de los rincones de la casa, colgando en algunas ocasiones de las vigas del techo como los encajes de hilo fino utilizados por ella para engalanar las camisas y túnicas de sus antiguos clientes. Madre e hijo apenas hablaban, permanecían la mayor parte del día en sus respectivas habitaciones y sólo se reunían a la hora del almuerzo para una pitanza frugal compuesta por queso, frutos secos y algo de carne o pescado en salazón. No tenían agua y no se atrevían a salir en su búsqueda. Si el aire estaba contaminado, el agua también lo estaría, se decían, y saciaban su sed con el vino guardado en su bodega, adquirido a bajo precio meses atrás a un bodeguero arruinado.

Escucharon voces en la calle una mañana, a finales de septiembre, varias semanas después del comienzo de su encierro voluntario. Tras el silencio de muerte, únicamente roto por el lúgubre tañido de las campanas, la rúa se animaba de nuevo.

–¿Ocurre algo? –preguntó a gritos doña Aldonza entreabriendo los postigos de la ventana de la cocina.

–¡La enfermedad ha remitido! –le respondió eufórica su vecina de enfrente–. ¡Dios ha escuchado nuestras plegarias!

Roger acababa de entrar a tiempo de escuchar las palabras de la mujer.

–Voy a salir –informó a su madre.

–Espera aún algo más –le rogó ella sin ocultar su temor.

–Me volveré loco si sigo aquí encerrado.

–O te contagiarás si sales...

–Si el diablo me quisiera, hace tiempo que me habría llevado con él al infierno.

Roger no esperó la respuesta, quitó la tranca de la puerta y abandonó la casa. La pañera lo vio salir sin fuerzas para retenerlo, pero rápidamente cerró la puerta que su hijo había dejado abierta. Ella no estaba tan segura de que todo fuera así de fácil. Tres meses de angustia no podían desaparecer por arte de magia. Esperó todo el día con el alma en vilo, temiendo ver entrar a la propia muerte por la puerta, pero respiró aliviada cuando Roger apareció, algo bebido y llevando en la mano un cántaro de agua y dos hermosas chuletas de cerdo encima.

–El carnicero de la Brotería ha abierto el negocio y me las ha fiado. Ha dicho que ya tendremos tiempo de pagarle –le informó satisfecho–. El cántaro lo he llenado yo mismo en la fuente del lavadero. ¡No hay nada comparable a sentirse vivo de nuevo!

Asaron las chuletas utilizando para el fuego un par de viejas sillas.

–Nunca me habían gustado estas sillas –confesó doña Aldonza, soltando una risita achispada por el vino–. Estaban en esta casa cuando me casé con tu padre.

–Apenas me acuerdo de él...

–Era un buen hombre.

Aquella noche hablaron como no lo habían hecho en mucho tiempo, rieron, hicieron planes. Abrirían de nuevo la tienda. Después de los terribles meses transcurridos, la gente querría desquitarse, olvidar las penas. Siempre ocurría. Las desgracias traían con ellas una necesidad inmensa de resarcirse. Roger aceptaría presentarse para jurado en las elecciones de septiembre. Reharían sus vidas, eran los Bertolín y hacía falta mucho más que una simple enfermedad para quitarlos de en medio.

Al día siguiente, doña Aldonza se levantó temprano, limpió la cocina, quemó otra silla, colocó la olla encima del fuego y la llenó de habas secas, lentejas, castañas y pedazos de carne en salazón. Comerían caliente para celebrar su éxito en el futuro. Después ocupó el resto de la mañana limpiando la casa, abrió las ventanas y oreó colchones, lienzos y cobertores. No quiso despertar a Roger. La víspera había tenido que acompañarlo hasta su cuarto, quitarle las botas y acostarlo vestido de tan borracho como estaba. Nunca lo había visto así, pero la ocasión se lo merecía. A media tarde, sin embargo, subió a despertarlo. El cuarto olía a vino y a vómitos.

–Espero que esto te sirva de escarmiento y no vuelvas a beber en exceso, ¡levántate, perezoso! –lo llamó, dirigiéndose a la ventana para abrirla de par en par y dejar que el aire despejase la atmósfera enrarecida.

Regresó luego al lecho y retiró de un golpe el cobertor. Un grito de espanto se escapó de su garganta. Roger estaba pálido como un muerto, temblaba de pies a cabeza y una mancha negruzca se había extendido por su pecho. El colchón y los lienzos estaban sucios y expelían un olor nauseabundo.

–¡Dios mío! ¡Dios mío! –exclamó en un tono de voz apenas audible.

Volvió a cubrir a su hijo y bajó a la cocina, cogió el cántaro y acabó vaciándolo en un barreño, después se echó la falda sobre la cabeza y, al igual que una humilde sirvienta, se dirigió a la fuente. De regreso a la casa, rompió a hachazos una mesa y echó sus pedazos al fuego, puso otra olla encima del fuego y la llenó de agua. Permaneció inmóvil, con la mente en blanco, durante el tiempo que tardó en hervir el líquido, llenando luego el barreño y subiéndolo a la habitación de Roger. Obligó a su hijo a levantarse, lo desnudó y lo lavó ayudándose con un paño; le puso una camisa de dormir limpia y sujetándolo por la cintura lo llevó al cuarto de Blanca, acostándolo en la cama de ésta y cubriéndolo con todo lo que pudo encontrar de abrigo, mientras trataba de recordar el remedio para cortar la fiebre.

–Son sólo unas fiebres... –se dijo–. Se le enfrió el sudor después de haber bebido...

Pero sabía que se estaba engañando. El ángel exterminador también llamaba a su puerta. Salió de nuevo a la calle, dispuesta a encontrar a un físico, pero en Estella sólo había dos galenos y ambos habían muerto de la terrible enfermedad, según le informaron en el hospital de San Lázaro. Preguntó sobre un posible remedio a una monja que, a falta de poder hacer algo mejor, se desvivía consolando a los moribundos, hablándoles de la bondad divina y del Paraíso.

–No hay remedios –le respondió la religiosa–. Es la voluntad de Dios y no queda más que rezar.

Por una vez, la voluntad de Dios y la suya no iban parejas. No permitiría que se llevase lo único que tenía en el mundo, el hijo idolatrado perdido y recuperado tan sólo la víspera. Lucharía con todas sus fuerzas y lograría salvarle la vida. Durante varios días no comió ni durmió. Pasaba las horas a la cabecera de su hijo, lo obligaba a ingerir miel disuelta en agua templada, le daba friegas con vino en el que había hervido un manojo de ortigas, limpiaba sus vómitos, secaba su sudor pestilente y sujetaba con fuerza sus manos cuando sufría un espasmo, intentando transmitirle su fuerza. En ningún momento se le ocurrió pensar que ella podría contagiarse del mal que consumía a su querido Roger. A veces rezaba arrodillándose a los pies del lecho, implorando misericordia, recordándoles a Dios y a San Andrés que había sido una devota fiel, una esposa leal y una madre ejemplar, que siempre había cumplido los Mandamientos y nunca en toda su vida había faltado a sus deberes religiosos. Otras les reprochaba su falta de ayuda y los amenazaba con no volver a pisar nunca una iglesia, arrepintiéndose a continuación hecha un mar de lágrimas.

Justo una semana después de haber comenzado los primeros síntomas, Roger cayó en un letargo que lo mantuvo inmóvil durante casi otra. Parecía muerto, no se movía, no abría los ojos, sólo su débil respiración indicaba que aún estaba vivo. De vez en cuando su cuerpo se arqueaba y su rostro se contraía en una mueca horrible, derrumbándose después como un pelele. Doña Aldonza no cejó, sin embargo, en su lucha contra el destino. Abría la boca reseca de su hijo y vertía en ella una infusión de agracejo y laurel alternada con leche templada con miel, masajeando después su garganta para obligarlo a tragar el líquido. Era una tarea lenta y dificultosa que le ocupaba la mitad de la jornada, pero no estaba dispuesta a rendirse. Aplicaba también paños calientes en el pecho del enfermo y frotaba con aceite de beleño sus miembros paralizados, le hablaba, como si pudiese escucharla, sobre lo que harían juntos cuando él sanase, de sus planes, del futuro, y acababa quedándose dormida en una silla. Permanecía durante horas contemplando al ser que ella había traído al mundo treinta y cuatro años atrás, pensando que la vida no merecía la pena, que no tenía ningún sentido parir a un hijo con dolor para verlo morir, en la flor de la vida, entre atroces sufrimientos. Deseó haber sido contagiada ella también para así poder dejar aquel mundo injusto en el que una persona honrada tenía peor fin que un criminal condenado a la rueda y a ser despellejado vivo por sus crímenes. Era imposible reconocer en aquel amasijo de carne putrefacta pegada a los huesos, de rostro desfigurado por el dolor, de cabellos grasientos por el sudor, al joven gallardo y prometedor, esbelto y de hermosos ojos verdes, del cual tanto se había enorgullecido.

En la mañana del decimoquinto día, tras echar una pequeña cabezada, la mujer abrió los ojos y encontró la mirada de Roger fija en ella. No le cupo la menor duda de que había muerto y suspiró acongojada.

–Tengo hambre.

Creyó que la voz ronca que escuchaba procedía de ultratumba, estremeciéndose asustada y dolida a la vez. Roger, entonces, parpadeó e intentó tragar saliva, haciendo a la vez un esfuerzo por incorporarse. Ahogando un grito, doña Aldonza se lanzó sobre la cama y abrazó a su hijo.

Como si la súbita recuperación de Roger le hubiera insuflado nueva vida, hubiera renovado su ánimo agotado, una actividad frenética se adueñó de la pañera. Abrió todas las ventanas e incluso la puerta de la casa para que el aire penetrara por ellas; lavó y mudó a su hijo, aposentándolo en su propio dormitorio después de haber cambiado los lienzos y hervido agua y un puñado de hierbas en un pocillo de cobre que expandió por la habitación un suave olor a tomillo, laurel y hierbabuena; preparó un caldo de verduras y gallina después de haber pagado por ésta a una de sus vecinas un precio de diez veces su valor, haciéndoselo tomar al enfermo cucharada a cucharada y, finalmente, se dispuso a hacer desaparecer cualquier resto de la terrible plaga. Recogió las ropas, lienzos, cobertores, todo aquello que había estado en contacto con él, incluso los colchones de su dormitorio y del de Blanca; los bajó al corralillo trasero y les prendió fuego. La lluvia había cesado, el manto estrellado cubría la dolorida tierra de Estella y acá y allá se observaban pequeñas columnas de humo ascendiendo hacia el cielo en un ritual tan antiguo como el ser humano. El fuego purificaba los objetos contaminados, el suelo infecto, las almas condenadas a vivir sin sus seres queridos.

Después de comer, lavarse a conciencia y cambiarse de ropa, quemó también las sayas, la túnica, el delantal y la toca que no se había quitado desde hacía dos semanas. Había adelgazado, la camisa de lino y la túnica de suave lana azul oscuro le venía holgada, el cabello se le había vuelto completamente blanco, pero se sentía joven y más fuerte que nunca. ¡Ella sola había vencido a la peste! Salió antes del anochecer para acudir a San Pedro de la Rúa. En el camino observó a dos enterradores, cubiertos con unas garnachas inmundas, que sacaban de una casa vecina un cuerpo envuelto en los propios lienzos del lecho y lo transportaban a un carro donde había amontonadas otras formas humanas ocultas bajo todo tipo de tejidos. Los vio ponerse en marcha, precedidos por un cura que hacía sonar una campanilla a medida que iba recitando las letanías, y dirigirse en dirección al portal de San Nicolás.

La iglesia estaba tan sombría como de costumbre, iluminada por velas y candiles de aceite cuyo humo se mezclaba con el de los incensarios agitados sin cesar por los acólitos para purificar el ambiente. Desde el comienzo de la epidemia, al igual que todas las demás iglesias de Estella, había permanecido abierta día y noche; misas y oraciones se sucedían y siempre estaba llena de personas rezando y esperando un milagro. Doña Aldonza constató la presencia de numerosos hombres y mujeres de miradas tristes y desalentadas, ningún joven, ningún niño; se sentó en un banco adosado a uno de los laterales y esperó. Un cura tan viejo como sus parroquianos comenzó a oficiar la misa, habló de amor durante el sermón, de perdón, de la necesidad de volver los ojos hacia Dios, de rogar por los muertos. Finalmente, entonó un antiguo canto navarro de difuntos con voz cascada y emocionada, y la pañera sintió que desaparecía la pesada losa que oprimía su pecho.

Orti Ogaiz no lo pensó dos veces. En cuanto tuvo conocimiento de que una extraña epidemia alargaba sus tentáculos, destruyendo a todos los que encontraba en su camino, envolviendo la villa en un halo de muerte, observó las peleas que diariamente mantenían los guardas de los portales con los campesinos que exigían poder entrar en la villa y vio caer ante sus propios ojos al joven hijo de sus vecinos, corrió a comprar un caballo que pagó con moneda falsa, montó en él a su madre y asiendo las riendas se dirigió al portal de San Pedro de Lizarra.

Los guardas no querían abrir las puertas. Tenían orden de no dejar entrar a nadie.

–No entramos, salimos –adujo él con fiereza.

–Si salís, no podréis volver a entrar –respondió uno de los guardas en el mismo tono.

–No lo haremos.

Pudieron, al fin, abandonar la población y tomaron el camino de Ameskoa.

–Quiero morir en mi casa –le había dicho Oneka cuando supo sus planes de abandonar una vez más el hogar tan duramente recuperado.

–Morirás en ella, te lo prometo –afirmó Orti–, pero aún no.

Había intentado durante los dos últimos años sembrar y plantar en sus tierras. Esfuerzo inútil. La humedad pudría las simientes cuando tenía la suerte de encontrar alguna; las plantas no sobrevivían y sus hojas colgaban mustias al cabo de unas horas. Intentó, asimismo, adquirir una vaca y algunas ovejas, pero sólo encontró animales famélicos y enfermos por los cuales sus propietarios pedían unos precios exorbitantes. No tuvo ningún reparo en pagar con dineros trabucados por un par de gallinas que, además de no poner huevos, acabaron sucumbiendo a los pocos días. En ésas estaba cuando se propagó el rumor de que la peste iba adueñándose de la tierra de Estella.

Se quiso en un primer momento echar la culpa a la comunidad judía. Era una venganza, dijeron algunas voces, por lo ocurrido veinte años atrás, pero la muerte de todos los tintoreros judíos que trabajaban en el molino real de los tintes, en el camino de Ordoiz, hizo recapitular a los exaltados, quienes dirigieron su furia hacia los peregrinos hacinados en el hospital de San Lázaro y en los aledaños de la iglesia del Santo Sepulcro. Casi todos presentaban señales de la enfermedad y nadie se atrevió a acercarse a ellos, limitándose a lanzarles alguna piedra que otra. Esperando que ciertas medidas tuvieran éxito, el Concejo ordenó expulsar de la villa a los mendigos, las prostitutas, los sin oficio que erraban por las calles; se prohibió salir de sus casas a los enfermos y a sus familiares; también se prohibió verter residuos en el río o tirarlos por las ventanas, pero todo fue inútil.

Lizarra, al igual que el resto de la población, comenzó entonces a sentir el azote de la peste y, poco a poco, fueron cerrándose las puertas que normalmente permanecían abiertas. Un grupo de habitantes del barrio, entre ellos Oneka y su hijo, subieron al santuario. No penetraron en la pequeña iglesia del Puy, sino que se dirigieron a un hayedo cercano. Aquel lugar era sagrado desde los tiempos de los primeros pobladores, mucho antes de que apareciera la milagrosa imagen, antes de que los francos de Estella se la apropiasen y le dieran el nombre de una virgen francesa. Para ellos, el lugar evocaba las misteriosas fuerzas de la Naturaleza, la comunión con la Tierra, las creencias de los antiguos, el alma vascona. Reunidos en torno a un viejo árbol, los habitantes del antiguo poblado imploraron a sus antepasados fuerzas para soportar el desastre, inmolaron un carnero, el último del rebaño de Anxo Unaia, el pastor, y elevaron hacia la luna de plenilunio sus manos teñidas con la sangre del animal sacrificado. Al día siguiente uno de los presentes en el hayedo cayó preso de las fiebres y Orti tomó la resolución de abandonar una vez más la casa de sus ancestros.

Se dirigieron a Zudairi, topando a cada paso con familias enteras que deambulaban sin saber hacia dónde dirigirse, llevando consigo hatos de ropas, enseres inútiles y el hambre marcada en sus caras. Daba lástima ver a los niños arrastrando los pies y pidiendo comida a sus padres, a los ancianos caminando despacio, hundiendo los pies en el barro formado tras las lluvias, a hombres y mujeres desesperados, condenados a una muerte segura en su propia tierra.

–¡Es terrible! –exclamó Oneka con los ojos empañados de pena, al contemplar a una pareja de viejos sentados al borde del camino, esperando su fin.

También se toparon con otras gentes que huían de la peste hacia las cimas de las montañas o hacia la costa, montados a caballo o en carros bien provistos y con los toldillos echados. Los ricos lo tenían más fácil que los pobres, pero todo era cuestión de tiempo, pensó Orti. La enfermedad no hacía distinciones y se llevaba a todos por igual. En un alto, a medio camino, aparecieron de pronto un par de bandidos blandiendo unos cuchillos y reclamando la entrega de la cabalgadura y de todo lo que tuvieran de valor.

–¡Venid a buscarlo si os atrevéis! –les gritó Orti, sacando su cuchillo montañés, dispuesto a entablar pelea.

Los dos hombres lo miraron asombrados por su reacción, calibraron su fuerza, aparentemente mucho mayor que la de ambos juntos, y desaparecieron de igual modo a como habían aparecido.

–¿Has matado a alguien alguna vez? –le preguntó Oneka, más curiosa que preocupada tras el incidente.

–No quieras saberlo, madre –respondió él, parco según su costumbre.

Llegaron a Zudairi al anochecer. Los perros de Joanes estaban sueltos y se les acercaron ladrando con furia, pero se detuvieron al reconocer la voz de Orti, que los llamaba por sus nombres. Olisquearon sus ropas y se levantaron sobre las patas traseras, apoyando las delanteras sobre el pecho del hombre e intentando lamerle la cara.

–Azkarra, Beltza..., buenos perros, mis viejos amigos... –los acarició él.

Oneka observaba la situación con algo de temor y, al mismo tiempo, asombrada de que animales tan fieros pudieran mostrarse tan dóciles a la vez. Luego echó una mirada a su alrededor y sintió un nudo en la garganta. La casa de sus padres seguía igual a como ella la recordaba, sobre la colina, sólida, segura. El sol había desaparecido dejando una estela rojiza que daba al lugar un aspecto irreal mientras la silueta del edificio se recortaba en la oscuridad que avanzaba procedente del este. Los ladridos de los perros habían alertado a los habitantes de la casona, quienes, hachones en una mano y armas en la otra, salieron de ella apresuradamente reclamando a gritos la identidad de los visitantes. La mujer volvió a sentir el nudo en la garganta, esta vez acompañado de un fuerte latir golpeándole el pecho. Acababa de reconocer a su hermano mayor después de más de tres décadas sin haberse visto.

Aquella noche nadie durmió en la torre de los Periz de Zudairi y el alba pilló a sus moradores en torno a jarras de vino y licor casero después de haber dado cuenta de un buen montón de panceta frita, acompañada de huevos y talos de harina, queso y dulce de membrillo, nueces, avellanas e higos secos. Gasen no sabía qué más sacar para agasajar a sus parientes, provocando las risas cuando, al final, encontró en la despensa un dulce de moras del otoño anterior y obligó a todos a probarlo. Era bueno sentirse en familia, saberse queridos. La zona alta de Ameskoa aún no había sido atacada por el terror en forma de fiebre, bubas purulentas y alucinaciones. Tal vez el frío aire de la sierra de Urbasa impedía su aproximación, se decían los caseros; tal vez las frondosas ramas de los árboles y el agua helada y cristalina del Urederra la mantenían a salvo. De todos modos, y por si acaso, los habitantes del valle habían soltado a los perros impidiendo así que los extraños se aproximaran a los caseríos. La hospitalidad era una obligación sagrada en todos los hogares vascos, pero la muerte en forma de peste no era un huésped ni un caminante necesitado.

–Soltamos a los perros en cuanto supimos lo de la epidemia y más aún cuando empezaron a llegar gentes procedentes de las tierras bajas –les explicó Joanes–. No es un comportamiento muy cristiano, lo reconozco, pero antes son nuestras familias. Además –añadió–, quien más o quien menos tiene ya en su casa a muchos de sus parientes.

–Mi hermana, la de Huarte, llegó con su marido y sus hijos hace unas semanas –intervino Gasen–. Están en Gollano, en casa de Otxoko.

–¿Otxoko tiene casa? –preguntó Orti, recordando a su primo mayor.

–¡Claro! ¡Y mujer y dos hijos! ¿Y tú? ¿Aún no has matrimoniado?

–No. He andado muy ocupado para pensar en echar raíces...

–¿Y Daniel? Recuerdo a tu amigo, era una persona muy especial.

–Mucho... Ahora vive en Tudela con sus parientes. Él sí se casó.

Algún tiempo después de la marcha de Daniel, un comerciante judío que hacía la ruta Tudela-Pamplona, acudió a Lizarra preguntando por Orti Ogaiz y causando la natural curiosidad en sus vecinos, poco acostumbrados a ver judíos por su barrio. Así supo que su amigo estaba bien y también su mujer, que vivían en la aljama de dicha población y que su negocio de platería marchaba con éxito.

–Me ha encargado que te entregue esto.

El hombre le tendió un pesado paquete envuelto en tela de lona y atado con cuerdas, y una llave. Orti esperó a que el comerciante se hubiera despedido, cortó las cuerdas y abrió el envoltorio. Era una arqueta de madera, cuya tapa estaba tallada con antiguos signos solares. Sonrió e introdujo la llave en la cerradura. La caja estaba repleta de monedas de plata, demasiado nuevas, demasiado brillantes para ser auténticas. La sonrisa se transformó en una carcajada. ¡Su viejo compañero seguía siendo un magnífico trabuquero! Metió las monedas en una bolsa de tela y la ocultó en la cuadra, bajo una tabla. No quería arriesgar el pellejo, pero no estaba mal poder contar con una ayuda si las cosas empeoraban.

Echaba en falta a Daniel. Era la única persona con la que podía hablar libremente. Antes de despedirse, después de quemar los documentos del notario, su amigo le había contado su propósito de pedir a Blanca que lo acompañara.

–Nos pongo en peligro, lo sé –le confesó–, pero no puedo evitarlo.

–No te preocupes por nosotros. Iremos a Lizarra. Allí nadie nos relacionará con los Bertolín.

Esperó con el alma en vilo varios días, temiendo a cada momento que los hombres del merino irrumpieran en su casa, como ya lo habían hecho en su primer regreso. Tenía una cuenta pendiente con el orgulloso lugarteniente que le había marcado la cara de por vida. Lo había visto por San Juan en un par de ocasiones, pero, por una vez, había decidido ser prudente. No era cuestión de arriesgar su plan y el de Daniel para vengar una afrenta. Tendría tiempo de sobra más adelante. Tuvo que dominarse cuando lo encontró en el santuario, acompañando a su madre, pero fue sólo un instante. El hombre ya no era lo que había sido. Pudo comprobarlo con un simple vistazo. Sus ojos hundidos, las ojeras, el aspecto descuidado, la falta de interés por lo que lo rodeaba, eran indicios de que algo grave le ocurría. No pensaba olvidar su trato humillante, pero tampoco se enfrentaría a un hombre disminuido. El encuentro sería en igualdad de condiciones, aunque tuviera que esperar todo el tiempo necesario.

La vida en la casona de Zudairi no había cambiado un ápice desde su marcha. Su familia era montañesa y no había montañés que derrochase inútilmente esfuerzos y bienes. Sabían que los tiempos variaban con la misma facilidad que las estaciones del año. Lo que hoy era bonanza mañana podría ser penuria. No faltaba comida en su mesa, pero Orti y su madre advirtieron que no volvía a repetirse la prodigalidad del primer día y se alegraron. No querían ser una carga para sus parientes, procurando ser útiles desde el primer momento. Oneka parecía haber rejuvenecido varios años. El regreso a su lugar de nacimiento, el reencuentro con su hermano, el único que aún quedaba vivo de los cinco que habían sido, las largas conversaciones llenas de vivencias al lado del fuego, el aire de la montaña, las risas de los nietos de Joanes y Gasen, y el olvido habían acabado por devolverle la salud y el ánimo. Únicamente el recuerdo de Ane hacía que su voz se quebrara cuando pensaba en ella. Rehaciéndose inmediatamente, se decía que su hija era una mujer fuerte, que sobreviviría a pesar de todo y se encontrarían de nuevo algún día en el lugar más insospechado. Esta esperanza devolvía la sonrisa a su rostro y la paz a su espíritu.

Una mañana Orti decidió bajar a Egino. Sentía curiosidad por saber si aún quedaba con vida alguno de los miembros del feroz clan alavés. Ellos habían sido su segunda familia y los apreciaba como a tal. Cogió su caballo y galopó veloz, bajando la cuesta y riendo al recordar su primera bajada perseguido por los hombres del merino. La zona de Ziordi estaba completamente despoblada, las tres casas de la población casi habían desaparecido quedando sólo algunos muros por los que trepaban hierbajos y yedras. La región entera era un erial abandonado. En Egino, sin embargo, se habían reconstruido las casas quemadas por orden del merino y también la torre. Había caballos pastando sueltos en los alrededores, así que dedujo que los hombres andarían por los contornos. Descabalgó de un salto, dejando libre a su caballería y dirigiéndose hacia el portón de la torre. No había dado cuatro pasos cuando sintió que alguien se le abalanzaba por la espalda y le ponía un cuchillo en la garganta.

–¿Quién eres? –oyó preguntar a una voz desconocida.

–¿Y tú? –preguntó a su vez.

–He preguntado yo primero, ¿quién eres?

–¿Dónde está Corbarán?

–¿A ti que te importa?

–¡Llévame a él!

–¡Antes te cortaré el garguero!

–¡Ya está bien!

El intercambio de frases había durado menos que un *ora pro nobis*. Orti dio un codazo a su asaltante en plena tripa y, aprovechando que el hombre soltó el cuchillo, lo recogió y acercó la punta a su cuello. Era un hombre joven, más o menos de su edad y con el mismo aspecto oscuro y feroz que tenía él cuando vivía en Egino.

–¿Dónde está Corbarán?

–¡No te lo diré aunque me saques las tripas!

–¡Tal vez lo haga!

Una voz enojada, esta vez conocida, resonó a su espalda.

–¿Quién cojones eres, forastero, y por qué amenazas a mi sobrino?

–¡Dile a este cabeza dura que los Ogaiz son bien recibidos en el solar de los Lezea! –respondió Orti sin girar la cabeza.

–¡Por los dientes que le arranqué al merino la última vez que me enfrenté a él! ¿Eres tú?

Orti soltó a su presa y se volvió esbozando una amplia sonrisa.

–El mismo.

–¡Te imaginaba cocido en una olla como el pedazo de cabrón que eres!

Después de tan descriptivas palabras, el jefe alavés abrazó a su amigo, apretándolo entre sus brazos de oso hasta dejarlo sin resuello, ante los asombrados ojos del sobrino que masajeaba la zona del cuello señalada por la punta del cuchillo.

–¿No sabes distinguir a un amigo de uno de esos bastardos del merino? ¡Y encima te dejas sorprender, pedazo de acémila! –increpó Corbarán a su sobrino–. Éste es Juan de Araia –lo presentó–, el hijo de mi hermana. Lleva poco tiempo con nosotros. Iba para fraile –el jefe soltó una risotada antes de proseguir–, pero se arrepintió a tiempo. ¿Te persigue el merino?

–No, esta vez no. Estoy en Zudairi, en la casa de mis tíos. Mi madre y yo dejamos Lizarra cuando llegó la epidemia. ¿Aquí estáis todos bien?

–¿Lo dices por esa enfermedad del diablo que está acabando con todo bicho viviente? Aquí la única peste que tenemos es la del merino: ¡otro más –aclaró–, empeñado en colgarnos a todos!, aunque no lo va a conseguir. En nuestro último encuentro le arranqué varios dientes de un puñetazo. Mira, los llevó aquí –le mostró un cordón de cuero atado a su cinturón del que colgaban tres dientes amarillentos y de nuevo se echó a reír–. Según dicen, los dientes de cerdo traen suerte. ¡A ver si es cierto!

Orti no pudo evitar reír él también. Corbarán Díaz de Lezea seguía siendo el mismo. Tal y como iba el mundo, se alegró de que algunas cosas no cambiaran nunca.

–Por cierto, ¡te tengo una sorpresa!

–¿Cuál?

–¡No preguntes y sígueme!

Siguió al jefe del linaje, mientras Juan de Araia andaba a su paso sin dejar de observarlo con creciente interés, y penetraron en la torre. El humo y el olor al sebo de las ballenas utilizado para iluminar los candiles impregnaban la oscura estancia y necesitó unos instantes para acostumbrar sus ojos.

–¡Mirad quién está aquí! –gritó Corbarán–. ¡Orti Ogaiz en persona!

Se vio de pronto rodeado por media docena de hombres y mujeres que lo saludaban, palmeaban su espalda, lo llamaban por su nombre o lo besaban en las mejillas. Reconoció a Mencia, robusta y colorada, a Txurio, cuyo cabello rubio se había tornado mucho más oscuro, a Diego, el mozo, convertido en un hombre, a María de Ilarduia, la mujer de Corbarán, que llevaba un crío recién nacido en brazos y a otro agarrado a su falda. Todos preguntaban a la vez y él no sabía a quién responder; sus ojos iban de unos a otros, descubriéndolos, recuperándolos en la memoria, hasta detenerse en una figura algo apartada que, con lágrimas en los ojos, se tapaba la boca con una mano mientras con la otra sujetaba a un niño de corta edad. No podía apartar la mirada de la mujer. No la conocía y no obstante...

–¿No vas a abrazar a tu hermana y a tu sobrino? –la voz de Corbarán interrumpió su cavilación.

–¿Ane...?

Se aproximó a ella lentamente, intentando reconocer a la chiquita asustada vista por última vez camino del burgo. Durante todos aquellos largos años había buscado a una niña de cabeza rapada y grandes ojos oscuros y ahora la encontraba convertida en una mujer, madre al parecer, guapa y madura, que no tenía nada que ver con la imagen guardada en su memoria y en su corazón. La impresión lo dejó mudo de asombro y fue incapaz de decir nada.

–¿Ane...? –repitió lleno de dudas al cabo de un rato.

Su hermana se le lanzó al cuello, aferrándose a él, mojándole la cara con sus lágrimas, gimiendo de dolor y alegría, repitiendo su nombre una y otra vez. Emocionado, le rodeó la cintura con sus brazos y la apretó con fuerza contra su pecho. Les habían robado su infancia, pero nada volvería a separarlos de nuevo.

–¡Me gustan las historias que acaban bien! –exclamó Corbarán, satisfecho de sí mismo–. ¡Brindemos por ello! –añadió, antes de besar a su mujer en la boca.

Los dos hermanos tuvieron que aceptar la hospitalidad de su anfitrión. Deseaban estar solos, recuperar el tiempo perdido, hablar, pero no podían desairar al jefe del linaje alavés que deseaba ser la novia del festejo y pasó la mayor parte brindando por sus propios éxitos y los de su gente en su pugna particular contra la ley. Finalmente, las gentes de la torre se retiraron a descansar y ellos pudieron hablar con tranquilidad.

La emoción de Ane al saber a su madre tan cerca y en buena salud le provocó una nueva llantina. Orti, embalado, le informó de que la casa y las tierras de Lizarra volvían a ser de la familia Ogaiz; le habló de su amistad con Daniel, de cómo había conocido a Corbarán y a los suyos, de la peste, de los tíos de Zudairi. Nunca había hablado tanto, pero necesitaba recuperar a su hermana porque, hasta cierto punto, aún se sentía responsable de ella como cuando ambos ascendían al santuario llevando la leche en el cántaro y algo en su interior le decía que le había fallado. Ane lo escuchaba arrobada, sorbiendo sus palabras, viviendo a través de ellas. No quería empañar su alegría narrándole la desgraciada vida que su madre y ella habían llevado, ni tampoco su particular calvario, en especial durante los años previos al nacimiento de su hijo. El niño se había quedado dormido sentado en su regazo. Era una criatura hermosa, de piel extremadamente blanca, ojos verdes y cabellos oscuros, largos y ondulados. A Orti le recordaba a alguien, aunque no acababa de averiguar a quién.

–El niño...

–Es mi hijo –dijo Ane mirándolo directamente a los ojos–, mío y de Roger Bertolín.

–¿Te forzó? –preguntó esperanzado. Tendría una razón más para acabar con el bastardo que lo había enviado a la cantera.

–No.

–¿No? ¿Eras su amante? –la pregunta era más bien un reproche lleno de amargura–. ¿Por qué no estás con él? ¿Qué haces aquí?

–Me abandonó antes de nacer el niño.

–¿Te abandonó estando preñada?

–Él no lo sabía, nunca se lo dije –respondió con firmeza–. Aunque, probablemente, le hubiera dado igual. Es un cobarde. Mi hijo y yo estamos mejor sin él.

Orti se reconoció por fin en su hermana. Los dos eran orgullosos, sus ojos brillaban con la misma intensidad cuando algo los golpeaba, podían errar, pero asumían las consecuencias con valentía. Era la herencia recibida de los Ogaiz y también de los Zudairi, dos antiguas familias navarras cuyas raíces se hundían en el pasado como las del roble en la tierra.

–¿Cómo se llama? –preguntó, súbitamente apaciguado, acariciando los cabellos del niño.

–Semeno Ogaiz.

Al día siguiente, los dos hermanos se dispusieron a salir para Zudairi con cierta pena. La torre de Egino había sido un refugio seguro por partida doble y eso era algo que ninguno de los dos olvidaría jamás.

–¡Quedaos! –casi les ordenó Corbarán–. No encontraréis lugar más de fiar que éste. Aquí seréis libres como los pájaros, ¡ni la peste se atreverá a entrar en mis tierras!

–Lo sé, amigo mío –respondió Orti con pesar–, pero nuestros parientes han acogido a nuestra madre y la separación ha sido ya demasiado larga. Desearía, no obstante, agradecerte la ayuda prestada a mi hermana.

El joven metió la mano en el bolsillo interior de su garnacha y extrajo una bolsa de monedas que tendió a Corbarán.

–¿Acaso pretendes insultarme?

–Sólo agradecerte tu bondad hacia nosotros... Daniel te manda sus saludos –añadió.

El ceño fruncido del jefe alavés se trocó en un gesto interesado, abrió la bolsa y sacó una de las monedas, una dobla castellana. La observó a contraluz y después la mordió.

–¡Por Satanás y su corte de demonios! –exclamó entusiasmado–. ¡Éstas son aún mejores que las otras!

–Nuestro amigo es un aprendiz aplicado...

–¿Aprendiz? ¡Es un verdadero maestro! Acepto tu gratitud. ¡Puedes darme las gracias siempre que quieras!

Orti en su caballo y Ane y el niño en otro, regalo de Corbarán, agitaron la mano en señal de despedida, dirigiéndose después a la barranca y de allí al camino de Urbasa. Al llegar a las inmediaciones de Zudairi, el joven se detuvo, siendo imitado por su hermana.

–¿Qué ocurre? –preguntó ésta–. ¿Hemos llegado?

–Es aquella torre que se ve sobre la colina. ¿Y si me adelanto? Madre podría...

–Ve –sonrió su hermana–. Semeno y yo acabaremos el trayecto a pie para darte tiempo a anunciarle nuestra llegada.

La mujer y el niño se apearon del caballo mientras Orti cogía las riendas y se alejaba hacia la torre a galope tendido. Lo vieron ascender por la colina, soltar los animales y penetrar corriendo en la casona. Poco después, Ane reconoció a su madre en la mujer que corría loma abajo con los brazos abiertos de par en par. También ella y el niño echaron a correr, encontrándose los tres a medio camino. Las risas de las dos mujeres y los gritos de alegría del chaval pudieron escucharse en todos los rincones del valle.

Junto a sus tíos y primos, Orti contempló la escena con una sonrisa de oreja a oreja. Por fin estaban juntos de nuevo, aunque a su árbol aún le faltara alguna rama.

El aire olía a nieve. Era un olor muy peculiar que únicamente las gentes de los valles en torno a las montañas conocían. El cielo gris plomizo llevaba días amenazando lluvia y la temperatura había descendido visiblemente. Con un poco de suerte, las nieves serían abundantes aquel invierno, habría agua en la primavera, rebosarían las cuencas de los ríos y de todas las fuentes naturales brotaría con generosidad el preciado líquido. Los pueblos montañeses quedarían aislados durante los meses de invierno y era necesario hacer acopio de alimentos y madera. Joanes reunió a su familia y a cada miembro le adjudicó una tarea. Los hombres talarían varios árboles de la zona alta, la más poblada, los bajarían a la torre y harían leña con ellos, los niños cogerían las ramas, hojas, castañas y avellanas desprendidas de forma natural durante el otoño, las mujeres recogerían la hierba segada para alimentar a las vacas y curtirían las pieles, ya secas, de las ovejas sacrificadas durante la primavera. También se mataría al cerdo para aprovechar del animal hasta el último gramo, salar su carne, patas, morros, ahumar los perniles, elaborar morcillas, fabricar jabón con el sebo y secar la piel, dura como el cuero para taponar las rendijas con ella. La operación requería la colaboración de todos porque en ella residía la supervivencia de la familia durante los meses fríos.

Los Ogaiz decidieron regresar a Lizarra a pesar de los ruegos de sus parientes para que esperaran hasta la llegada de la primavera. Llevaban allí ya varios meses y no deseaban continuar siendo una carga. Cuatro bocas más eran demasiadas. Además, añoraban su hogar, ansiaban regresar a él ahora que estaban juntos. Las noticias procedentes de la población del Ega eran alentadoras. La mortandad había desaparecido con la llegada del frío, los enterramientos habían cesado, los portales se habían abierto permitiendo el paso libre tanto para salir como para entrar. Hora era pues de volver. Aceptaron, sin embargo, un saco de harina para hacer talos, otros de castañas, habas, guisantes, coles y coliflores que Gasen se empeñó en añadir por ser la huerta cometido suyo del que se sentía muy orgullosa, unos quesos y una hermosa pata del cerdo del año anterior, además de un gran trozo de tocino y un montón de morcillas. También aceptaron un pequeño carro para transportar todo lo anterior, que Orti prometió devolver en cuanto el deshielo permitiese la subida a Zudairi, y al que ataron a uno de los caballos. Justo antes de emprender la marcha, Gasen salió cargada con varias pieles de oveja.

–Hará frío en Lizarra –dijo como disculpándose.

Los meses transcurridos en compañía de su cuñada y de su sobrina habían supuesto para ella un gran cambio, acostumbrada como estaba a tener sólo hombres a su alrededor. Veía a menudo a su nuera, la mujer de Otxoko, y a su hermana la de Huarte, que vivía en la casa de aquéllos, pero no era lo mismo que tener a otras mujeres viviendo bajo su propio techo, con las cuales poder hablar en cualquier momento del día, intercambiar confidencias, temores o esperanzas. A pesar del carácter retraído de Oneka, habían simpatizado desde el primer momento y sentía de veras su marcha. La echaría en falta y tal vez no tendrían otra oportunidad de volver a verse.

Ni Oneka ni sus hijos hablaron mucho durante el viaje de regreso, cada uno de ellos a solas con sus pensamientos. En especial Ane, que temía el reencuentro con Roger. La villa no era tan grande como para no encontrarse en toda una vida, en las fiestas o en las procesiones al santuario... ¿Qué haría si un día se topaba con él? ¿Le diría que Semeno era su hijo? Sonrió al escuchar la voz del niño, sentado en la silla de montar delante de ella. No dejaba de hacer preguntas y de señalar con su manita las casas, los puentes, las torres de las iglesias que iban dejando a ambos lados del camino. Era igual que su padre, tenía sus mismos ojos y su cabello, el mismo perfil recto. Con la edad iría pareciéndose a él cada vez más. Lo apretó con fuerza contra ella. Semeno era sólo suyo, era un Ogaiz.

Llegaron a Lizarra a media tarde y sintieron el alma en un puño. El barrio parecía abandonado, no había nadie en la calle, varias casas estaban vacías y sus habitantes ni siquiera se habían molestado en cerrar puertas y postigos que el viento procedente de la sierra hacía golpear contra los muros. Se miraron interrogantes sin encontrar respuesta a sus mudas preguntas. La casa permanecía tal y como ellos la habían dejado, sólidamente atrancada por fuera y por dentro. Mientras Orti y su sobrino salían para informarse de la situación, las dos mujeres abrieron las ventanas para ventilar el interior, quitaron el polvo, encendieron el fuego y se dispusieron a preparar algo de comer con las provisiones traídas desde Zudairi. Orti y Semeno regresaron poco rato después de haber salido.

–Apenas queda media docena de vecinos –informó el hombre, acercándose al fuego intentando ahuyentar el frío que sentía provocado por la desolación más que por el clima reinante.

–¿Los demás han muerto? –le preguntó Oneka.

–Algunos sí; otros se marcharon como nosotros en cuanto las cosas se pusieron feas.

–¿Hay enfermos? –preguntó Ane, a su vez, temiendo que Semeno hubiera podido estar en contacto con alguna persona infectada.

–Si los hay, no los he visto. María, la del pastor, me ha dicho que éste murió a finales del verano y también sus tres hijos y su hija. Se ha quedado completamente sola.

Oneka recordó a la mujer pequeña y alegre que le había brindado su amistad cuando llegó al barrio de recién casada y la había ayudado en los partos de sus hijos.

–Voy a verla, ¿de acuerdo?

Salió a la calle sin esperar respuesta. El trayecto entre las cuatro puertas que separaban sus dos casas se le hizo interminable. La luz del atardecer había envuelto la colina en un halo rosado, reflejándose en los muros desconchados, dándole un aspecto irreal y misterioso. Contempló desde el murete la villa, los montes y los campos desiertos. A excepción de sus primeros años, su existencia entera había transcurrido en aquel lugar. Allí había vivido los años de amor con su compañero, parido a sus hijos, sufrido humillaciones y recobrado de nuevo a su familia. Los momentos gozosos y también los dolorosos se entrelazaban en la tupida red de recuerdos difíciles de diferenciar que la habían marcado: eran su vida, eran ella.

María le abrió los brazos y el corazón y juntas lloraron por sus muertos, sus vecinos, la vida que conocían y que ya nunca volvería a ser igual, y también por ellas mismas. Después, más tranquilas, bebieron un pote de vino caliente y la viuda de Anxo Unaia, el pastor, le informó sobre la situación. Más de la mitad de los habitantes de Estella habían perecido durante los últimos cuatro meses.

–¡La mitad! –exclamó Oneka horrorizada.

–Más de la mitad –puntualizó la otra–. Familias enteras, abuelos, padres e hijos, ricos y pobres, burgueses y labradores... El jueves pasado bajé al mercado de San Juan. Sólo había unos pocos puestos de venta y aún menos compradores. Los curas no hacen más que predicar para que roguemos a Dios, pero a mí se me han acabado las oraciones. He visto morir uno a uno a mi buen Anxo y a mis hijos en medio de terribles sufrimientos. Los curas dicen que la plaga se debe a nuestros pecados, que la ira de Dios ha caído sobre nuestras cabezas... Mis hombres y mi pequeña Mari no eran pecadores y tampoco merecían acabar de manera tan horrible. Vi sus cuerpos descomponerse ante mis propios ojos, llenos de bultos purulentos y manchas oscuras; escuché sus gritos de angustia y rogué con todas mis fuerzas para que, al menos, no sufrieran. Pero el Dios de los curas no me escuchó. No volveré a pisar la iglesia en lo que me quede de vida. Estoy tan muerta como mi gente y tampoco me importa lo que me ocurra después. Mi madre solía decir que éramos parte de esta tierra, al igual que lo son las plantas y los ríos, que renacíamos una vez y otra en distintos cuerpos, con formas distintas... Tal vez cuando yo muera encuentre de nuevo a los míos, tal vez seamos hierbas en un campo o árboles en un bosque.

Oneka la escuchaba con un sentimiento encontrado. A pesar de sus penalidades, ella nunca había dejado de rezar, de esperar, de creer que algún día se haría justicia. Le asustaban las palabras de su vieja amiga y, sin embargo, al mismo tiempo... Recordó gestos perdidos en el pasado, evocaciones escuchadas a los ancianos, y tuvo la sensación de haber vivido ya otras vidas. Regresó a la casa con la mente puesta en todos aquellos que había conocido, en los que había amado y en los que no, y se sorprendió pensando en doña Aldonza. ¿Habría muerto ella también? No sintió ninguna emoción, ni de alegría ni de pena, al pensar en tal posibilidad. A pesar de que sus circunstancias eran ahora otras, que habían transcurrido varios meses sin pensar en la pañera, sabía que nunca podría desembarazarse totalmente de su recuerdo; su presencia la perseguiría hasta el final de sus días, era su lado oscuro. Sólo esperaba que, si María tenía razón, no volvieran a encontrarse un día en un campo o en un bosque.

La vida en la villa fue retomando su pulso poco a poco. La vecina de los Ogaiz tenía razón. Más de la mitad de la población de Estella había desaparecido entre la primavera y el invierno. Ni la peor de las guerras había causado una mortandad de dimensiones similares. Los supervivientes luchaban entre sentimientos de euforia por saberse vivos y de desesperación por haber perdido a sus familiares y amigos; hablaban en voz baja, procuraban no entretenerse demasiado cuando se encontraban, acudían todos los días a la iglesia y los conventos recibieron un número inusual de solicitudes para tomar los hábitos, pero, al mismo tiempo, aumentó el de las uniones matrimoniales. Se percibían por todas partes unas inmensas ganas de vivir. Los talleres artesanos comenzaron a producir; las casas deshabitadas fueron nuevamente arrendadas por gentes llegadas de otras partes de la Merindad; el ingenio se agudizó y, a falta de dinero amonedado, se echó mano al trueque, al intercambio de servicios por mercancías, de productos por productos; los cargos concejiles fueron cubiertos por voluntarios a la espera de las siguientes elecciones e incluso un joven escribano llegado de Arroniz ocupó el puesto del hombre lechuza, vencido al fin por la pandemia.

A modo de compensación, las nieves cayeron generosas aquel invierno, blanqueando montes, campos y pueblos. Durante semanas, el manto blanco cubrió la región y, al igual que el fuego, limpió el aire contaminado de forma que, a comienzos del siguiente año, podía decirse que la enfermedad había remitido completamente. Las tierras esponjadas estaban listas para ser roturadas, aradas y sembradas, y decenas de labradores regresaron a los campos con la esperanza en sus corazones y en sus manos; los caminos volvieron a llenarse de peregrinos y mercaderes. El viajero que llegaba a la villa podía observar una gran actividad y, también, un gran número de mujeres preñadas, jóvenes y menos jóvenes. La población respondía a la muerte con la vida.

Las noticias del fallecimiento de doña Juana II en un lugar de Francia llamado Conflans, cerca de París, y el nombramiento de su primogénito, Carlos, como nuevo rey de Navarra pasaron inadvertidas excepto para los cargos públicos, nobles, ricoshombres y clero. La reina difunta no había vuelto a poner los pies en el reino que la había elegido soberana desde la muerte de su marido en Algeciras. Era una perfecta desconocida para sus súbditos y muy pocos la lloraron. El pueblo tenía suficiente recuperándose del terrible azote sufrido, buscando medios para sobrevivir, luchando día a día para poder seguir adelante, como para lamentar la pérdida de una mujer extranjera a la que sólo algunos pocos habían visto de lejos. Los asuntos de los grandes únicamente les preocupaban cuando éstos les exigían el pago de pechas fuera de lo común. Los impuestos eran un mal como otros muchos que debían soportar por el simple hecho de vivir.

El nuevo rey tenía diecisiete años y se había educado en la corte francesa. Sus más allegados y los que lo conocían hablaban de él como de un ser dotado de manera excepcional para el gobierno. Al igual que otras veces, los navarros confiaban en que las cosas mejorarían con la llegada de un nuevo gobernante, pero no se hacían muchas ilusiones. No dejaba de ser una persona ajena a su tierra, sus costumbres y su lengua.

–Otro más que llegará y se irá como los anteriores –comentó Orti cuando su madre mencionó el asunto.

–Tal vez...

–No te hagas ilusiones, madre. A los poderosos únicamente les importa su poder y sangrar a las gentes humildes para así ser ellos más ricos.

Sus palabras se hicieron realidad un año más tarde, a la llegada del joven rey. Pamplona se vistió de fiesta a pesar de la penuria reinante y recibió a Carlos, segundo de su nombre, con los fastos tradicionales para festejar una coronación. Con motivo de la celebración, las Cortes reunidas en Estella decretaron que, de acuerdo con el Fuero, el rey podía fabricar nueva moneda. No era la primera vez que se llevaba a cabo algo parecido, pero en esta ocasión, los reunidos impusieron un nuevo monedaje que gravaba de manera especial a los habitantes de las villas y a los labradores, quedando exentos del pago los nobles, ricoshombres y clérigos. La medida fue un duro golpe para los depauperados hogares navarros y hubo de encargarse de la recaudación a hombres armados puesto que los enviados reales eran apedreados y golpeados en cuanto aparecían en las poblaciones. Pronto se escucharon voces recordando el buen hacer de las Juntas de Obanos, reclamando el derecho de decisión para los navarros y repitiendo el lema de los infanzones, aunque en esta ocasión tanto éstos como los hidalgos fueran excluidos de las reuniones debido a la arbitrariedad mostrada hacia ellos por parte de la Corona, considerada una traición por villanos y labradores.

Orti Ogaiz pensó en su padre por primera vez en mucho tiempo. Durante los últimos años había ocultado su recuerdo en algún recóndito lugar de su memoria. No era bueno hurgar en el pasado, remover las heridas, pero de pronto se le aparecía tan vivo como cuando presidía la mesa familiar en los días de fiesta; lo recordaba entrando en la casa, diciendo sin apenas aliento: "sea la gente libre por la libertad de la patria", el lema de los junteros, y cayendo muerto después; contemplaba horrorizado su cadáver arrastrado por las calles de Estella hasta ser colgado junto a sus hermanos y se veía a sí mismo escarbando con las uñas para cubrir con tierra sus cuerpos desnudos. ¿Cómo era posible que lo hubiera olvidado?

–Madre, ¿por qué murió padre?

Oneka tuvo un sobresalto al escuchar la pregunta de su hijo y Ane dejó de remover el contenido de la olla.

–¿Por qué quieres saberlo después de tanto tiempo?

–¿Por qué, madre? –insistió Orti.

–Por Navarra, por la tierra de sus mayores.

–¿Mereció la pena?

Oneka intentó darse tiempo antes de responder. Eso mismo se había preguntado ella durante todos aquellos años y aún se lo preguntaba. Semeno había muerto de forma innoble, indigna de un hombre honesto como era él, pero con su muerte también acabaron sus penas. Sin embargo, sus hijos, la vida que amaba, su dignidad, ella, fueron pisoteados, la familia cercenada, separada; el pequeño Lucas había desaparecido y tal vez estaba muerto. Demasiadas desgracias en nombre del honor y de la libertad. No pensaba demasiado en ello, no quería hacerlo. Procuraba alejar los malos recuerdos de su mente cada vez que la pena la ahogaba, cuando echaba en falta a Semeno, todos los días desde entonces, cuando veía a su niño alejándose en brazos de un soldado mientras extendía sus bracitos hacia ella, cuando el fantasma de su compañero se le aparecía colgado de la horca... Eran demasiado dolorosos y el único remedio era ahuyentarlos y sustituirlos por otros más dulces, sus noches de amor, el nacimiento de sus hijos, los besos, las risas.

–Era un hombre libre y murió siéndolo –dijo al cabo de un rato–, aunque los perros devoraran su cuerpo.

–No lo devoraron. Yo mismo lo enterré.

Ane se llevó las manos a la boca para reprimir un grito al escuchar las palabras de su hermano, dejando que el cucharón se le cayese al suelo. Oneka se la quedó mirando con tanta ternura que por un momento no pudo reaccionar ante la extraordinaria noticia. Luego miró a Orti, tratando de reprimir la emoción que sentía. Su marido no había sido amortajado, ni enterrado en tierra sagrada, ni acompañado por sus deudos hasta su última morada; nadie había rezado una oración por su alma, ni había encendido la luz de los muertos encima de su sepultura. Los viejos decían que los así fallecidos nunca encontraban la paz, el camino hacia el Más Allá les estaba vedado, sus espíritus erraban en forma de lechuzas o en la de perros de ojos de fuego hasta ser inhumados debidamente.

–¿Lo enterraste?

–Cubrí con tierra el agujero donde los soldados tiraron su cuerpo y los de los tíos en un huerto de Rocamador.

–¿Siguen allí? –preguntó Oneka con un hilo de voz.

–Lo averiguaré.

Al día siguiente, muy temprano por la mañana, Orti se dirigió a los huertos de Rocamador. Habían transcurrido muchos años desde el día en que había cambiado su vida y la de su familia, tal vez ya no recordara exactamente dónde había colocado la piedra marcada con el aspa. A medida que se aproximaba al lugar, le entró el pánico. La maleza, los perros, las pisadas de la gente..., cualquiera hubiera podido recoger la piedra y cambiarla de lugar...

–No tenía que haber dicho nada antes de estar seguro –se reprochó, sabiendo lo que significaba para su madre el hallazgo de los restos de su padre.

Había cuatro horcas enfrente de la iglesia y de ellas pendían los cuerpos medio destrozados de otros tantos ahorcados. El recién nombrado merino de la villa se había tomado muy en serio su trabajo. A pesar de que el castigo era la muerte segura si los pillaban, las casas deshabitadas debido a la peste, muchas de ellas aún con todos sus enseres dentro, eran lugares codiciados por todo tipo de maleantes y también por gentes que lo habían perdido todo. El Concejo estaba decidido a acabar con las rapiñas al precio que fuese. Orti contempló los cadáveres durante un rato, tratando de recordar si aquél era el mismo lugar en el que habían sido ejecutados los tres miembros de su familia. Tuvo que reconocer, desalentado, que no recordaba nada. Se alejó del macabro espectáculo y echó un vistazo alrededor, dispuesto a examinar el suelo palmo a palmo. Entonces vio la chabola en ruinas que le había servido de refugio durante tres días y sus noches. Casi no quedaba nada del edificio, sólo unas cuantas piedras, pero corrió hacia él con renovada esperanza, recobrando la memoria de sus doce años como por encanto. No le costó mucho esfuerzo encontrar la piedra que él mismo había marcado con el cuchillo, se arrodilló junto a ella y la acarició con mano temblorosa.

Antes de regresar a Lizarra, pasó por el escritorio del Concejo y solicitó el permiso correspondiente para exhumar los restos de sus parientes y darles una sepultura decente. El nuevo escribano, el joven llegado de Arroniz, se lo quedó mirando sorprendido, pero no hizo preguntas. Según el documento de indulto que el solicitante presentó, un documento arrugado y sucio en el que apenas podía leerse lo escrito y que él cotejó en su archivo, no había nada que se opusiese a la petición. Le rogó que esperase y salió del escritorio regresando al cabo de un buen rato con el permiso concedido por el alcalde.

Varios días después, una comitiva compuesta por el propio alcalde, un notario, dos enterradores, el mayoral del antiguo poblado y todos sus vecinos, encabezados por el párroco de San Pedro de Lizarra, salió por el portal de San Juan, dirigiéndose al huerto de Rocamador. Una vez allí, se procedió a desenterrar los restos, que fueron envueltos en sendas sábanas de los muertos, trasladados a la iglesia de Lizarra, donde se oficiaron los funerales, e inhumados en la sepultura familiar. Años después de su muerte, se encendía por fin la luz de los muertos sobre la tumba de Semeno Ogaiz y de sus hermanos. Oneka durmió aquella noche de un tirón, agotada por las emociones pero, a la vez, en paz.

Un par de semanas más tarde, Orti ensilló su caballo y fue a unirse a la naciente revuelta contra la imposición real.

Mayo de 1351

La viuda Bertolín había tenido razón. Una vez conjurado el mal, los habitantes de la villa sintieron la imperiosa necesidad de festejar su retorno a la vida. Comenzó a recuperarse la actividad comercial de las viejas calles, se rehicieron los gremios, el Mercado Nuevo volvió a llenarse los jueves, gentes llegadas de toda la Tierra de Estella y de las comarcas limítrofes se asentaron en la población, comprando o arrendando las casas vacías, y peregrinos procedentes de todas partes de Europa cruzaron de nuevo la Rúa. Los clientes entraron en la tienda de paños de doña Aldonza, los mercaderes judíos le suministraron tejidos de lana, fieltro, seda y tafetán, y tuvo que contratar a un mozo para atender el mostrador y a un par de costureras para confeccionar túnicas, corpiños, sayas y calzas. La peste pasó a ser un mal recuerdo, al igual que lo eran las guerras o las crecidas de los ríos que, periódicamente, anegaban las calles y los bajos de las casas. La pañera se sentía con fuerzas suficientes para enfrentarse al porvenir. Si había podido vencer ella sola a la muerte, también podría rehacer su negocio hasta volver a hacer de él uno de los más prósperos de la villa.

Roger, por su parte, había sufrido una transformación sorprendente. Era uno de los escasos supervivientes de la lacra. Interesado por el caso, el nuevo físico del hospital de San Lázaro le rogó se dejara examinar por él. No llegaban a la media docena las personas recuperadas tras padecer los terribles síntomas de la peste negra, así llamada por las manchas oscuras aparecidas en los cuerpos de los infectados. El caso del antiguo lugarteniente era aún más extraordinario porque apenas quedaban en él otros rastros de la enfermedad que un ligero temblor en las manos, un cierto nerviosismo, traducido por un tic en su ojo derecho cuando oía toser a alguien o cuando una persona de rostro doliente se le aproximaba, y la falta de sueño.

–Debe de ser porque no quiero dormir, no vaya a ser que luego no me despierte –bromeó con el físico mientras éste palpaba su cuello, sus axilas y sus ingles.

No le dijo que ya no podía satisfacer a una mujer en el lecho, que la maldita enfermedad había atrofiado sus músculos viriles, imposibilitándole una relación normal. Su impotencia era un asunto privado de él y estaba dispuesto a matar por mantener el secreto. No obstante, había decidido disfrutar sin medida de todo lo demás que la vida pudiera ofrecerle. Había vencido a la muerte y merecía una compensación a cambio de las secuelas dejadas por dicha victoria. Vendió la casa comprada con motivo de sus bodas con María Ibaíñez y se instaló de forma definitiva en la de su madre, algo que doña Aldonza no sólo aprobó, sino que la hizo reconciliase con la vida. Roger adquirió armas y un caballo con el dinero obtenido, presentándose después en Zalatambor y solicitando ocupar su antiguo cargo al consejero real, presente en Estella en aquellos momentos para intentar reorganizar las tropas diezmadas. Al igual que había ocurrido con todos los puestos de la administración, la milicia estaba necesitada de hombres. Roger Bertolín había sido un buen soldado, faltaban hombres experimentados y fue nombrado merino de Tierra de Estella. Ahora más que nunca era preciso poner orden. La situación económica, la peste, la muerte de doña Juana y el nuevo impuesto tenían al pueblo revuelto; una vez alejado el peligro, los linajes de la frontera habían reiniciado sus ataques y la constitución de juntas y hermandades por todo el reino, reclamando olvidados derechos antiguos, no hacían presagiar nada bueno.

–Es deseo del rey que cesen inmediatamente las algaradas, intrigas y conatos de rebelión –le informó el consejero del rey.

–Y así se hará –afirmó el nuevo merino.

Él mismo se encargó de reclutar a sus hombres. Los eligió entre los más duros y feroces, sin importarle su condición u origen, prometiéndoles una recompensa si le servían con lealtad y la peor de las muertes si osaban traicionarlo. Entre ellos los había asesinos y ladrones, pero también labradores y artesanos que habían perdido a sus familias y todo lo que tenían. A ninguno le importaba el futuro, no tenían nada que perder y sí mucho que ganar. Al igual que su jefe, estaban dispuestos a disfrutar al máximo durante el resto de sus vidas. Los había de todas las edades, desde casi niños hasta viejos soldados. Entre éstos destacaban Jacques de San Sansón, el antiguo merino de Estella, caído en desgracia por el asunto de Olgacena, y su hijo, quienes, tras recorrer varias prisiones, habían sido liberados a la muerte de Felipe de Evreux, aunque les había sido imposible recuperar su pasado prestigio. La reina Juana no quería saber nada de las personas implicadas en el ataque a las juderías y había dado orden de que no fueran readmitidas en la administración real. Los San Sansón habían perdido sus bienes y malvivían asaltando a peregrinos y viajeros en la región de Guesalaz. La posibilidad de integrarse en la milicia de la merindad les llegó como agua del cielo. Podrían continuar con sus fechorías sin correr riesgos. A pesar de que el viejo Jacques frisaba los sesenta, su aspecto era el de un hombre mucho más joven y hacía tiempo que había dejado de ser el hombre gordo que recordaba a la gata de doña Aldonza. Roger no tuvo que pensárselo, necesitaba soldados bragados y aquellos dos lo eran sin duda.

Poco tiempo después, la tropa del "francés", como todo el mundo llamaba a Bertolín, se hizo famosa por sus expeditivos métodos a la hora de enfrentarse a los bandidos de la frontera. El grupo recorría sin descanso las tierras limítrofes con Álava, penetrando en éstas si la ocasión lo requería y, si no, también; cabalgaba asimismo por el interior de la merindad, colgando a todo el que pillaba robando o intentando robar y también a los que no hacían ni lo uno ni lo otro, pero mostraban un comportamiento poco amistoso o criticaban sus métodos; se apropiaba de los escasos bienes ocultos por los labradores, a los que sonsacaba el escondite a base de golpes; ultrajaba a mujeres y doncellas sin recato alguno y llegó a robar en las iglesias de algunas poblaciones.

Cuando estaba en la villa del Ega, Roger Bertolín se paseaba siempre acompañado por los dos San Sansón y su sola presencia hacía que las gentes honradas se alejaran o se ocultaran para no cruzarse en su camino; las mesas de las tabernas se vaciaban cuando entraban e incluso las rameras desaparecían de la vista. El hombre altivo pero bien educado había dejado paso a otro de crueldad refinada que gozaba azotando él mismo con un látigo a un simple ratero o marcando con el hierro candente el pecho a una prostituta después de haberla hecho violar por sus hombres de todas las formas posibles. Sin embargo, de vuelta a su casa se transformaba en el hijo que tanto enorgullecía a su madre, quien, al parecer, ignoraba o quería ignorar los excesos de su vástago, por todos conocidos. Los dos se sentaban junto al fuego y hablaban hasta consumirse las velas, se confiaban sus respectivas tareas y juntos continuaban haciendo planes para el futuro en los que entraban un proyecto matrimonial, que aportaría riqueza si no hijos, y la adquisición de un solar para construir un palacio acorde con su nueva posición.

Una noche, al regresar después de varios días de ausencia, Roger encontró a su madre esperándolo impaciente.

–¿Yaciste alguna vez con Ane? –le interrogó ella sin tan siquiera responder a su saludo.

La directa pregunta de doña Aldonza lo pilló por sorpresa.

–Dime, ¿yaciste con ella? –insistió la mujer.

–Sí.

–¿En vida de María?

–¡Madre!

–¡Responde!

–No. Después...

Roger le relató su encuentro con Ane en el convento de las monjas y los meses transcurridos en su compañía hasta el día en que la abandonó en tierras de Álava. No había vuelto a saber nada más de ella desde entonces.

El rostro de doña Aldonza había ido iluminándose a medida que él hablaba, pasando de un gesto nervioso a una amplia sonrisa satisfecha cuando él hubo acabado de narrarle los hechos.

La fiesta en honor a San Andrés había revestido aquel año una importancia especial porque eran muchos los que estaban seguros de haberse salvado gracias a la intercesión del santo. San Pedro de la Rúa había rebosado de fieles, así como las escalinatas, la Rúa y la calle de San Nicolás. El gentío era enorme, pues, además de los habitantes de la villa, se habían acercado otros muchos de las poblaciones cercanas. Doña Aldonza ocupó una plaza en uno de los cuatro bancos colocados para las autoridades en la parte delantera, mientras el pueblo, detrás, seguía en pie la larga ceremonia; no en vano era ella benefactora de la iglesia y la única mujer miembro del importante gremio de los pañeros, patronos de la misma. Contemplaba la larga fila de personas que se aproximaban al altar para besar el relicario con el omoplato de San Andrés, cuando creyó reconocer entre ellas la enjuta figura de Oneka y tuvo un sobresalto. Esperó con la mirada fija en la espalda de la mujer a que ésta se girase e hizo un gesto de contrariedad al constatar que no era ella. Pasó el resto de la ceremonia sin prestar atención a lo que ocurría a su alrededor. La fugaz e irreal visión de su antigua sirvienta la hizo retroceder en el tiempo. ¿Cuánto tiempo llevaba ya sin verla?, ¿cinco, seis años? La última vez había sido durante la peregrinación al santuario. Aún recordaba su sonrisa de triunfo al decirle que se informara sobre las tierras de Lizarra, su mirada orgullosa, su porte de gran señora. Tenía noticias de que el viejo poblado estaba medio deshabitado y probablemente ella también habría desaparecido durante la mortandad, así que de nada le había servido su efímera victoria. Sonrió sin alegría. Si Oneka no la hubiera abandonado, si hubiera continuado bajo su techo, el ángel exterminador habría pasado de largo y aún estaría con vida.

–Preferiste tu miserable casucha en ese barrio de paganos –se imaginó hablando con la mujer que la había servido durante años–. Traicionaste la lealtad debida... Yo te hubiera salvado al igual que salvé a Roger.

Los notables y los miembros del gremio esperaron a que el templo se vaciara antes de salir ellos también. Fuera el gentío se desparramaba por las calles en dirección al puente de San Martín y al de las Berzas. En ocasiones similares se hubiera contratado a uno o más juglares, permitido los juegos malabares o las representaciones escénicas, pero en aquella ocasión el festejo popular se limitó a un acto religioso. No era cuestión de hacer dispendios inútiles. Únicamente se había previsto un banquete en el palacio situado frente a las escalinatas de San Pedro de la Rúa, uno de los mejores y más antiguos edificios del burgo, utilizado para las reuniones de las Cortes, conmemoraciones, visitas importantes y asuntos de gravedad, al que habían sido invitadas una cincuentena de personas representativas de todos los estamentos públicos y de los barrios. A medio descender las escaleras de la iglesia, doña Aldonza se detuvo. Más abajo, en la calle, un vendedor de palos de regaliz y rosquillas de aceite mostraba su mercancía a una mujer y, esta vez no se equivocaba, la compradora era su antigua sirvienta en persona. La pañera se soltó del brazo del jurado que la ayudaba a descender y bajó los escalones recogiéndose la falda para no tropezar.

–¡Oneka!

La mujer se giró sujetando una rosquilla en la mano.

–¡Oneka! –repitió doña Aldonza con la sonrisa en los labios.

Oneka la miró como quien mira a una piedra, sin resquemor, sin expresión alguna, y volvió a girarse para depositar una moneda en la mano del vendedor de golosinas. A continuación hizo ademán de echar a andar, pero doña Aldonza la detuvo asiéndola por un brazo. La pañera ya no conocía a casi nadie en Estella. Sus hermanas, con las que apenas había mantenido relaciones, habían muerto durante la epidemia, también muchos de sus vecinos, los vendedores de hortalizas y la mayoría de sus proveedores judíos. A veces la villa le resultaba tan extraña que le daba la impresión de haber mudado de población. Se alegraba cada vez que veía una cara conocida y Oneka era para ella mucho más que una cara.

–Me alegro de que estés bien –le dijo, soltándole el brazo al notar que la mujer intentaba desasirse.

–¿Tu hijo también está bien? –insistió.

Oneka mantenía la rosquilla entre los dedos, sus ojos iban de la pañera a la rosquilla y de ésta a la pañera, pero no abrió la boca.

–¿Acaso no puedes responder a un saludo con un mínimo de cortesía? –le espetó doña Aldonza perdiendo la paciencia.

–No tengo nada que decir –respondió finalmente la mujer y echó a andar hacia el puente.

–¿Y tu hija? ¿Ya la has encontrado?

Oneka se detuvo al escuchar las preguntas de su antigua ama, se giró y volvió sobre sus pasos.

–Tal vez tú sepas dónde está.

–En una casa de putas, imagino.

–Estás muy segura.

–Los hombres dijeron que conocían un lugar... –doña Aldonza calló súbitamente al darse cuenta de que había hablado más de la cuenta.

–Sabía que había sido obra tuya. Tus padres debieron de engendrarte un Viernes Santo con ayuda del propio diablo.

El tono de voz de Oneka no se había alterado durante el corto diálogo mantenido, aunque sí su mirada. Había pasado de la indiferencia al rencor.

–Era mi propiedad y tenía derecho a hacer lo que me viniera en gana con ella –se justificó la pañera, picada por sus palabras–.

No era nadie y tú tampoco lo eres aunque te des aires de señora; siempre serás una pobre aldeana, mujer de un criminal. No me mires así porque...

–¡Abuela! ¡Te estamos esperando!

La irrupción de un niño de mirada verde como los campos en primavera y largos y ondulados cabellos oscuros dejó estupefacta a doña Aldonza. Por un instante creyó que la vista le jugaba una mala pasada. El chaval era la propia imagen de Roger a su edad.

–¿Quién es? –preguntó recobrando el dominio sobre sí misma.

–Mi nieto –respondió Oneka sin ocultar su orgullo.

–¿El hijo de tu hijo?

La mujer no respondió, pero dirigió instintivamente la mirada hacia un lugar cercano al puente. La pañera hizo otro tanto y estuvo a punto de soltar una exclamación de asombro. Allí, observándolas, se hallaba la joven, ya mujer, que había ordenado fuera raptada por unos hombres y pagado por ello. Seguía siendo guapa, incluso más de como la recordaba, y había cubierto su cabeza con una toca de mujer casada. Sin quererlo se encontró pensando en Roger. Oneka había cogido al niño de la mano y emprendido la marcha.

–¿Cómo se llama el niño? –preguntó antes de que estuvieran demasiado lejos.

No obtuvo respuesta alguna y permaneció en el mismo lugar viéndolos alejarse. El niño se giraba de vez en cuando mientras se comía la rosquilla para mirar a la mujer desconocida con la que había estado hablando su abuela.

Doña Aldonza no probó bocado durante la comida, a pesar de que el Concejo se esmeró en disponer un banquete digno de las grandes festividades, aun teniendo en cuenta la carencia de materias primas. Las personas encargadas de la cocina pusieron todo su empeño para sustituir tradicionales platos de carne y pescado por otros más asequibles en aquellas circunstancias. El potaje de liebre aderezado con vinagre, canela y jengibre, las tortillas de hierbas aromáticas como la salvia, menta, ruda, perejil, hinojo, berro e hisopo, el hojaldre crujiente relleno de carne de res mezclada con higadillos de pollo, almendras y piñones, los pastelillos fritos amasados con harina y manteca y recubiertos de miel, todo ello acompañado con caldos de la tierra, hicieron olvidar los asados, las codornices con avellanas, el relleno de cabrito a la pimienta, la trucha con tocino y salsa de nueces, y las tartas de fruta cubiertas de merengue y caramelo, habituales en los banquetes del Concejo. Pero doña Aldonza no tenía hambre y tampoco atendía a las conversaciones que escuchaba a su alrededor, cada vez más animadas gracias a la comida y a la bebida. No podía dejar de pensar en la criatura salida de la nada, un milagro, que acababan de contemplar sus ojos.

Se arrepintió de haberse dejado llevar por un arranque, confesando, aun sin decirlo, que ella había urdido el rapto de Ane por dos hombres a los que prometió el contenido de la caja de los dineros y pidió que la golpearan para no levantar sospechas. No eran peregrinos a pesar de sus ropas, sino simples facinerosos ansiosos de obtener unos dineros fáciles, dispuestos a abandonar la villa apresuradamente pues el castigo por rapto podía ir desde un despellejamiento en vida hasta la muerte por arrastre, atados a la cola de un caballo por los campos de mieses recién segadas, o el descoyuntamiento de sus miembros en la rueda. Con semejante perspectiva, ella podía estar segura de que saldrían de Estella lo antes posible y no volverían nunca. Tampoco le preocupaba que los pillaran y la acusaran. Su posición, su palabra y el golpe recibido eran garantías suficientes para su salvaguardia. Aquello era agua pasada, lo verdaderamente importante era haber descubierto de forma casual que la hija de Oneka había tenido un hijo y que éste era igual que Roger. Demasiada casualidad a fe de cualquiera.

–Estoy segura de que es hijo tuyo –concluyó nuevamente excitada.

Roger había escuchado el relato de su madre con el pensamiento puesto en Ane. ¿Era posible que se hubiera salvado, que estuviera en Lizarra, a dos pasos de él?

–¿Te das cuenta? Tienes un hijo, un heredero de nuestra sangre. Te juro por la memoria de tu padre que es igual que tú, de eso no hay ninguna duda.

El hombre no la escuchaba. El recuerdo de su manceba abandonada en medio del campo, rodeada de hombres brutales, lo acompañaba de día y de noche, era parte de él e incluso había estado presente durante su enfermedad. Saberla cercana hizo revivir en él sentimientos que creía olvidados, sensaciones que pensaba nunca volvería a experimentar. ¿Seguiría ella siendo una hembra hermosa de vientre plano y caderas anchas o se habría ajado como la fruta madura? La buscaría, le diría que regresó a las campas alavesas y no la halló o que fue llamado a Pamplona por motivos urgentes o que... Pensó con amargura que ya no podría yacer nunca más con una mujer ni sentir sus músculos a punto de estallar de placer, no derramaría su simiente ni engendraría más hijos, y su mirada verde se oscureció hasta adquirir el tono gris y amenazador del cielo los días de tormenta.

–¿Estás bien segura de lo que dices? –interrogó a su madre.

–Lo estoy. Tiene tus mismos ojos y tu cabello, su piel es blanca, es espigado...

–¿Y qué edad tiene?

–No lo sé. Seis, tal vez siete años...

–Mañana iré a Lizarra y lo averiguaré –afirmó él, determinado a ver por sí mismo al niño que tanto había alterado a su madre.

Al día siguiente a primera hora, acompañado por los San Sansón, se presentó en Lizarra y preguntó por los Ogaiz a un labrador que se cruzó en su camino. El hombre señaló con el dedo la casa más cercana a la iglesia y se esfumó a toda velocidad. El merino llamó a la puerta aún cerrada y esperó, tamborileando con sus dedos en la madera. A pesar de estar allí en calidad de amo, de representante de la ley, de uno de los hombres más poderosos de la villa y de la Merindad, no encontró palabras cuando Ane apareció en el umbral. Llevaba el cabello castaño, abundante, brillante, suelto hasta media espalda; su cuerpo, medio oculto bajo una simple túnica atada a la cintura con un cordón de cuero, mostraba una madurez plena y rebosante; su mirada era serena, segura; su piel, extrañamente blanca para una campesina. Roger creyó estar viendo una aparición. No tenía más que alargar la mano para asegurarse de que era de carne y hueso, pero no lo hizo, permaneció mudo, recorriéndola de arriba abajo con la mirada.

La sorpresa de Ane fue paralela a la del hombre, pero por otras razones. Aunque mucho más delgado y de tez amarillenta, perdido el donaire de antaño, reconoció inmediatamente al hombre a quien tanto había amado para luego despreciarlo, y su pensamiento se paralizó aterrorizado ante la idea de que estuviera allí para llevarse a su hijo. Oneka apareció a continuación y Ane se tranquilizó al sentir el cuerpo de su madre cubriéndole las espaldas.

–¿A qué has venido? –preguntó ésta sin amilanarse ante la presencia de los dos feroces guardaespaldas.

La voz de la mujer sacó a Roger de su estupor, devolviéndole el habla.

–Quiero ver a mi hijo.

–Ningún Bertolín vive bajo este techo –respondió Oneka colocándose delante de su hija–. No sé de dónde has podido sacar semejante idea.

El merino quedó desconcertado durante unos instantes. No había olvidado a la antigua sirvienta, sentía hacia ella un afecto casi filial y su tono seguro de voz casi llegó a convencerlo, haciéndole aparecer como un estúpido. Entonces miró a Ane, reparó en sus ojos asustados y en la forma como se frotaba las manos.

–Quiero ver al niño –insistió.

No esperó a que lo invitaran a entrar y penetró en la casa, apartando a las dos mujeres de su camino. Los San Sansón hicieron amago de seguirlo, pero Oneka se interpuso en su camino. A pesar de los años transcurridos, había reconocido al hombre que había colgado a su marido muerto y destrozado su vida y la de sus hijos. Fue tan fuerte el odio reflejado en su mirada que el antiguo merino detuvo su marcha. La mujer penetró en la casa sin dejar de mirarlo y cerró la puerta, dejando a los dos matones fuera.

–¿Dónde está mi hijo? –Roger se encaró a las dos mujeres.

–Ya te hemos dicho que aquí no vive ningún Bertolín –repitió Oneka.

–¿Tienes o no un hijo? –interrogó a Ane, asiéndola por los hombros.

–Sí –respondió ésta, incapaz de negarlo, en un tono de voz casi inaudible.

–¿Dónde está?

–Duerme...

–Tráelo o yo mismo lo buscaré.

Ane miró desesperada a su madre, pero Oneka le hizo una seña afirmativa. Era inútil negarse. Roger lo sabía, se lo habría dicho doña Aldonza y no cejaría hasta comprobarlo por sí mismo. La joven desapareció por una de las puertas que se abrían a la cocina y reapareció al poco llevando a Semeno de una mano. El niño estaba aún dormido y se frotaba los ojos con la otra mano.

–¿Cómo se llama? –preguntó Roger turbado.

La cocina, un espacio que llenaba casi toda la parte baja de la casa, era un lugar oscuro, iluminado únicamente por un candil de aceite y la luz que penetraba por dos ventanas abiertas en el muro para dejar salir el humo del hogar. Roger no podía distinguir el rostro del niño y volvió a sentirse estúpido.

–Semeno Ogaiz –respondió Oneka con firmeza.

–Acércate –ordenó Roger al niño, aproximándose a las aberturas.

El chaval avanzó hacia él, sorprendido por la brusquedad de su despertar, pero sin miedo. Al llegar a su altura, alzó el rostro y clavó en él su mirada verde, dejándolo una vez más sin habla. Su madre tenía razón, era igual que él mismo. No es que recordara cómo era él a los seis años, pero doña Aldonza había hecho pintar su retrato y el de su hermana cuando eran niños a un peregrino francés, pintor de oficio que se ganaba unos sueldos trabajando para la gente adinerada. El retrato lo había acompañado durante toda su vida y se lo conocía de memoria.

–Esta espada, ¿es de verdad? –Semeno señaló el arma con el dedo.

–Sí, claro que lo es...

Roger se sentó en el banco corrido situado bajo las ventanas para tener su cabeza a la altura del niño.

–¿Has matado a algún hombre?

–Algunos...

–¿Eres soldado?

El hombre afirmó con la cabeza. No podía dejar de mirar a su hijo, porque, eso estaba claro, aquel niño era suyo. Sentía una emoción diferente a todas las percibidas a lo largo de su vida al verse allí, hablando consigo mismo, su reflejo, su sangre.

–Os venís conmigo –ordenó, mirando a Ane.

–¿Con qué derecho...?

–Eres mi mujer, la madre de mi hijo, y tu obligación es estar a mi lado.

–Semeno es sólo mío –la ira, la angustia, la desesperación la ahogaban–. Tú me abandonaste, huiste como el cobarde que eres. Yo no soy tu mujer.

–Lo eres, quieras o no, y los dos vendréis a vivir a casa de mi madre.

–¡Antes muerta, bastardo hijo de ramera!

Roger se levantó del banco y alzó la mano, dispuesto a descargar un golpe sobre ella, pero Oneka se interpuso entre los dos y lo miró fijamente a los ojos.

–Escucha, Bertolín, merino de Estella, ésta es nuestra casa y no te hemos invitado a entrar en ella. Puedes matarnos u ordenar que lo hagan esos dos asesinos que esperan fuera, pero ni mi hija ni mi nieto se irán contigo.

La firmeza de la mujer, el tono frío de su voz y, sobre todo, el cuchillo de cocina pinchándole el estómago, hicieron que el rostro del hombre se volviera aún más amarillo de lo que ya estaba. Miró al niño que contemplaba la escena sin entender lo que ocurría, miró a Ane y finalmente a Oneka.

–¡No sabes a quién amenazas, mujer! –dijo al fin–. Volveré y haré que te tragues tus palabras. Apelaré al alcalde, al rey si hace falta, pero mi hijo vendrá a vivir conmigo.

Roger salió de la casa, pensando en la posibilidad de entrar de nuevo acompañado de los San Sansón y llevarse al niño por la fuerza, pero en el exterior se habían reunido todos los vecinos, desde los más viejos hasta los más jóvenes, incluidas varias madres con sus bebés al pecho y el párroco de San Pedro de Lizarra. La noticia de la presencia de hombres armados en el barrio había llegado hasta los caseríos más apartados. A grandes rasgos, todos estaban al corriente de los avatares de los Ogaiz y no estaban dispuestos a abandonar a los miembros de la familia más antigua y respetada del lugar. El merino observó caras serias, miradas en absoluto amistosas, azadas, palos y piedras en las manos, hizo un gesto con la cabeza dirigido a sus dos hombres y emprendió la bajada.

–¡Malditos rústicos! ¡Salvajes analfabetos! ¡Paganos, hijos del diablo!

No dejó de decir imprecaciones en voz alta durante todo el regreso. Doña Aldonza lo esperaba ansiosa. Había oreado y limpiado la habitación de Blanca para aposentar en ella al niño y a su madre, aunque no acababa de agradarle la idea de tener en su casa a Ane. Estaba segura de que su antigua sirvienta le habría relatado su encuentro a su hija y ésta sabría que ella había sido la causante de su desgracia. No sería fácil aguantar sus reproches, incluso si no decía nada, pero lo importante era tener con ella a su nieto. Escucharía de nuevo la voz y las risas de un niño, el pequeño alegraría su vejez, Roger recobraría un poco de paz, todo volvería a ser como antes. Supo que no sería así cuando llegó su hijo solo, jurando en voz alta y amenazando con quemar Lizarra con todos sus habitantes dentro.

–¡La vieja bruja...! –exclamó Roger refiriéndose a Oneka–. Mi mujer y mi hijo habrían dejado aquel poblacho si ella no hubiera estado allí.

–La ley estará con nosotros. Hoy mismo presentarás una denuncia ante el alcalde. El niño es tuyo y la ley ampara a los padres.

–¡Pueden pasar meses!

–¿Estaba allí el hijo de Oneka? –preguntó de pronto doña Aldonza, recordando al hombre de mirada oscura y feroz que ya una vez la había amenazado.

–No lo he visto.

–Entonces no estaba.

–¿Qué tiene él que ver con el hecho de que yo no pueda recuperar a mi hijo?

–Que es un estorbo menos, que allí sólo hay dos mujeres. El alcalde puede tardar, pero nosotros podemos actuar por nuestra cuenta...

–Habrán tomado precauciones...

–Dejemos que se confíen, no hagamos nada durante algún tiempo, que crean que nos hemos limitado a presentar una denuncia. No hay nada mejor que la paciencia para obtener lo que se desea.

Aquella misma tarde, Roger Bertolín redactó una denuncia, reclamando la patria potestad del niño Semeno Ogaiz y entregándosela al escribano del Concejo para que éste la hiciera llegar al alcalde. Al volver a casa se encontró con un mensajero del alcaide de Zalatambor. En nombre de don Carlos, se ordenaba a todos los oficiales del reino disolver las juntas y hermandades de labradores recién creadas y apresar a sus miembros.

Orti Ogaiz se había dirigido a Gares tras abandonar Lizarra, aunque no sabía muy bien por qué razón había tomado semejante determinación. El nuevo impuesto real era injusto, pero él había abonado su parte, ocho sueldos, con las monedas falsas que aún quedaban del envío de Daniel, después de haberlas pisoteado y envejecido de manera conveniente. El recaudador, un hombre bruto y no muy listo, acompañado por dos soldados del castillo, se limitó a pesarlas en la balanza, a echarlas dentro de una caja en la que se mezclaron con otras y a poner una cruz al lado del nombre de la casa. Si alguien averiguaba que estaban trabucadas, no podrían relacionarle con ellas. ¿Por qué razón entonces había decidido lanzarse a una aventura que podía acabar mal? Tal vez, se dijo, la recuperación de los restos de su padre había despertado en él viejas consignas dormidas en alguna parte en su interior. "No se regala la tierra que pisa un pueblo..." La frase escuchada en labios de su progenitor comenzaba a tener un significado después de tanto tiempo. Los reyes regalaban la tierra de los navarros a sus representantes, a los hombres que les servían, a los que querían recompensar. El pueblo tenía hambre y se veía, además, obligado a pagar unos impuestos desorbitados mientras que nobles y clérigos se beneficiaban una vez más de exenciones privilegiadas. No les bastaba con ser ricos y poseer las mejores tierras, también querían vivir a costa del esfuerzo de los pobres.

No tardó en averiguar, a su llegada a Gares, el lugar de reunión de los villanos y labradores: un viejo edificio próximo a la calle Mayor utilizado habitualmente en épocas de bonanza como granero para los excedentes de las cosechas. Era un lugar oscuro, iluminado con candiles de aceite y algunas velas, no aprovechado para su fin en los últimos diez años. Los hombres y alguna mujer allí reunidos estaban en plena discusión cuando penetró en el lugar, ocupando un asiento libre en el último de los bancos de madera colocados en círculo. No eran muchos, unos treinta, pero parecían casi un centenar por el tono de sus voces y la algarabía reinante en el local. La discusión giraba en torno a la necesidad de hacer frente a la imposición real para la que se barajaban desde la simple negativa a pagar hasta la revuelta armada. Orti escuchaba sin participar en la polémica, deseando oír algo verdaderamente interesante que justificase su presencia en aquel lugar, pero el debate sólo giraba en torno al tema del monedaje y él ya lo había pagado. Iba a marcharse, arrepentido de haber perdido el tiempo, cuando una voz detuvo su incipiente gesto de levantarse.

–El asunto es más importante que el simple pago de un impuesto porque tras éste vendrán otros. El nuevo rey, al igual que sus padres, únicamente se acordará de Navarra cuando necesite dinero para gastar en Francia; nos estrujará como a ubres de vaca hasta extraernos la última gota de sangre; levantará levas para apoyar a su pariente, el rey francés, en su lucha contra los ingleses; se aliará con los castellanos y los aragoneses o peleará contra ellos según sople el viento, y mientras, nosotros, el pueblo, seguiremos sudando y muriendo. Los nobles, los hidalgos, los clérigos no sudan trabajando ni mueren de hambre, no producen ni crean, no comercian ni aran las tierras, no podan las viñas ni se ocupan de los ganados. Son parásitos alimentados por nuestro esfuerzo.

Todos los presentes habían enmudecido al escuchar la voz poderosa del hombre. No era alto, ni joven, el tono de su voz no se había alterado durante todo su discurso, pero de su persona emanaba una fuerza poco corriente en un plebeyo.

–¿Quién es? –preguntó Orti en un susurro a su vecino de banco.

–Lope Ezker de Eraso, el sozmerino de la Cuenca de Pamplona.

–No estoy aquí para pediros que os neguéis a pagar el impuesto –prosiguió el hombre en el mismo tono–, sino para que apoyéis la creación de una nueva junta popular similar a la antigua de Obanos; que el rey y los nobles sepan que no pueden manejar a su antojo a los navarros. Si logramos reunir suficientes apoyos, si todos nos unimos, no tendrán más remedio que escucharnos.

–¡Y yo digo que hay que empozarlos a todos, comenzando por ese bastardo francés que se llama nuestro rey! –gritó un hombretón con aspecto de haber pasado muchas horas dándole a la azada.

–¿Pretendes declararles la guerra?

–¡Sí! ¡Cualquier cosa antes que ver morir de hambre a mis hijos!

–Nunca podremos vencerlos. No, al menos, luchando.

–¡Nuestros antepasados ya lo hicieron!

–Éstos son otros tiempos –replicó Ezker de Eraso sin alzar la voz–. Olvidas que más de la mitad de la población ha muerto durante la epidemia y la otra mitad no puede sostenerse en pie. Si nos levantamos en armas, el rey pedirá ayuda a su pariente y también a los reyes de Castilla y Aragón, deseosos de hincarnos el diente, por eso es importante que nos unamos, que hagamos oír nuestra voz.

–¡Tiempo perdido! –gritó de nuevo el hombretón–. Los nobles sólo se escuchan a sí mismos.

–No será así si todos los navarros hablamos con una sola voz –insistió el sozmerino–. Dentro de siete días, el próximo domingo, nos reuniremos en Miluze, cerca de Pamplona. El que quiera unirse a la causa no tiene más que presentarse allí y será bien recibido.

La asamblea se disolvió poco después, quedándose en el local algunas personas interesadas en continuar hablando con Lope Ezker de Eraso. Orti fue uno de éstos. Sabía por propia experiencia, la de su padre, que un levantamiento en desigualdad de condiciones no podría acabar bien, pero la idea de formar una junta era harina de otro costal. Daniel le había explicado la labor realizada durante casi doscientos años por los infanzones reunidos en Obanos, Arteaga o Miluze en contra de los abusos cometidos por la alta nobleza y contra cualquiera que viniera sobre Navarra. Su lema era mantener los fueros, costumbres y privilegios a pesar de que los diferentes reyes franceses por mano de sus gobernadores hubieran intentando hacerlas desaparecer en diversas ocasiones.

–¡Nunca deberíamos haber acudido a la rama francesa de la familia real! ¡Lo pensé entonces y sigo pensándolo ahora!

Una voz de sobra conocida repicó en los oídos de Orti como las campanas de San Pedro de Lizarra llamando a misa. Buscó con la mirada y distinguió las fuertes espaldas de su tío Joanes hablando con el sozmerino de la Cuenca.

–¡Tío! –no pudo evitar gritar, sorprendiendo a los retardados en el viejo granero.

Joanes se giró con celeridad, entornando los ojos para poder ver mejor en la semioscuridad. Después abrió sus brazos para abrazar a su sobrino.

–¿Qué diablos haces tú aquí? –le preguntó, pasadas las efusiones.

–Lo mismo que tú, imagino...

–Éste es mi sobrino Orti –lo presentó al sozmerino–, el hijo de Semeno Ogaiz.

–Conocí a tu padre –dijo Ezker de Eraso, alargándole la mano–. Fue un hombre honesto.

–Y éste también lo es –afirmó Joanes ufano–. Te acompañará en tu viaje de regreso.

–¿Vendrás tú, tío?

–¡No, por cierto! Me he dejado embaucar para venir aquí, pero Gares será lo más lejos que vaya. Ya no tengo edad ni ganas de meterme en aventuras.

–Sin embargo –intervino Eraso–, eres un hombre respetado. Tu presencia en Miluze nos sería de gran apoyo.

–¡No estoy muy seguro de que alguien vaya a hacer caso a un viejo gruñón como yo! De todos modos, Lope, te llevas a mi sobrino. Él hablará por mí. Yo prepararé a las gentes de mi comarca para cuando llegue el momento.

Los tres hombres compartieron la comida, un queso entero, jamón, pan y vino, que el señor de Zudairi había llevado consigo, sentados a orillas del Arga mientras contemplaban a los caminantes cruzar el hermoso Puente de la Reina. El joven escuchaba hablar a los dos veteranos sobre la historia de Navarra, tema éste que le era bastante desconocido, aprendiendo sobre su tierra más en aquellas horas que en toda su vida y maravillándose de que el rudo montañés que era su tío supiera tanto de asuntos antiguos y hablara de reyes y gestas como si fuera un cronista, un escribano o un monje.

–¡Lo fui! ¡Lo fui! –rió Joanes–. Fui monje durante algunos años en el monasterio de Iranzu. Luego murieron mi hermano mayor y otro que venía detrás de mí. Al no haber más varones en la familia, el abad me permitió regresar a mi casa para ocuparme del solar.

–¿Fuiste monje? –Orti no pudo ocultar su estupefacción. Era lo último que hubiera imaginado respecto a su tío.

–Bueno, no lo fui del todo –rió de nuevo–. No había hecho los votos cuando lo dejé y Gasen se encargó de hacerme olvidar que alguna vez vestí los hábitos. Te aseguro que si ahora tuviera que elegir entre ir al cielo después de haber llevado una vida casta y santa en un monasterio o ir al infierno tras gozar entre las piernas de una mujer como tu tía, ¡elegiría esto último!

Fueron unas horas que Orti recordaría como un alivio en su ajetreada vida. El cielo azul brillante no se acababa nunca, la brisa que corría en la orilla del río agitaba suavemente las ramas de los árboles desprendiendo las hojas maduras y la hierba sobre la que se habían sentado semejaba una alfombra de tierras lejanas, de aquellas que los mercaderes exponían en sus puestos para ser adquiridas sólo por personas con una bolsa de dineros digna de un potentado. Nada en aquel remanso de paz recordaba que el reino se desangraba lentamente, que decenas de poblaciones habían quedado desiertas, que las tierras antaño florecientes ya no producían lo necesario para alimentar a sus habitantes. Era agradable gozar de la compañía de dos hombres con mucha vida sobre sus espaldas, experiencias y conocimientos; dos navarros cuyo amor por su lugar de origen casi podía palparse, tan intenso era. Se despidieron a media tarde. Joanes cogió el camino de Urbasa y Lope Ezker de Eraso y él, el de Pamplona, adonde llegaron ya entrada la noche, recogiéndose en la casa del primero, en la calle de la Tejería. Su mujer, Catalina, sus hijos y nietos los recibieron en medio de grandes aspavientos de alegría, por lo cual el más joven dedujo que el sozmerino llevaba mucho tiempo ausente de su hogar.

Orti nunca había estado en la capital del reino y tampoco se había imaginado que algún día pudiera hacerlo. Se paseó por sus rúas y callejas, asombrándose a cada paso de la gran actividad reinante, incluso en una época de crisis como aquélla. Jamás había contemplado un mundo en plena ebullición como era la vieja Iruñea de los vascones, la Pamplona de los romanos, el enclave elegido a lo largo de la historia por guerreros, reyes y señores. La ciudad del Arga era capaz de aturdir a cualquiera que la viera por primera vez. Mercaderes de todas las procedencias, peregrinos llegados por el camino francés, viajeros, artesanos, estudiosos, religiosos, judíos e hidalgos se mezclaban en sus plazas, calles y tabernas con soldados, barberos sacamuelas, vendedores de oropeles, músicos ambulantes, profetas iluminados, prostitutas y mendigos, hablando lenguas diferentes aunque a él le dio la impresión de que todos se entendían. El barrio franco, el de los navarros y el de los judíos estaban separados por murallas, al igual que en Estella; los portales permanecían abiertos y sin vigilancia la mayor parte del día, pero podían verse retenes de soldados por aquí y por allá, y en especial en la zona del castillo y del palacio real. Regresaba al hogar de los Ezker de Eraso cansado pero, a la vez, deslumbrado por tanta actividad.

En la mañana del siguiente domingo, su anfitrión le indicó que había llegado el momento de reunirse con los demás junteros en la torre de Miluze, una vieja casona situada a una milla de Pamplona, a orillas del río, junto al puente de su mismo nombre. El lugar tenía unas connotaciones significativas para los reunidos y, además, se hallaba situado fuera del recinto amurallado lo que permitía una mayor libertad de movimientos. Orti contempló asombrado el gran número de participantes en la reunión, llegados de todas las partes del reino. La mayoría eran labradores, gentes de poblaciones pequeñas, aunque también había representantes de las doce villas. Los junteros llevaban ya algún tiempo reuniéndose, se habían dictado varias disposiciones con el viejo sello de Obanos y nombrado los cargos de sobrejunteros, junteros y capitanes, siendo los sozmerinos de la Cuenca y del Val de Arakil quienes llevaban la voz cantante. Tras escuchar las diferentes propuestas presentadas, la mayoría relacionadas con el nuevo impuesto, y las quejas referidas a los oficiales reales que abusaban de sus prerrogativas, se levantó un acta firmada por todos los presentes, pasándose a continuación a compartir una comida frugal dispuesta en el patio de la casona, en largos tablones sobre caballetes, durante la cual se siguió discutiendo sobre asuntos que a todos incumbían. El ambiente era de camaradería y optimismo, presentarían sus alegaciones al rey y continuarían reuniéndose hasta alcanzar un peso en las decisiones del Consejo real. Las Cortes no suplían su demanda, estaban formadas únicamente por los nobles, el pueblo no tenía voz en ellas.

El otoño estaba siendo suave aquel año y el vino escanciado generosamente hacía de la reunión un encuentro entre amigos. Orti se sentía a gusto, tratado como un igual, escuchando las conversaciones de hombres preocupados por el futuro de su tierra. Lamentó sentir una súbita necesidad que lo obligaba a ausentarse de una interesante conversación mantenida en torno a la exigencia de hacer cumplir los fueros sin modificaciones ni interpretaciones ajenas al sentir de la población y se escabulló hacia el bosque cercano, buscando un lugar tranquilo para evacuar. En ésas estaba cuando escuchó el galope de muchos caballos, seguido de un clamor procedente de la casona, gritos y ruido de armas. Atónito, contempló oculto entre la maleza cómo los soldados del rey cercaban a los comensales, golpeaban a quienes trataban de defenderse o huir y se llevaban a cuatro de los reunidos a rastras hasta un lugar cercano adonde él se hallaba, ahorcándolos sin dilación ante sus aterrorizados ojos mientras el resto era obligado a andar en dirección a Pamplona. El amigo de su tío, el sozmerino Ezker de Eraso, iba atado con una cuerda sujeta a la silla de uno de los jinetes y arrastrado de mala manera. Salió de su escondite, impulsado por un sentimiento de ira, dispuesto a enfrentarse a los soldados, pero, sin apenas darse cuenta, una flecha disparada por una ballesta le golpeó a la altura del pecho y lo hizo rodar por una pequeña pendiente hasta dar con su cara en las piedras del borde del río. Lo último que escuchó antes de perder el conocimiento fue la orden de partida dada por el comandante de las fuerzas reales.

Se despertó cuando ya comenzaba a anochecer. Le dolía todo el cuerpo como si hubiera recibido una enorme paliza y tardó un rato en recuperar la conciencia antes de ponerse en pie. La flecha de la ballesta seguía clavada en su pecho, a la altura de la tetilla derecha, y sólo se le ocurrió reírse de lo absurdo de la situación. Su aspecto le recordaba al de los muñecos de paja utilizados para practicar el tiro con arco. Después cogió una pequeña rama de árbol, se la puso entre los dientes y apretó; con un esfuerzo sobrehumano asió la flecha con la mano izquierda y la rompió con la derecha. Tuvo que sentarse durante un rato para recuperar la respiración. Sintiéndose algo mejor, ascendió por la pendiente y se encontró con un espectáculo desolador. La casona estaba vacía, sus puertas abiertas y sus enseres desparramados por todas partes; los documentos de la Junta volaban arrastrados por el viento y algunos perros asilvestrados comían los restos de la comida. Las lágrimas asomaron a sus ojos, pero no supo distinguir si se debían al dolor producido por la herida o a la desolación que contemplaban sus ojos; cogió una capa con capucha abandonada, enganchada a un matorral, y se cubrió con ella la cabeza y el cuerpo, dirigiéndose después hacia Pamplona y penetrando en la ciudad a través del portal de la Judería, aún abierto a pesar de ser ya casi de noche. Se introdujo en la ciudad encogido y murmurando unas jaculatorias aprendidas en su niñez, de forma que los guardas lo tomaron por un mendigo peregrino, y, aparte de algún insulto, nadie lo molestó. Entonces se percató de que estaba solo. No podía ir a la casa de los Eraso porque habría soldados en ella y tampoco conocía a nadie más en Pamplona. El temor a ser descubierto, a desangrarse en medio de la calle, lo llevó hacia una zona oscura, deambulando durante largo rato sin saber hacia dónde dirigirse. Desconocía el lugar, el dolor era cada vez más insoportable y tampoco transitaba nadie por aquellas callejas estrechas y poco iluminadas. Al torcer una esquina se tropezó con un hombre vestido de negro a quien tomó por uno de los alguaciles del barrio e instintivamente echó mano al puñal, dispuesto a vender cara su vida.

–¡No creas que podrás hacer conmigo lo que has hecho con mis compañeros! –gritó con la mirada turbia.

–¿Orti? ¿Orti Ogaiz? –preguntó una voz tras unos momentos de silencio.

–¡Antes te sacaré las tripas para que los perros se las coman!

–¿Estás herido?

–¡Maldito esbirro del poder! ¡Has colgado a cuatro hombres justos como si fueran criminales!

–No, yo no...

–¡Sean los hombres libres! –gritó antes de caer en brazos del hombre vestido de negro y perder el sentido.

Cuando despertó estaba en una habitación extraña, de paredes encaladas; casi no podía abrir los ojos y sentía un temblor sacudiéndole el cuerpo de arriba abajo. Oía voces, pero no entendía lo que decían; quería moverse, pero sentía sus músculos pesados e inertes, como si estuviera atado. Un par de sombras se inclinaron sobre él y creyó llegado su fin. En su delirio se mezclaban la imagen de su padre y la de los cuatro hombres de la Junta de Miluze colgados de sendas sogas atadas a las ramas de los árboles del bosque, los cuerpos destrozados de los ejecutados en Rocamador, los cadáveres de los apestados, los flagelantes azotándose las espaldas desnudas, las bocas abiertas y los vientres hinchados de los niños hambrientos. Quería gritar, salir de la horrible pesadilla, morir. Las dos sombras, al igual que aves de rapiña, continuaban inclinadas sobre él. Notaba sus manos tocándolo, clavando sus garras afiladas en su carne herida, dispuestas a sacarle las entrañas.

–¡Resiste, compañero!

La voz llegada de las sombras logró mantener durante días el débil lazo de unión que aún lo ligaba a la vida. Cuando finalmente cesaron los temblores y abrió los ojos, creyó tener una alucinación. Un débil rayo de luz penetraba por un ventanuco, reflejándose en la pared encalada, y un hombre joven completamente desnudo se frotaba el cuerpo con un paño que mojaba en el agua de una palangana posada sobre un arcón. Cerró los ojos y volvió a abrirlos. La alucinación continuaba lavándose. En el muslo izquierdo, cerca de la nalga, podía apreciarse con toda claridad una mancha violeta en forma de pera. No lograba apartar la mirada de la marca, tratando de recordar. En eso el joven se volvió y sonrió al verlo despierto, acercándose al lecho que, al parecer, habían compartido.

–Mi buen amigo, mis padres y yo hemos temido por tu vida –le oyó decir–, pero eres un navarro tozudo y la muerte tendrá que esperar otra ocasión para llevarte con ella.

–¿Quién eres? –preguntó él con dificultad. Tenía el paladar y los labios secos.

–Me llamó Andrés, Andrés Ortiz de Unzu. Yo también estaba en Miluze –añadió el joven y aclaró–: Estuve sentado a tu lado durante la comida.

Orti cerró los ojos intentando pensar. En efecto, recordaba al muchacho que se había sentado a su lado. Le había divertido el entusiasmo con el que se expresaba, pero no recordaba que le hubiera dicho su nombre. Andrés se había colocado una camisa recién planchada, pero la marca de su muslo continuaba visible y no pudo evitar mirarla.

–Esa marca en tu pierna...

–¡De nacimiento! –rió el joven, dándose una palmada en el muslo–. Mi madre dice que no era época de peras, pero que ella se pasó los últimos meses de la preñez deseando comerse una.

No hablaron mucho más en aquella ocasión. Cada palabra le costaba un gran esfuerzo. Lo vio vestirse las calzas, colocarse un sayo de buen paño y calzarse unas botas de piel, despidiéndose después con un gesto de la mano. Una mujer entrada en años entró al rato y lo obligó a tomar un cuenco de caldo antes de quedarse nuevamente dormido. Durante los días que duró su convalecencia, allí estaba Andrés cada vez que él abría los ojos. Incluso de noche, pues dormía a su lado, en el enorme lecho. Escuchaba su respiración cadenciosa, tranquila, joven, pero no podía dejar de pensar en la marca vista por casualidad. A medida que recobraba las fuerzas, recuperaba igualmente la memoria y su nuevo amigo llenaba las lagunas. Supo así que otros cuatro hombres de Miluze habían sido colgados en la Plaza del Mercado de Pamplona como escarmiento para todos los que pensaran en seguir su ejemplo y cuestionar el gobierno real. El sozmerino del Val de Arakil fue también ahorcado y Lope Ezker de Eraso, despeñado. El joven rey, Carlos II, había dejado bien claro que no permitiría injerencias en los asuntos del poder. Había dado además orden de perseguir, encarcelar o multar a cualquiera que hubiera tenido que ver con el asunto y de que se clavara en lugares bien visibles una lista con los nombres de los huidos y simpatizantes a la causa.

–¿Estoy yo en la lista? –preguntó Orti al escuchar la última información.

–No lo sé, pero sí se sabe que han torturado a los junteros presos y éstos han dado los nombres de muchas personas a lo largo y ancho del reino. Yo no firmé el documento pues fui a la reunión acompañando a un amigo. Era uno de los ahorcados en la Plaza del Mercado. –Andrés apretó las mandíbulas antes de proseguir–. Mi amigo no abrió la boca y nadie ha venido en mi busca.

–Yo sí lo firmé, así que también estaré en la lista... ¡y mi tío Joanes de Zudairi! –exclamó súbitamente preocupado–. ¡Tengo que ir a avisarle!

–Iremos en cuanto te repongas.

–¿Iremos? ¿Y tus ocupaciones?

–No hay ocupación más importante que ayudar a un amigo –replicó Andrés con un énfasis que a Orti le recordó a su propio padre–. Además me vendrá bien ausentarme durante algún tiempo. Hoy por hoy, nadie está muy seguro aquí.

Tres semanas después de ocurridos los hechos de Miluze, dos hombres vestidos al modo de los mercaderes salían de Pamplona montados en un carro tirado por un caballo percherón en dirección a Estella, dejando la villa del Ega a su izquierda y prosiguiendo su camino hacia Zudairi. El carro iba repleto de los más diversos objetos: loza, pieles curtidas, monederos de piel, telas de Chantilly, zapatos, bonetes y hasta bastones tallados.

–¿Es esto con lo que comerciamos? –preguntó Orti a su amigo a punto de soltar una carcajada. La mayoría eran, a su parecer, objetos inútiles.

–Te asombraría saber lo bien que se venden todas estas cosas –respondió Andrés, riendo también–. Mi padre y yo las vendemos a buen precio y nos va bien.

El joven se giró para agitar la mano en señal de despedida a sus padres, que los habían acompañado hasta el camino, y Orti hizo otro tanto. Martín Ortiz de Unzu y su mujer, Isabel, respondieron al saludo. Luego vio al hombre echar el brazo por encima de los hombros de su esposa y apretarla contra él. Notó la preocupación en sus semblantes y algo más, miedo. Agitó nuevamente la mano y les sonrió.

Durante los últimos días de su estancia en Pamplona, había compartido todas las horas del día con alguno o todos los miembros de la reducida familia. Los padres de su salvador eran gente sencilla. Habían hecho de su pequeña vivienda un lugar acogedor, casi ajeno por completo al mundo exterior, y se desvivieron para que su estancia entre ellos fuera lo más agradable posible. La propia Isabel se encargó de curarle, suturarle y coserle la herida producida por la ballesta.

–Aprendí de mi madre –dijo con toda simplicidad para justificar su buena mano–. Estas cosas no se olvidan una vez aprendidas.

–¿Sois nacidos en Pamplona?

–No. Martín nació en Tafalla y yo soy de Lerga, en el valle de Aibar.

–¿Conocéis Estella?

–Sí –intervino Martín–. Vivimos allí hace más de veinte años, pero luego nos vinimos a Pamplona. Fue en la época de la falta de rey y aquella población estaba muy revuelta.

–Yo soy de Lizarra, el barrio más antiguo de Estella.

El hombre y la mujer intercambiaron una mirada rápida al escuchar sus palabras, pero no preguntaron nada. Eran personas ya mayores, ancianas para ser más exactos, y el joven Andrés, calculó Orti, tendría unos veinticuatro años de edad.

–Dios quiso bendecirnos con un hijo cuando ya no esperábamos tener ninguno –le respondió la mujer cuando él hizo un comentario sobre la gran diferencia de edad entre ellos y Andrés.

Notó, sin embargo, una especie de recelo en el tono de su voz, un pequeño temblor en la mano que le servía un cazo de sopa.

–¿Y esa marca que tiene en la pierna?

–Un antojo de embarazada –respondió Martín con una sonrisa confiada.

–Es extraño...

–¿Qué? ¿Lo de la marca? ¡Qué va! Yo mismo tengo una.

Diciendo esto, Martín se arremangó la camisa y mostró un lunar, más grande de lo normal, en su antebrazo.

–Mi madre me decía que soñaba con ciruelas cuando me llevaba. ¡Menos mal que no soñó con calabazas! –añadió entre risas.

–No... Es extraño el hecho de que yo tuviera un hermano pequeño con una marca exactamente igual.

A Orti no se le escapó la mirada intercambiada por la pareja. Vio zozobra en la del hombre y angustia en la de la mujer.

–¡Sí que es extraño! –exclamó Andrés, ajeno al instante de tensión creado por las palabras de su nuevo amigo–. ¿Qué le ocurrió?

–Murió... durante la peste –respondió Orti sin dejar de mirar a Martín e Isabel.

–¿También tenía la marca en el muslo?

–No. La tenía en un brazo.

Notó que sus anfitriones se relajaban, pero por el gesto agradecido de Isabel, quien se aprestó a servirle otro cazo de sopa aunque aún no hubiera limpiado el plato, supo que ella sabía lo que él intuía. A partir de ese momento, observó a Andrés con otros ojos y, cuanto más lo observaba, más aspectos familiares encontraba en él, gestos, ademanes que le recordaban el ceño y la mandíbula de su padre, el perfil de su madre, la risa de Ane, su propia fortaleza. Después de tantos años, la fortuna le había deparado el mejor de los regalos, había encontrado al miembro perdido de los Ogaiz, pero sus sentimientos estaban divididos. Una parte de él deseaba abrazar a su hermano, darse a conocer, llevarlo de vuelta a Lizarra, al regazo de Oneka. Sin embargo, ¿cómo destrozar la vida de las buenas personas que lo habían prohijado? Martín e Isabel adoraban al muchacho y él respondía a su afecto, eso estaba claro, eran los únicos padres conocidos, los que lo habían cuidado, habían velado por él en su infancia y lo necesitaban en la vejez. Decidió no pensar en el asunto hasta hablar con su madre porque, eso también estaba claro, no permitiría que ella viviese sin saber que su hijo pequeño se había hecho hombre.

El camino hacia Urbasa le trajo dulces recuerdos de sus años mozos. Había sido feliz en aquellos parajes a pesar de las desgracias. Robles, hayas y castaños habían perdido sus hojas y el suelo estaba cubierto por un tapiz multicolor de ocres, naranjas y amarillos que crujía, aplastado por las ruedas del carro. El silencio los sorprendió al llegar a Zudairi. Tardaron en darse cuenta de que no se habían cruzado con nadie en las proximidades de la pequeña población, tampoco se escuchaban los ladridos de los perros, ni los gritos de los pastores azuzando a los rebaños. Incluso las aguas del Urederra y los pájaros parecían haber enmudecido.

–Algo raro ocurre... –comentó Orti preocupado.

Continuaron avanzando hasta alcanzar la loma sobre la que se asentaba la casa-torre de los Periz de Zudairi y lo que vieron les heló la sangre. De la gran haya, orgullo de sus propietarios, colgaban cuatro cuerpos ennegrecidos por el fuego que había devorado la vieja casona y aún humeaba entre los escombros. Orti se bajó del carro sin esperar a que Andrés detuviese el caballo y corrió hacia el árbol para comprobar, desesperado, que, en efecto, los cuerpos eran los de su tío Joanes y sus tres primos. Permaneció largo rato contemplándolos, incapaz de reaccionar ni de sentir, de aceptar lo que sus propios ojos veían. Andrés había llevado el carro a un lugar apartado ocultándolo a la vista desde el camino. Después se aproximó a su amigo y le pasó el brazo por encima del hombro. El contacto pareció devolver a éste a la realidad y un profundo suspiro se escapó de su pecho.

–Los mataré –dijo finalmente Orti en un tono helado de voz–. Sean quienes sean los que hayan hecho esto, juro por mis antepasados que los mataré.

Entre los dos descolgaron los cadáveres del árbol y los dejaron con cuidado sobre la tierra cubierta de hojas, envolviéndolos después en las telas de Chantilly que llevaban en el carro y disponiéndose a cavar una fosa para enterrarlos. Como si su llegada hubiera despertado a los habitantes del valle, poco a poco fueron apareciendo en el lugar hombres, mujeres y niños que se habían escondido a la llegada de una partida de hombres armados. El cuerpo de Gasen fue encontrado poco más tarde, junto al camino del río. Estaba desnuda y había sido degollada. Su nuera, la mujer de Otxoko, y sus nietos se habían salvado por hallarse visitando a unos parientes en Eulate.

Al llegar la noche, Joanes y su familia fueron enterrados bajo el haya que los había protegido a lo largo de sus vidas, testigo de su felicidad y también de su martirio. Junto a ellos se depositó un pequeño cuenco de arcilla repleto de monedas de plata a modo de ofrenda para que pudieran pagar su viaje al Más Allá, en torno a la tumba se encendieron cuatro grandes hogueras para alumbrar su camino y el sonido de la dulzaina llegó hasta las cumbres más altas de las sierras de Urbasa, Andía y Aralar. El valle de Ameskoa despedía a la manera de los ancestros a los miembros de la familia más antigua del lugar.

–¿Quién ha sido? –preguntó Orti en voz alta antes de que los congregados se dispersaran.

Un momento de silencio siguió a la pregunta. Las gentes se miraron asustadas, temiendo decir el nombre del culpable, al observar el rostro del hombre iluminado por las llamas de las hogueras que se reflejaban en sus ojos, el cabello revuelto, la cara y las manos cubiertas de tierra. Muchos aseguraron tiempo después haber visto con sus propios ojos al mismísimo *Inguma*, señor de las profundidades y de las tinieblas.

–El merino –dijo por fin un joven armándose de valor.

–¿El merino de las Montañas?

–No. El de Tierra de Estella.

Con las primeras luces del alba, Orti y Andrés montaron en el carro, abandonando el valle y encaminando el caballo hacia Estella. No hablaron durante todo el trayecto, a pesar de que, de vez en cuando, el joven intentó sacar al mayor de su abstracción. Orti no desvió la mirada del camino, los labios prietos, los puños cerrados, incapaz de pensar, sentir ni comprender.

La inesperada llegada de los dos hombres a la casa de los Ogaiz produjo tal conmoción en Oneka y Ane que a poco estuvo de quemarse el potaje de verduras que hervía en la olla. La visita de Roger Bertolín las había amedrentado de tal forma que apenas abandonaban la vivienda, habiendo enviado a Semeno a vivir con María, la viuda del pastor, convencidas de que allí estaría más seguro. Orti las dejó hablar, que le explicaran lo ocurrido, su temor, su desesperación al no saber cómo localizarlo. Después les relató las muertes de sus parientes. Oneka palideció de dolor al conocer el terrible final de su hermano y de su familia, acarició el rostro de su hijo, se echó la sobrefalda por encima de la cabeza y se encaminó cuesta arriba hacia el santuario.

–Déjala –dijo Orti a Ane cuando ésta hizo ademán de seguirla–. Ella es ahora la única rama viva del tronco de sus padres. Necesita estar sola.

Oneka llegó hasta la pequeña iglesia caminando sin prisas y penetró en ella. El lugar estaba silencioso y oscuro. Sólo la imagen santa aparecía iluminada por un soporte de velas medio agostadas. Aproximándose al altar, se detuvo a la altura del banco utilizado por las autoridades en las grandes solemnidades y se sentó en una esquina del mismo, fijando su mirada en el rostro de la imagen. La había visto en muchas ocasiones, siempre rodeada de frailes, fieles e incienso, pero ahora estaban allí las dos solas, dos mujeres de pueblo, contemplándose mutuamente.

Estaba cansada. No sabía cuánto tiempo más podría aguantar. Eran ya muchos los sufrimientos soportados a lo largo de su vida. ¿Cuántos más habría de padecer? Cada mañana le costaba más levantarse y por las noches añoraba el sueño que no llegaba, esperando olvidar. Se sentía como una pajilla flotando sobre las aguas de un río caudaloso o una simple hoja agitada por el viento, mecida, transportada de un lado para otro sin voluntad propia. Debería haber muerto el mismo día que Semeno. Ahora estaría compartiendo su tumba y su vida en el Más Allá. Era absurdo nacer para sufrir. El dulce rostro de la Virgen sosteniendo al Niño sobre su regazo parecía querer insuflarle la fuerza necesaria para seguir adelante, al tiempo que le reprochaba sus lamentos. Estaban Orti y Ane, y también el pequeño Semeno. ¿Qué hubiera sido de su pobre hija si ella no hubiera estado a su lado cuando sólo era una niña? Su mente voló al hermoso valle en el que había nacido. También hasta allí había llegado la maldad de los hombres destruyendo, matando, quemando la creación de Dios. Las lágrimas rodaron por sus mejillas al recordar a su hermano y a su cuñada. Ella y sus hijos compartían su techo y su comida tan sólo unos meses antes. Eran personas nobles y buenas, y ahora estaban muertas.

–¿Quieres confesar tus pecados?

Entre las sombras del templo emergió la negra figura de un fraile de cabeza rapada y hábito polvoriento.

–¿Qué pecados? –preguntó sin mirarlo.

–Todos tenemos algo de que arrepentirnos.

–Yo tengo mucho de que arrepentirme –repitió ella con voz fatigada–, pero no son pecados. Son cosas que debí hacer en su momento y no hice.

–Pecado de pereza...

–Más bien de cobardía.

Oneka se levantó del banco, dirigiéndose después a la puerta. Antes de salir se giró. El fraile continuaba en el mismo lugar.

–Debí haber matado con mis propias manos a los bastardos que han hecho un infierno de mi vida y la de mi familia –dijo sin alterarse.

El fraile se santiguó al escuchar sus palabras, extendió la mano derecha en un gesto para retenerla, pero ella ya había abandonado la iglesia. Oneka se dirigió al hayedo cercano, aproximándose al viejo árbol que ocupaba el centro del bosquecillo, dio tres vueltas a su alrededor, se abrazó a él y cerró los ojos para absorber su energía. Se mantuvo durante largo rato abrazada al tronco, la mejilla apoyada en la corteza rasposa, respirando el olor de su madera, protegiéndose bajo sus ramas. Se sentía renovada al emprender el regreso, fuerte como las raíces de la vieja haya, apaciguada y serena.

Aquella noche, Orti retuvo a su madre junto al fuego cuando Ane y el joven visitante se retiraron a dormir. Asiendo sus manos entre las suyas, le habló en voz baja y tranquila, narrándole su aventura de Miluze, sin omitir el posible peligro que aún corría, su herida y la acogida recibida en el hogar de los Unzu. Su voz se hizo susurro al relatarle el descubrimiento de la marca en forma de pera en la pierna del joven, su nombre poco habitual, el mismo que el del santo de Estella, la edad de sus padres, su paso por la villa en la época de la revuelta y, sobre todo, el miedo reflejado en sus rostros al sentirse descubiertos. Calló. Su madre permaneció en silencio durante tanto rato que creyó que no le había escuchado, pero, finalmente, recuperó sus manos, se levantó del asiento y cogió el candil.

–Quiero ver esa marca con mis propios ojos –fue todo lo que dijo antes de echar a andar hacia el cuarto de su hijo.

La habitación era pequeña, vacía de cualquier clase de ornamentación. Dos catres y un arcón para la ropa era todo el mobiliario. Oneka se aproximó al catre en el que el joven dormía con un sueño profundo, cansado por el viaje, y lo contempló tratando de descubrir en aquel rostro de incipiente barba algún rasgo de la criatura de un año desaparecida de su vida de forma tan cruel. Después retiró la manta de lana que lo abrigaba y recorrió su cuerpo desnudo hasta hallar el antojo en su muslo izquierdo, cubriéndolo de nuevo y saliendo de la habitación seguida por su hijo.

–¿Y bien? –inquirió éste, preocupado por su reacción.

–Es él.

–Mañana le diremos...

–No le diremos nada –le interrumpió su madre–. Me basta con saberlo vivo y en buena salud. Sus padres son las personas que lo han criado. Dices que son ancianos. Tal vez Dios me dé a mí más vida que a ellos, entonces lo llamaremos y yo lo besaré por cada día que ha permanecido alejado de mis brazos –añadió, repitiendo la promesa hecha a sí misma durante todos aquellos años.

La última imagen que Oneka vio antes de quedarse dormida fue la de la madre con su niño en brazos sonriéndole desde su pedestal en el santuario.

Dos días más tarde, el joven se despidió de los Ogaiz. Debía regresar a Pamplona, les dijo, sus padres lo necesitaban y él se sentía inquieto lejos de ellos, eran mayores y no se perdonaría jamás estar ausente en caso de que algo les ocurriera. Prometió no obstante mantenerse en contacto con sus nuevos amigos. Orti le hizo jurar por la memoria de sus antepasados que así lo haría y el joven lo juró, algo extrañado por su vehemencia. Oneka lo abrazó, reteniéndolo durante unos instantes junto a su cuerpo.

–Cuídate y regresa a vernos –dijo antes de dejarlo marchar.

Permaneció sobre el camino hasta que el carro y su ocupante desaparecieron de su vista y sonrió. Por fin, su tronco, el de Semeno Ogaiz, tenía todas sus ramas.

Unas semanas más tarde, otra sorpresa vino a alterar la vida de la familia Ogaiz. Un buen día, a media tarde, Daniel Ezquerra, el querido Daniel, apareció en Lizarra organizando una pequeña revolución al declarar que volvía para quedarse. No venía solo, lo acompañaba su hija, una niña algo menor que Semeno, de grandes ojos negros y cabello largo y ondulado. Era seria, tal vez demasiado, no había nada que se escapase a su mirada inquisidora y era capaz de mantenerse quieta y atenta observando a los mayores e imitando todos sus gestos. Los dos niños simpatizaron en cuanto se conocieron.

–¿Y Blanca? –interrogó Orti.

El rostro de Daniel se contrajo en una mueca de dolor.

–Ella y el hijo que esperábamos murieron durante la epidemia –se limitó a responder.

La peste había llegado a Tudela arrasando barrios enteros, cristianos, judíos y musulmanes. La población de la judería había quedado reducida a menos de la mitad, sus habitantes habían ido cayendo como moscas en un día húmedo y caluroso, siendo los primeros los más débiles y las mujeres embarazadas.

–Mi corazón llora contigo por su pérdida.

–Soporté la muerte de mis padres y soportaré la de Blanca porque son muchos los buenos recuerdos que me acompañan. No creo que haya habido en este mundo dos seres tan felices como lo fuimos nosotros. La felicidad absoluta, querido amigo, es algo casi imposible de alcanzar. Quien ha tenido la dicha de gozarla aunque haya sido sólo durante un breve espacio de tiempo ha de dar las gracias durante el resto de su vida. Además..., me queda Zuria, la niña más hermosa del mundo, dulce como su madre y...

–Trabuquera como su padre... –le interrumpió Orti con ironía.

–Todo se andará, todo se andará... –rió su amigo.

La casa de los Ogaiz se llenó de vida con la presencia de los recién llegados. El pequeño Semeno volvió a su hogar. Ahora que había dos hombres, sería más fácil velar por él y evitar que Roger Bertolín se lo llevara, algo que todos sospechaban haría en cuanto se le presentase la ocasión. Los dos niños, el uno travieso y la otra tranquila, se habían hecho grandes amigos y se perdían cada dos por tres por los múltiples recovecos de la casona. Los mayores oían sus risas y olvidaban lo peligroso que podía ser el merino de Estella. Orti roturó sus tierras y sembró en ellas ajos, habas y guisantes. También adquirió, mezclando monedas buenas con otras trabucadas, una vaca y dos terneros, media docena de gallinas y un gallo, algunos conejos y dos cachorros de perro algo crecidos a los que llamó Azkarra y Beltza en recuerdo a los bravos animales muertos a saetazos por los mismos hombres que habían asesinado a sus dueños. Pasaba varias horas al día educándolos, enseñándoles a atacar a una orden suya, utilizando a tal fin los guantes de cuero que el merino había dejado olvidados en la casa después de su inesperada y abrupta visita. Bertolín se llevaría una sorpresa desagradable si intentaba acercarse sin avisar.

Daniel, por su parte, había engordado un poco y se había dejado crecer la barba. Vestido como un labrador, en nada recordaba al antiguo caballero francés de cuya misteriosa desaparición ya nadie hablaba. La peste había barrido las memorias. Bajaba todos los días al centro de la villa y se paseaba a la caza de noticias sobre los perseguidos de Miluze por las garlandas del Mercado Nuevo y del Viejo, los lugares más poblados y transitados de Estella. Media docena de hombres habían sido detenidos, siendo liberados poco después tras ser condenados a pagar unas multas cuantiosas cuyo montante fue recaudado en secreto entre los mercaderes y labradores que habían apoyado la constitución de la Junta. Constató, con gran alivio, que no se mencionaba el nombre de su amigo por ningún lado y que tampoco estaba entre los que aparecían en una lista de perseguidos clavada en diferentes lugares de la población. Osó, incluso, acercarse al burgo, paseándose por la rúa de las Tiendas y la de San Nicolás y sintiendo un pellizco en el pecho al pasar por delante del comercio de paños. Doña Aldonza atendía en aquel momento a unos clientes y él pudo contemplarla a su gusto. No había cambiado en todo aquel tiempo, pensó. Seguía vistiendo de manera impecable, cada pliegue de su falda, cada bordado de sus puños y cuello, cada doblez de su toca permanecían inalterables a los movimientos; daba órdenes a dos dependientes y controlaba el negocio como un comandante a su ejército. Pero la piel de su rostro se había apergaminado, la nariz y los pómulos sobresalían como aristas y su cuerpo semejaba una rama seca. Sintió lástima por ella. A fin de cuentas, él había sido el causante de la marcha de su hija y de parte de su ruina. ¿Cuál sería su reacción de saber que tenía una nieta viviendo en la casa de sus antiguas criadas? Recordó luego la forma en la que aquella mujer había tratado a la madre y a la hermana de su único amigo, su avaricia, su tiranía, su forma de alienar a Blanca, y decidió que las cosas estaban bien como estaban.

La vida parecía haber tomado un rumbo tranquilo, el reino estaba en calma y el clima hacía presagiar, por fin, una buena cosecha para los meses siguientes. Los dos amigos, sin embargo, no habían olvidado. Ocultaron a Oneka y a Ane la identidad del culpable de las muertes de sus parientes. Bastante tenían ya con saber que Bertolín conocía la existencia de su hijo. Permanecían junto al fuego cuando las mujeres y los niños iban a acostarse, hablando en voz baja para no ser oídos y tratando de planear el mejor medio para acabar con la bestia y sus secuaces. Daniel lo había visto en un par de ocasiones, una en la calle y otra en una taberna.

–Va siempre acompañado por dos matones –informó a Orti–, antiguos soldados con aspecto feroz. Al parecer son padre e hijo, su nombre es San Sansón.

–¿San Sansón? ¿Jacques de San Sansón ? –preguntó éste alterado.

–Creo que sí...

–¿No recuerdas?

–¿El qué?

–Era el merino de Estella cuando ahorcaron a mi padre y también cuando los exaltados asaltaron Olgacena.

–No puede ser el mismo.

–¿Por qué?

–Han pasado ya más de veinte años...

–Veinticuatro, para ser exactos.

La nueva revelación los dejó momentáneamente perplejos. El asunto tomaba ahora un cariz diferente. Ya no se trataba de vengar la muerte de los tíos y primos de Zudairi, sino también la del propio padre de Orti y la de todos los judíos asesinados. Respecto a este último punto, aún le quedaba la duda a Daniel de que el antiguo merino hubiera tenido algo que ver en el ataque y al día siguiente se acercó a Olgacena. No lo había hecho durante su estancia anterior, cuando era el caballero Blanc du Pont du Mercy et de la Chartreuse, ni tampoco desde su llegada en esta ocasión. Tenía miedo de sus propias emociones, de sentir la llamada de la sangre. En Tudela, Blanca y él habían vivido como judíos porque era la forma más segura de estar a salvo; habían alquilado una casita, vecina a la de uno de sus tíos, y tratado de pasar inadvertidos, pero vivir en Estella era diferente. A veces, antes de dormirse, veía a los cristianos apedreando, degollando, violando, prendiendo fuego a las casas, aullando obscenidades. Estaba seguro de que volvería a verlos en su mente cuando pusiese los pies en la judería y no quería pasar de nuevo por ello. Era un hombre pacífico que abominaba la violencia y se había hecho el firme propósito de no dejarse influir por la terrible experiencia de su juventud, construyendo su propio mundo, rodeándolo de altos muros, de forma que únicamente contadas personas tuvieran acceso a él. Aun así, había cosas en la vida que no podían y no debían quedar impunes. La justicia divina, el castigo a los malvados y el premio a los buenos, predicados por rabinos y frailes, lo dejaban frío.

El barrio tenía mejor aspecto que unos años antes, volvía a ser un lugar limpio, de casas pintadas y flores en ventanas y puertas; sus habitantes ya no miraban hacia el suelo al caminar y olía a especias y a aceite frito; las tiendas mostraban de nuevo los géneros más diversos y escuchó arrobado una antigua nana sefardí cantada por una mujer mientras bordaba un mantel de lino, sentada a la puerta de su casa. No pudo evitar sonreír al constatar con cuánta facilidad el ser humano olvidaba la aflicción, lo cual, por otra parte, era el único medio de seguir adelante. Continuó caminando, tarareando la canción cuya letra iba recordando poco a poco:

Durme, durme, kerido ijiko,
Durme sin ansia ni temor
Sierra tus chijos ojikos
Durme, durme kon savor.

–Esa tonada me la cantaba mi madre cuando yo era un niño. Es muy hermosa, sí señor.

Daniel se detuvo al escuchar la voz y miró a su alrededor. Tardó unos instantes en reparar en un hombre de cabellos y barba canos que aprovechaba el sol de la mañana, sentado en una silleta de lona junto al muro de una vivienda, y se acercó a él.

–Buenos días, abuelo –saludó, sentándose a su lado, sobre el suelo.

–Que Yahvé te bendiga, hijo, por dedicar unos momentos de tu tiempo a un pobre anciano. Todos hoy en día tienen mucha prisa, corren, no se detienen. Total, para nada. Cuanto menos se lo esperen, y si tienen suerte, se verán como yo, sentados al sol esperando el final. No te conozco –añadió, cambiando de tema–. ¿Eres nuevo en Olgacena?

–En realidad, estoy de paso. Voy de un lado para otro arreglando rotos –respondió Daniel con una sonrisa, recordando lo que Orti solía decir de él.

–¿Y tu familia?

–No tengo a nadie.

–Es triste no tener a nadie.

–Lo es.

Permanecieron en silencio, dejándose acariciar por los rayos del sol. Se estaba a gusto allí, pensó Daniel, sentado en el suelo, contemplando el paso de las gentes que, en efecto, parecían tener mucha prisa.

–Dime, abuelo, ¿estabas aquí cuando ocurrió aquello? –preguntó finalmente, recordando el motivo de su presencia en la judería.

–Nunca he salido de Olgacena.

–Cuéntame...

–¿Por qué? ¿Para qué quieres saberlo? Es malo remover el pasado, trae amargura y dolor, endurece los corazones, hace florecer el odio y verter de nuevo las lágrimas.

–Mi padre era amigo de..., de Samuel Ezquerra, el platero.

–Ah, Samuel..., un buen hombre. Casi todos lo eran, los hombres, las mujeres, los niños...

El anciano emitió un profundo suspiro y apretó los labios al tiempo que miraba al cielo. Daniel esperó un rato y se dispuso a levantarse al ver que el hombre no parecía interesado en proseguir la conversación, pero volvió a sentarse cuando éste comenzó a hablar.

–Samuel murió y también su mujer, Orobita. Fueron degollados. Tenían un hijo, más o menos de la edad de mi nieto Joshuá, un chaval muy listo –sonrió orgulloso–. No se encontró al muchacho, probablemente desapareció carbonizado entre los restos de su casa.

A Daniel le hubiera gustado hacerle mil preguntas sobre sus padres, cuya imagen se iba desdibujando en su memoria con el paso del tiempo. Ellos habían conocido al hombre y probablemente él mismo también; algo en el semblante del viejo le era familiar, aunque no lo recordara. Sería la primera vez en todos aquellos años que podría hablar con alguien sobre ellos, pero no quería sentir ninguna emoción. Sólo estaba allí para saber.

–¿No intervinieron las milicias de la villa? –preguntó tratando de mostrarse curioso en la distancia.

–Únicamente unos pocos hombres al mando del alcalde, mayorales, alguaciles y algunos jurados. Los soldados permanecieron encerrados en el castillo. Llegaron demasiado tarde, cuando todo había pasado. Días después, el merino dejó un retén de treinta y cinco hombres durante dos meses por si acaso se reproducía el ataque... ¡Cómo iba a reproducirse si ya no quedaba nadie ni nada que atacar!

–El merino...

–Un hijo de víbora, Jacques de San Sansón, que olvidó o quiso olvidar que su obligación era velar por todos los habitantes de Estella, no sólo por los cristianos. Se le enviaron mensajes pidiendo ayuda, pero se hizo el sordo. Fue encarcelado por los nuevos reyes, pero, como siempre pasa, ahora andará por ahí tan tranquilo si Yahvé no lo ha enviado ya al infierno para que arda al igual que él permitió que ardieran tantos inocentes.

El sol se había desplazado, quedando ambos hombres en la sombra. El anciano se estremeció aunque Daniel no supo si debido al fresco vientecillo otoñal o al doloroso recuerdo. Lamentó haber provocado este último, pero, se dijo una vez más, necesitaba saber. Lo vio recoger la silleta de lona, dispuesto a penetrar en la casa y él también se levantó del suelo.

–Una cosa más, hijo –le dijo antes de desaparecer por la puerta–. La voluntad de Dios es misteriosa e incomprensible para los seres humanos, así que: "Depón el rencor y aplaca la ira, no te irrites, pues será peor; porque los que obran mal serán exterminados, mas los que esperan en Yahvé heredarán la tierra". No lo olvides, Daniel Ezquerra.

–¿Cómo sabes mi nombre? –preguntó atónito.

El hombre rió antes de hablar.

–Soy viejo, pero tengo buena vista y buena memoria. Tus manos son finas, más propias de un argentero que de un labrador; te has interesado por algo que aquí todos prefieren olvidar, has mencionado el nombre de alguien que me fue muy querido y, además –añadió emocionado–, eres la viva imagen de tu madre Orobita, mi querida hermana pequeña. Que Yahvé te bendiga y guíe tus pasos.

Daniel tardó un rato en reaccionar. Trataba de hacer memoria. La familia de su padre era numerosa y también lo era la de su madre. Le costaba recordar a todos los tíos, tías y primos que se reunían de vez en cuando con motivo de alguna fiesta familiar. Su madre llevaba el nombre de los Leví antes de casarse y era la más pequeña de doce hermanos y la única mujer.

–Somos como las doce tribus –solía decir divertida–. ¡Las doce tribus de Olgacena!

Todos los tíos Leví llevaban nombres de personajes importantes de la historia de Israel: Abraham, Jacob, Juce, Moisés, Aarón, Yosué, Samuel, Saúl, David, Salomón, Eleazar..., pero, en el caso de su madre, la abuela Oroceti se había enfrentado a su marido y a la familia de éste que deseaban para la niña un nombre con connotaciones históricas como Sara, Lía o Esther, y había logrado su propósito, llamarla Orobita. Era un capricho de parturienta según opinión de la familia política, pero logró salirse con la suya.

Daniel sonrió. Le pareció estar escuchando la alegre voz de su madre narrándole las historias de la familia.

–¡Tío Abraham! –gritó, penetrando en la casa.

Cuando regresó a Lizarra encontró a su amigo sentado a la puerta de su casa, envuelto en una manta para cobijarse del frío que comenzaba a dejarse sentir.

–¡Me tenías preocupado! –refunfuñó éste al verlo llegar por el camino.

–¿Por qué?

–Podría haberte ocurrido algo...

–He estado en Olgacena.

Orti lo miró con atención. Pocas veces, por no decir ninguna desde hacía tiempo, hablaban del pasado. Los últimos acontecimientos, sin embargo, habían reabierto heridas nunca curadas y temía que ello afectase a su querido compañero.

–San Sansón no intervino en el ataque –le informó Daniel–, pero tampoco hizo nada para evitarlo ni acudió cuando se le avisó.

–Es por tanto tan culpable como los demás.

–O más, porque su obligación era mantener el orden y no permitir que unos locos exaltados, o lo que fueran, mataran a sus semejantes.

–¿Estás bien?

–Sí.

Daniel sintió un deseo imperioso de abrazar a su amigo, su hermano. No era persona que expresase fácilmente sus sentimientos por temor a ser vulnerable, pero en aquellos momentos necesitaba sentirse querido. A pesar de su afirmación, la visita a su antiguo barrio y el reencuentro con su tío y su familia, hijos y nietos, sí le habían afectado. De pronto se había visto rodeado por fantasmas salidos del olvido, llegados del pasado. Nombres, caras, fechas... tan reales como una vez lo fueron. Había recuperado parte de su memoria, comido albóndigas de verduras y carne, coliflor aliñada con aceite, vinagre y piñones, y tortitas de miel. También había rezado con sus familiares o, más bien, había seguido las oraciones de los demás, repitiéndolas de forma mecánica, y uno de los nietos de su tío había cantado una canción infantil que estuvo a punto de romper su entereza.

–Quédate con nosotros –le rogó el anciano a la hora de la despedida.

–No puedo, pero volveré.

–Espero estar aún con vida para verlo –reflexionó Abraham en voz alta.

–Volveré pronto –afirmó de nuevo, aun sabiendo que había muy pocas posibilidades de que así fuera.

Abandonó la judería con una sensación amarga en el alma. Después de tanto tiempo había vuelto a ser parte de su familia durante unas horas, pero sabía que nada podría ser igual que antaño. Continuaba huérfano, tan sólo era un ser humano intentando sobrevivir y, tal vez, esta constatación lo hacía sentirse más indefenso todavía.

–En cuanto al merino y a sus perros... –continuó Daniel.

Los ojos de Orti se achisparon como cuando bebía algo más de la cuenta.

–¡Mataremos a los dos bastardos! –exclamó animado–. ¡A tu merino y al mío! ¡Dos cerdos en la misma pocilga! ¡Vayamos ahora mismo a por ellos!

–Nos colgarán por asesinato...

–¿Y qué más da? Habremos hecho un favor al mundo desembarazándolo de dos bestias sarnosas. Acuérdate de los tuyos y también de los míos.

–Y tú acuérdate de tu madre, de tu hermana y también de Semeno; yo he de pensar en Zuria. Si morimos, ¿quién se ocupará de ellos?, ¿quién velará para que nada malo les ocurra?

–¿Pretendes acaso que olvidemos?

Orti estaba desconcertado y, al mismo tiempo, furioso.

–No. Sólo te digo que no debemos arriesgarnos. Hay otras formas de acabar con ellos. Tendremos que buscar otro medio. Tal vez menos vistoso, pero igual de eficaz.

–Pues, ya me contarás..., pero ¡date prisa!

–¿Qué es lo que más aprecian hombres como ellos? –preguntó Daniel, respondiendo él mismo a su pregunta cuando el otro se alzó de hombros–. El poder, querido amigo, sentirse superiores a los demás, dominar, ordenar, disfrutar de privilegios... Una vez que lo han probado no hay nada que les provoque una sensación más reconfortante, mueren en vida si lo pierden.

–San Sansón lo tuvo una vez y ¡ahí sigue!

–Harán lo posible por conservarlo –prosiguió Daniel sin hacer caso al tono airado de su compañero–. ¿Qué mayor triunfo que atrapar a uno de los cabecillas de Miluze, uno que logró escapar y prepara otra revuelta en secreto?

–¿De qué diablos hablas? Acabaron con ellos en un santiamén y pasará mucho tiempo antes de que a alguien se le ocurra volver a intentarlo, ¡si es que hay quien lo intenta otra vez!

–Pero eso no lo saben Bertolín ni sus dos cancerberos. Están tan ansiosos por demostrar su valía que creerán cualquier cosa que nosotros queramos que crean. San Sansón anhela recuperar el favor real y el hijo de la pañera quiere llegar a obtener un título nobiliario.

–¿Cómo lo sabes?

–No es difícil imaginarlo en el caso del primero, y en cuanto al bastardo de mi... cuñado –Daniel pareció darse cuenta por primera vez del hecho de que él y el merino habían sido cuñados–, mi querida Blanca me habló más de una vez sobre sus ambiciones.

–Sigo sin entender muy bien adónde quieres llegar.

–Les haremos saber que tú, Orti Ogaiz, hijo de un rebelde ajusticiado, estabas en Miluze y escapaste de la encerrona.

Les haremos creer que estás formando una nueva junta, soliviantando a los labradores, tramando algo contra la Corona.

–¡Estás loco! –rió Orti.

–¡Caerán en la trampa! –rió también Daniel–. ¡Ya lo verás!

Pocos días después llamaron a la puerta de la casa de los Ogaiz a última hora, sobresaltando a sus ocupantes. Los dos amigos indicaron por señas a las mujeres y a los niños que se escondieran, cogieron sus cuchillos, ocultándolos bajo las camisas, y abrieron la puerta. Fuera, cubierto de polvo, se hallaba un desconocido que a Orti le recordó a alguien visto en algún lugar.

–¿Qué buscas aquí? –preguntó de manera abrupta, intentando, mientras, hacer memoria.

–Soy Juan de Araia...

–¿Y qué?

–¿Están en esta casa Ane y el niño? He venido para...

–Para largarte antes de que cuente hasta tres.

Orti había sacado veloz su cuchillo y lo sujetaba firmemente contra el estómago del visitante.

–¿No me recuerdas? –preguntó el hombre sin inmutarse–. Nos conocimos antes del invierno.

–¡Juan!

Ane había salido del escondite y se precipitó hacia la puerta, quitando a su hermano de en medio y asiendo las manos del recién llegado. Los dos se miraron sonrientes, al parecer, felices de encontrarse.

–Hola, Ane.

–Pero... –Orti no acababa de aclararse–, ¿quién diablos es este tipo?

–Juan de Araia, el sobrino de Corbarán.

–¿No te acuerdas? –preguntó de nuevo el hombre–. Me tumbaste en el suelo cuando viniste a Egino la última vez.

Recordó al joven inexperto, el que iba para fraile, del cual su tío el banderizo había hecho burla.

–¿Y qué haces aquí? –le preguntó sin tenerlas todas consigo.

–Ya te lo he dicho, he venido a ver a Ane y a Semeno. Llevo andando todo el día.

El niño apareció entonces y se lanzó en los brazos del hombre dando gritos de entusiasmo. Orti los contempló durante un rato. La alegría pintada en los rostros de los tres, las miradas cómplices de los dos adultos y el cariño que mostraba el niño no dejaban lugar a dudas. Entre ellos había algo más que simple amistad.

–¿Pensáis seguir ahí fuera dando gritos? ¡Todo Lizarra va a enterarse!

Esperó a que hubieran entrado y cerró la puerta, no sin antes echar un vistazo al exterior para asegurarse de que no había nadie espiando la casa.

La velada se alargó algo más aquel día. Los Ogaiz preguntaban y el de Egino respondía a todas sus preguntas mientras apuraba un buen cuenco de sopa, calentando su estómago vacío después de la larga caminata. Daniel lo contemplaba atentamente en silencio. Juan de Araia era más joven que ellos, era bien parecido y había adquirido buenos modales y un habla correcta durante los años pasados en el monasterio.

–¿Hablas occitano? –le preguntó finalmente.

–No, pero sí latín y romance navarro y castellano, si puede servirte de algo...

–Seguro que sí.

Orti miró a su amigo con ojos interrogantes, pero Daniel se limitó a mirarlo a su vez y a sonreír.

Dispusieron en el granero un colchón de paja que las dos mujeres cubrieron con lienzos y mantas para el descanso del viajero. Cuando ya todo estaba en silencio en la casa, Ane se levantó sigilosamente de la cama que compartía con su madre y los dos niños y salió del cuarto. Oneka sonrió en la oscuridad al escuchar sus pasos subiendo la desvencijada escalera que llevaba al desván. Ojalá su hija lograra al fin ser feliz, pensó, abrazando a su nieto que dormía con la cabeza apoyada en su pecho.

El hombre bien vestido, garnacha hasta media pantorrilla, calzas y sayo marrones, camisa bordada y capa negra de buen paño, de cabello castaño claro cortado por encima de las orejas y un fino bigote sobre el labio, se quitó el sombrero, inclinándose casi hasta el suelo antes de hablar.

–Me llamo Pedro Martínez de Berrio, secretario personal del señor Joan de Conflant –dijo en perfecto romance, sin el deje habitual en las personas que utilizaban continuamente la vieja lengua de los vascones–. Busco al sire Roger de Bertolín, merino de Estella.

Doña Aldonza quedó tan asombrada ante la presencia en su comercio de un personaje de la Corte que tardó un rato en responder. Joan de Conflant había sido el gobernador del reino durante los últimos años en ausencia del rey y, aunque había sido cesado de su cargo pocas semanas antes, continuaba ocupando un puesto prioritario en el gobierno y su nombre era, además, de sobra conocido en toda Navarra.

–Mi hijo se halla en estos momentos ausente de Estella –respondió, al cabo de unos instantes, aclarando a continuación–: Anda a la búsqueda de rebeldes.

–¿Sabéis cuándo regresará?

–No, me temo que no.

–Es una lástima –dijo el caballero, en apariencia defraudado–. Era importante lo que tenía que decirle.

–Si es un mensaje escrito, podéis darme a mí el documento y yo se lo entregaré en cuanto regrese...

–Es un mensaje, en efecto. Se trata de algo extremadamente confidencial y he hecho un largo viaje para venir a verlo.

El señor de Berrio se pasó la mano por el cabello y chasqueó la lengua.

–¿Podríais ser tan amable de darme un vaso de agua? No he bebido ni comido nada desde hace horas y debo regresar cuanto antes a Pamplona.

–Honrad mi casa con vuestra presencia, caballero –doña Aldonza apenas cabía en sí de gozo.

–No desearía en modo alguno ocasionaros molestias.

–¡Será un verdadero placer, monseñor!

La pañera se apresuró en despedir a los dos dependientes hasta el día siguiente. No se fiaba de ellos y nunca los dejaba solos en la tienda. Si tenía que salir, los hacía salir a ellos también y cerraba la puerta con llave, ordenándoles esperar en la calle hasta su vuelta y tomar buena nota de los encargos que pudiera haber durante su ausencia, pero aquel día no volvería a abrir, así que los mandó a su casa. El caballero era una persona importante y algo le decía que también lo era el asunto que lo había llevado a Estella en busca de su hijo. Roger no le perdonaría que lo dejara partir sin antes haber averiguado la razón de su presencia y el mensaje a él dirigido. Hizo entrar al visitante en la vivienda, dándose entonces cuenta de que no había en ella ningún lugar adecuado para recibir a alguien tan importante y pidiéndole disculpas por verse obligada a introducirlo en la cocina.

–La cocina es el corazón de la casa, señora. Os ruego me tratéis como a un hijo –replicó él con una sonrisa, acabando de conquistarla.

Poco después estaban sentados en el banco de mesa abatible dando buena cuenta de dos hermosas chuletas que la mujer guardaba en la fresquera a la espera de que Roger apareciera en cualquier momento y bebiendo de una pequeña barrica de vino, como si se hubieran conocido de toda la vida.

–Decidme, don Pedro, ¿es cierto que su alteza el rey aún no se ha acostado con su esposa?

–Está obligado a esperar –rió él con elegancia– mientras la reina juega con sus muñecas.

–¿Tan joven es?

El señor de Berrio pasó a contarle que la nueva reina de Navarra, doña Juana, hermana del rey de Francia, tenía tan sólo ocho años de edad, que los esponsales se habían llevado a cabo en una ceremonia por todo lo alto, banquete incluido, y que, finalmente, don Carlos y su esposa se habían acostado vestidos en una gran cama, ante testigos, limitándose el recién casado a rozar la pierna de la novia para dejar constancia de que ya eran marido y mujer.

–Después, nuestro monarca acabó la noche junto a *mademoiselle* de Lugny, la cual ya tiene edad más que suficiente para conocer varón –acabó, acompañando sus palabras con una sonrisa pícara.

Continuó hablando acerca de la moda en Pamplona, las tocas de influencia francesa portadas por las mujeres, los cotilleos sobre las disputas entre el rey y el obispo de la ciudad, y otros asuntos que hicieron las delicias de doña Aldonza. Respondió también a todas sus preguntas, dándole amplios detalles y añadiendo algunos comentarios irónicos sobre los escotes de las damas, los zapatos puntiagudos de los caballeros y las calvas de algunos consejeros, que se hacían confeccionar pelucas con pelo verdadero para disimularlas.

–En cuanto al asunto que me ha traído hasta aquí –dijo el hombre al cabo de un par de horas en un tono grave de voz–, creo poder confiar en vos.

–Estad seguro de ello, señor de Berrio –afirmó la viuda, dispuesta a jurar por lo más sagrado.

–Escuchad pues con atención y repetid mis palabras a vuestro hijo en cuanto regrese. El señor de Conflant tiene prevista su venida a la villa de Estella para entrevistarse con un representante del rey de Castilla. Las conversaciones serán secretas y nadie deberá estar al corriente. Ambos señores viajarán de incógnito y se alojarán en el castillo como simples soldados. No obstante... –el hombre pareció dudar antes de proseguir–, sabemos que existen algunos elementos subversivos. Tememos que puedan intentar una acción desesperada y...

–Proseguid, os lo ruego.

Doña Aldonza no podía reprimir su emoción al verse receptora de confidencias de tan alto nivel.

–Seguro que estaréis al corriente de lo acontecido hace poco en el lugar llamado Miluze, donde fueron apresados y ejecutados varios cabecillas rebeldes –la mujer afirmó con la cabeza–. No todos lo fueron; uno, muy importante, escapó y se halla aquí en estos momentos.

–¿Aquí?

–En Estella. Si llegase a sus oídos la presencia de los representantes de los dos reyes, sería capaz de cualquier cosa. Su padre ya fue ejecutado por rebelión hace unos cuantos años y él se ha tomado el asunto como algo personal.

–¿Y cómo se llama ese sujeto?

–Orti Ogaiz.

Doña Aldonza se llevó la mano a la boca, horrorizada, al escuchar un nombre que conocía demasiado bien. Al mismo tiempo, una puerta se abría a sus esperanzas. No habría ya impedimento alguno para que su nieto fuera a vivir con Roger y con ella. Ninguna autoridad permitiría al niño crecer en un nido de víboras rebeldes.

–Ese hombre vive en Lizarra –dijo, presa de un gran nerviosismo.

–Lo sabemos.

–Pues detenedlo.

–Veréis, señora, lo que de verdad nos interesa no es sólo acabar con él, sino también con otros que lo siguen. Si lo detenemos, levantaremos la liebre y estaremos como antes. La razón de mi presencia aquí es pedir a vuestro hijo que se encargue personalmente de su vigilancia, al menos hasta después de la entrevista entre el señor de Conflant y el representante castellano. Os ruego encarecidamente le hagáis llegar esta orden firmada por mi señor.

Al decir esto, el caballero extrajo un papel doblado en cuatro y sellado con lacre de uno de los grandes bolsillos de su garnacha y se lo tendió.

–Ahora he de marcharme. He de estar en Pamplona antes del toque de cierre de los portales –añadió.

Doña Aldonza lo acompañó hasta el puente de San Martín, donde se despidieron, lo vio alejarse en dirección a las caballerizas de San Francisco y regresó después a su casa. Había dejado el pliego doblado encima de un arca y lo cogió trémula de emoción. El lacre reproducía el sello del rey de Navarra. El futuro de su hijo, el de su nieto y el de ella misma se hallaba encerrado en aquel pedazo de papel. ¡Ojalá Roger volviera pronto!

El caballero llegó hasta el convento de San Francisco, pero en lugar de coger la vereda en dirección a las caballerizas, cruzó la Carrera Luenga y ascendió por uno de los cantones que llevaban a Lizarra. Al llegar a la casona de los Ogaiz, penetró en ella y lanzó su hermoso sombrero de fieltro al aire.

–¡Hecho! –exclamó.

Orti y Daniel sonrieron satisfechos, mientras Oneka y su hija se lo quedaban mirando sorprendidas. No habían visto a Juan de Araia en todo el día y los dos hombres se habían alzado de hombros al preguntarles sobre su paradero.

–¿De dónde has sacado esas ropas? –inquirió Ane contemplándolo atónita. Nunca lo había visto vestido como un caballero.

–Nuestro amigo siempre consigue lo que se propone –respondió con una sonrisa, señalando a Daniel.

Les había llevado varios días preparar el plan. La llegada de Juan había sido una bendición inesperada. No deseaban poner a nadie al corriente de sus intenciones, era un asunto peliagudo y cuantas menos personas estuvieran al tanto, mejor, pero no era fácil para ellos dos solos y podían ser reconocidos. El joven de Egino era un perfecto extraño y, como bien había apreciado Daniel en su primer encuentro, tenía buen aspecto y mejores modales. Adquirió para él ropa a medida en casa de un sastre en el barrio de Dona Lamborc y lo dejó en manos del barbero, quien lo transformó en un perfecto cortesano. También dedicó un montón de horas a falsificar la supuesta carta del antiguo gobernador y a fabricar un sello real copiado de una de las listas de forajidos. De esto último se encargó Orti, quien la sustrajo de un tablón colocado en la plaza de San Juan, después de esquivar a la patrulla nocturna. La falsificación no era exacta pues el sello impreso en la lista no estaba muy visible, pero la firma de Conflant, sin embargo, era claramente legible. De todos modos, estaba seguro de que Roger Bertolín no se molestaría en comparar ninguno de los dos si Juan hacía bien su trabajo y lograba convencer a la madre del merino haciéndola, de alguna manera, su cómplice.

–¿Por qué te has vestido así? –preguntó a su vez Oneka muy extrañada.

–Madre, no preguntes.

Al escuchar la frase favorita de Orti, la mujer estuvo segura de que preparaba algo en compañía de sus dos compañeros y sintió miedo. Temía que la relativa tranquilidad en la que los suyos volvían a vivir después de tanto tiempo se evaporase como el humo. Casi parecían ya una familia normal, no muy diferente a otras cuyas existencias transcurrían apaciblemente y sin sobresaltos. Sabía, no obstante, que el peligro continuaba pendiente sobre sus cabezas. En cualquier momento Roger podría aparecer de nuevo y llevarse a Ane y al niño. También sospechaba que su hijo conocía la presencia en la villa del ejecutor de su padre, aunque no hubieran hablado de ello en ningún momento y ella tampoco le hubiera informado de su presencia en Lizarra acompañando al merino. Orti tampoco se había referido a la identidad de los asesinos de sus parientes de Zudairi, pero ella había escuchado comentarios en la calle sobre las batidas por los alrededores, las ejecuciones, las deportaciones, y no era necesario ser muy perspicaz para ir atando cabos y llegar a una conclusión. Tal vez debería rogarle que se ausentara de la villa, regresara a la frontera y no arriesgara su vida. ¿Qué podrían hacer tres hombres contra el poderoso merino de Estella? Caerían abatidos antes de darse cuenta. Fue a hablar, pero entonces recordó a su marido. Él y su hijo eran iguales y de nada valdrían sus palabras.

–No temas, mujer –le había dicho Semeno antes de salir de casa el nefasto día en que regresó a ella para morir–. Será cosa de unas pocas horas.

Los dos, padre e hijo, eran optimistas por naturaleza e igualmente incautos. Dos piedrecillas en medio de un camino de rocas. No quiso hacer a Ane partícipe de sus conjeturas. Si estaba equivocada, mejor para todos. De lo contrario, más valía no hacerla sufrir. Sin embargo, no perdió de vista a los tres hombres durante los días siguientes. Los observaba hablar en la huerta trasera, bajo un gran fresno sobreviviente de la sequía y las heladas, y espiaba sus idas y venidas, temiendo verlos desaparecer en cualquier momento. Una mañana no acudieron a comer las migas de leche del desayuno a la hora acostumbrada. Alertada, abrió la puerta del cuarto en el que dormían Orti y Daniel. Los catres estaban vacíos. Subió presurosa las escaleras del desván: la cama de paja estaba intacta. Ninguno de los tres hombres había dormido allí aquella noche. Respiró profundamente durante varios minutos, el tiempo que le llevó recomponer su rostro crispado, y bajó de nuevo con la sonrisa en los labios, dispuesta a atender las labores de la casa y a no dejar que Ane y los niños sospechasen el terror que sentía en aquellos momentos.

Roger Bertolín regresó a Estella una semana después de la visita del supuesto emisario de la Corte. Su madre lo esperaba ansiosa por contarle lo ocurrido y entregarle la misiva que el caballero había depositado en sus manos con plena confianza. Roger leyó el mensaje y luego lo volvió a leer en voz alta para complacer a doña Aldonza, que se moría de ganas por conocer su contenido. El señor de Conflant le comunicaba la fecha de su llegada en el más estricto de los anonimatos, "desconocida por las autoridades de la villa en aras de una mayor seguridad", señalaba en el escrito; le informaba, en efecto, sobre la importancia de vigilar al prófugo Orti Ogaiz en todo momento y en el mayor de los secretos, y prometía, de forma velada, una recompensa en forma de designación especial acorde con el resultado.

–¡El título nobiliario es tuyo! –exclamó la mujer, exultante, abrazándolo con efusión.

–Es una encomienda como otra cualquiera para un soldado –adujo él, no queriendo echar las campanas al vuelo antes de tiempo.

–Sabes que no lo es. Te han elegido para un asunto ignorado por el alcalde, el preboste y los demás notables porque confían en ti. Esa designación especial que menciona el mensaje no puede ser otra cosa que un título de nobleza.

–Ya veremos, madre. Ya veremos...

En el fondo estaba tan convencido de ello como doña Aldonza, pero no le pareció de buen gusto mostrarlo. Pasó toda la noche pensando en la mejor manera de espiar los movimientos de Ogaiz hasta dar con su guarida de reuniones y pillar a todos los exaltados de un solo golpe. ¡Qué gran victoria sería ésa! Después del asunto de Miluze, el rey había enviado mensajeros por todos los pueblos de Navarra dando a conocer las ejecuciones y prohibiendo la creación de nuevas Juntas, a menos que no fueran por motivos religiosos o con fines caritativos. Si atrapaba al rebelde y a sus secuaces, serían declarados reos de alta traición y ejecutados. Un escollo menos en su camino para lograr que su hijo y la madre de éste fueran a vivir a la casa de la calle de San Nicolás. Aunque no pudiera satisfacer a Ane, le daba igual. Su ardor sexual había desaparecido debido a las secuelas de la enfermedad y lo único que quería era tener una familia propia. La mujer tendría que acatar sus deseos para poder seguir teniendo al niño a su lado. De nuevo veía la luz en el negro futuro vislumbrado meses atrás. Una vez desaparecido Ogaiz, nada se interpondría en sus planes. Recordó las palabras de Oneka y se rió. La pobre vieja no podría hacer nada contra él. Ya era poderoso y aún lo sería mucho más en cuanto enviase al infierno al bastardo de su hijo.

Al día siguiente organizó un cerco de espías para mantenerse continuamente informado sobre los movimientos del rebelde. Los hombres elegidos eran fieles y no hacían preguntas. Sólo puso en conocimiento de la misión a sus dos lugartenientes, Jacques de San Sansón y su hijo, Ives. Cuando llegara el momento, ellos tres solos se encargarían de atraparlo a él y a sus cómplices. A buen seguro se trataría de una cuadrilla de desarrapados, labradores ignorantes de las artes de la guerra, fáciles de derrotar. Hizo oídos sordos a los avisos que le llegaban de la frontera, donde los linajes habían reanudado sus correrías por las tierras navarras vecinas, centrándose únicamente en la presa que le proporcionaría los ansiados privilegios, y hasta olvidó su interés por los asuntos de Estella. Pamplona estaba a un tiro de piedra, era la Corte y mucho más importante que la villa mercadera del Ega.

Un par de semanas más tarde, sus hombres le informaron de que la víspera habían podido observar un movimiento inhabitual en la casona de Lizarra. Varios hombres habían sido vistos entrando y saliendo de ella e, incluso, uno de los espías había escuchado un "mañana es el día" en boca del propio Orti Ogaiz al despedir a uno de sus visitantes. Esa misma tarde, un joven soldado del castillo le hizo entrega de un mensaje a su nombre. Reconociendo el sello real, lo rompió y leyó su contenido. El señor de Conflant le informaba de su presencia en Estella, indicándole que, al día siguiente, justo después del Ángelus, mantendría una reunión en el palacio del burgo, el que se hallaba enfrente de las escalinatas de San Pedro de la Rúa, ordenándole que velara para que nada perturbara el importante encuentro. No mencionaba al representante castellano, aunque tampoco hacía falta que lo hiciera, pensó el merino, pues él ya estaba al corriente. No le costó imaginar que la frase escuchada por su espía y la reunión de los dos altos dignatarios tenían relación. Ogaiz y sus secuaces aprovecharían el encuentro de los dos caballeros para atacarlos, raptarlos o matarlos, pero él se lo impediría.

Pasó toda la noche reunido con los San Sansón, disponiéndolo todo para repeler el posible ataque y antes del amanecer estaba apostado con éstos y parte de sus hombres más leales en los aledaños del palacio, vigilando la entrada, pero sin aproximarse demasiado para no despertar sospechas. A mediodía, en efecto, apareció Joan de Conflant acompañado de un discreto número de personas vestidas al modo de los comerciantes y algunos soldados y penetró en el edificio. Había tenido ocasión de verlo en un par de ocasiones, siendo lugarteniente del merino, y lo reconoció en cuanto lo vio. Hizo una seña a San Sansón para que estuviera vigilante mientras él se cobijaba en el portal de una casa al otro lado de la calle para observar sin ser visto y no alertar a los rebeldes. Los minutos transcurrían en una lentitud exasperante. Observaba el paso de la gente por delante del portal, deteniéndose, hablando, disfrutando del suave calor del sol que envolvía la villa en aquel día de primavera, mientras él se comía las uñas de impaciencia. Su corazón se paralizó cuando vio aparecer por la esquina del palacio, procedentes del puente de San Martín, a tres hombres. Dos de ellos le eran familiares, aunque no conseguía recordar dónde los había visto antes. El tercero, un caballero vestido como un alto dignatario de la Corte, le era desconocido por completo. Los tres penetraron en el edificio sin prisas, después de haber permanecido charlando unos instantes en el exterior y haber mostrado sus documentos al guarda de la puerta. Le preocupaba no recordar quiénes eran los dos primeros y, sin poder aguantar más, salió de su escondrijo y se dirigió al guarda.

–¿Quiénes eran esos hombres? –preguntó con brusquedad.

–Tres caballeros que tienen audiencia con el representante real –respondió el hombre, algo molesto por el tono del merino.

–¿Quiénes eran? ¡Maldita sea!

–Los señores Ogaiz, Ezquerra y Araia, comerciantes.

–¡Y una mierda! –gritó, alzando la mano para llamar a sus hombres, que acudieron a toda velocidad.

–¡Vosotros aquí, sin dejar salir a nadie! –ordenó a cuatro de ellos–. ¡Jacques! ¡Ives! ¡Conmigo!

Él y los San Sansón penetraron en el palacio y subieron a toda prisa las escalinatas, espada en mano, arremetiendo contra todo el que se cruzaba en su camino hasta llegar ante la puerta de la sala. La abrieron de una patada y entraron en ella.

–¡Daos presos en nombre del rey! –gritó el merino dirigiéndose a Orti y a los otros dos que se encontraban hablando con el señor de Conflant.

–Son ellos –susurró Juan de Araia al oído de éste.

–Me alegro de veros, señor Bertolín –saludó Conflant–. Estos caballeros acaban de comunicarme que un tal Joanes Periz de Zudairi, uno de los conjurados de Miluze, el más peligroso, se halla en esta población en estos momentos.

Roger Bertolín bajó el arma, pasmado al escuchar las palabras del caballero.

–¿Joanes Periz de Zudairi?

–Exactamente. Uno de los conjurados de Miluze, el más peligroso –repitió el representante real.

El merino no entendía nada. Su madre le había hablado de Orti Ogaiz, no del otro, aunque bien era cierto que en el mensaje entregado por el señor de Berrio no se mencionaba ningún nombre. ¿Acaso su madre se había equivocado de hombre?

–Sé que ha jurado vengar la muerte de sus compañeros y no me extrañaría que estuviera pensando en atentar contra mi persona –prosiguió Joan de Conflant–. Espero que hayáis previsto las suficientes medidas de seguridad.

–Olvidad a ese bandido, señor –dijo Roger ufano de sí mismo. Equivocado o no, no era cuestión de dejar pasar la ocasión y apuntarse un tanto–. Yo mismo lo hice colgar de un árbol y también a sus cómplices. Mis dos acompañantes son testigos del hecho.

Hubo un momento de silencio durante el cual la sonrisa se borró del rostro del consejero real.

–¡Detenedlos! –ordenó éste.

La orden fue rápidamente obedecida y varios soldados rodearon a los recién llegados.

–Quedáis detenidos por el asesinato de mi buen amigo Joanes y de toda su familia. ¡Lleváoslos! –ordenó nuevamente Conflant.

–¡Nadie va a llevarme a mí a ningún lado! –gritó Jacques de San Sansón.

Más rápido que su jefe, el antiguo merino se había dado cuenta de la situación al escuchar el nombre de Zudairi. Atacaron su torre y mataron a todos sin razón alguna. No estaba en ninguna lista de perseguidos, no había ninguna acusación contra ellos, aunque sí sabían que el montañés tenía buenos amigos y era un hombre respetado. Llevaban tiempo sin cobrarse un buen botín y creyeron que tendría riquezas ocultas en alguna parte, aunque no las encontraron a pesar de registrar la casa de arriba abajo. No tenían intención de matarlos, pero la arrogancia del cabeza de familia, llamándolos ladrones y amenazándolos con acudir al antiguo gobernador en persona, soliviantó los ánimos. Era preciso no dejar huellas ni posibles testigos.

–¡Prefiero morir a volver a ser encerrado!

San Sansón comenzó a batirse con los soldados ante los aterrorizados ojos de los comerciantes presentes y su hijo siguió su ejemplo, mientras Roger Bertolín miraba a unos y a otros como si fuera un espectador ajeno al drama que estaba teniendo lugar. Entonces se fijó en los dos hombres que había creído reconocer y que cubrían a Conflant con sus cuerpos. Uno de ellos, el más bajo, era el hijo de Oneka, el que había visto en el santuario cuando la procesión durante la sequía, pero ahora llevaba el rostro rasurado y una cicatriz cruzaba su mejilla desde la comisura del ojo hasta la del labio. Recordó al joven que se había presentado en casa de su madre y a quien ésta había acusado de ser un ladrón. Él lo había golpeado y mandado a la cantera. ¿Cómo diablos...? Su mirada se posó en su compañero y la sangre desapareció de su rostro. Era el hombre que se había hecho pasar por francés, los había arruinado y se había llevado a su hermana Blanca.

–¡Esto es obra vuestra! –gritó–. ¡Hijos de puta!

Ciego de ira, arremetió contra ellos, levantando nuevamente la espada, pero su carrera se vio súbitamente interrumpida por la pica de uno de los soldados. Atónito, contempló el asta que emergía de su vientre, miró al soldado, miró a sus dos enemigos que observaban la escena sin la menor expresión en sus rostros y cayó al suelo. Jacques e Ives de San Sansón habían muerto poco antes con los cuerpos atravesados por una docena de estocadas. La acción y su desenlace habían transcurrido en apenas unos minutos.

–Lo siento, caballeros –dijo el señor de Conflant, dirigiéndose a los comerciantes parapetados detrás de mesas y sillas–. Podemos continuar con nuestra reunión en la sala contigua.

Los comerciantes, representantes de los gremios de la villa, convocados por Conflant para tratar sobre un nuevo impuesto que el rey pretendía imponer, no se lo hicieron repetir y salieron de la sala a toda prisa, procurando no pisar los charcos de sangre que poco a poco iban extendiéndose por el entarimado.

–Estábais en lo cierto, señor de Araia –dijo después tendiendo la mano al de Egino–. Llevad mis saludos a vuestro tío y decidle que se meta en política y deje de atacar a los campesinos de la Burunda.

–Así lo haré, señor –respondió Araia sonriente–, pero ya sabéis que es un alavés muy obstinado.

–Caballeros...

Joan de Conflant saludó con una inclinación de cabeza dirigida a Orti y a Daniel, y salió de la habitación seguido por los soldados de su escolta. Los tres amigos permanecieron un rato contemplando los cadáveres tendidos en el suelo antes de abandonar ellos también el lugar.

Su plan había funcionado tal y como ellos esperaban. Orti y Daniel habían escuchado decir en alguna ocasión a Joanes Periz de Zudairi que el entonces gobernador de Navarra era amigo suyo, una amistad mantenida a pesar de que el montañés también reflexionó en voz alta con cierto desdén sobre los navarros vendidos a los franceses que no defendían las libertades de su pueblo. Vestido con las ropas utilizadas para visitar a la viuda Bertolín, Juan de Araia cabalgó hasta Pamplona y solicitó una audiencia, que le fue concedida al mencionar su parentesco con el alcaide de Eginoa y notificar la muerte del señor de Zudairi. La pena por la muerte del amigo se trocó en cólera cuando Conflant supo que un oficial de la Corona era culpable de la misma. Su primera reacción fue ordenar su inmediata destitución y arresto, pero Araia se lo desaconsejó.

–Lo negará –afirmó–, dirá que fueron los linajes de la frontera.

–Ordenaré que lo torturen.

–Mejor sería que él mismo confesara su fechoría –insinuó el alavés con la suavidad y el tacto aprendidos en los años pasados en el monasterio.

–No veo cómo iba a hacerlo de buen grado...

–¿Tenéis intención de viajar a Estella por algún motivo?

–Pues sí, la tengo –respondió Conflant, sorprendido por el giro de la conversación–. Deseo entrevistarme con los representantes de los gremios de las villas más importantes del reino, y Estella es una de ellas, pero no se trataría en ningún caso de un viaje oficial. Digamos que serían más bien unos encuentros informales para sopesar de manera personal hasta qué punto estarían las villas dispuestas a soportar un nuevo impuesto para la campaña de nuestro rey contra las pretensiones del rey de Francia.

Carlos de Navarra había abandonado Navarra poco después de haber sido coronado, instalándose en la corte francesa y esperando recibir los máximos honores por ser el yerno de Juan II, pero éste volcó su favor en el hijo de un antiguo amigo, Alfonso de la Cerda, infante de Castilla, nombrándolo condestable de Francia. Este hecho, añadido al impago de la dote debida al rey navarro por su matrimonio y al incumplimiento de lo prometido a su madre por la cesión a la Corona francesa de los condados de Champagne y Brie, desembocó en el asesinato del condestable y el enfrentamiento entre suegro y yerno. Todo hacía presagiar una guerra en Normandía entre franceses y navarros, estos últimos apoyados por los ingleses, y, como siempre, hacía falta dinero.

–Si vos me comunicáis la fecha de vuestra presencia en Estella –dijo Juan de Araia reconduciendo la conversación hacia el tema que le interesaba–, yo me encargaré de que Roger Bertolín se presente y confiese su crimen.

A la espera del aviso y una vez lanzado el cebo con la carta falsa entregada a la pañera, los tres amigos se habían limitado a montar la comedia. Sabiéndose espiados por los hombres del merino, entraban y salían de la casa disfrazados de formas diversas, deteniéndose delante de la puerta para ser mejor vistos, hablando en voz baja, dando la impresión de estar conspirando. Oneka y Ane observaban sus manejos estupefactas y recibiendo un "ya lo veréis" como respuesta a sus preguntas.

El aviso llegó puntual y Juan se entrevistó en Zalatambor con el señor de Conflant la misma tarde de su llegada, aconsejándole enviar un mensaje al merino para asegurar su presencia en el palacio al día siguiente, aunque sin dar detalles sobre el plan trazado por sus amigos y él, y mucho menos sobre la carta falsificada que Bertolín había recibido semanas antes. El resto se había desarrollado como esperaban.

–Mi tío ha sido vengado –dijo Orti al salir del palacio.

–Y también tu padre y los míos –replicó Daniel–. ¿Cómo te sientes?

–No siento nada, ni pena ni alegría. ¿Y tú?

–Dormiré sin malos sueños por primera vez desde hace muchos años.

–¿Puedo ahora pedirle a Ane que se case conmigo? –preguntó Juan de Araia provocando la sonrisa de sus amigos.

–¿Qué puede ofrecerle alguien como tú? –le interrogó Orti, aparentando severidad–. No tienes dónde caerte muerto.

El hombre se detuvo y, ante la sorpresa de los otros dos, entonó una conocida canción con voz ronca y algo desafinada:

Robaré las estrellas para ella,
la meceré en mis brazos
y dormiré a su lado
hasta que la muerte llame a mi puerta.

–¡Y os moriréis de hambre si eso es todo lo que piensas hacer para mantener a una familia! –rió Orti, dándole un pescozón.

Mientras cruzaban el puente, Daniel dirigió su mirada hacia Olgacena. Tal vez era ya hora de regresar con los suyos y cumplir la promesa hecha a su tío.

Ajena a lo que estaba ocurriendo a pocos pasos de su casa, doña Aldonza había tomado una decisión sin esperar a consultarla con Roger. Sabía lo muy preocupado que éste estaba por la misión encomendada y no deseaba distraer su pensamiento, pero, puesto que aquel mismo día el bandido Orti Ogaiz sería apresado y tal vez muerto, no era necesario esperar más. Mientras su hijo planeaba con sus dos hombres los pasos a seguir en la propia cocina de su casa, ella había salido y se había dirigido a una taberna de la Rúa. A pesar de censurar la existencia de lugares en los que los hombres se emborrachaban, decían obscenidades y mantenían relaciones con mujeres de la vida, tenía amistad desde hacía años con el dueño de la tasca, el cual le proveía el vino que guardaba en su pequeña bodega. Allí, sentados los dos en un oscuro rincón del antro, trató del tema con él de manera confidencial. Le explicó que Roger tenía un hijo cuya madre era una perdida, una zafia labradora del barrio viejo de Lizarra que tenía al niño poco menos que secuestrado.

–Convendréis conmigo, maese Martín, que aquél no es lugar para que un Bertolín se críe.

–Estoy de acuerdo, doña Aldonza –afirmó el tabernero, padre de seis hijos a los cuales criaba a tortazos.

–La solicitud de la patria potestad está ya en curso, pero no puedo dejar de pensar en lo que estará sufriendo la pobre criatura en manos de esa mujer y de la madre de ésta, una bruja a la que habría que quemar en la hoguera.

–Es ley de Dios que los vecinos se ayuden, si en algo pueden valeros mis servicios...

–Hace años os pedí un par de hombres para hacer un trabajo...

–Y creo recordar que no hubo quejas por vuestra parte.

–No, en efecto. Fue un trabajo perfecto. Ahora necesitaría a otros dos hombres para llegarse hasta Lizarra y traerme a mi nieto.

–El rapto de un niño...

–¡No es un rapto! –le interrumpió doña Aldonza algo nerviosa–. Quiero a mi nieto y lo quiero ahora. Mi hijo y yo misma tenemos tantos derechos o más que aquellas dos desgraciadas.

–Aun así, es algo arriesgado y habrá que pagar.

–Pagaré.

–¿Y si los pillan?

–¿Olvidáis que Roger es el merino de Estella? –preguntó ella a su vez en un tono de triunfo.

–Volved a vuestra casa, señora. Dentro de un rato os enviaré a dos hombres de mi confianza.

De regreso, al pasar por delante del palacio del burgo, doña Aldonza observó una agitación fuera de lo común. La gente hablaba en corrillos y una tropa de soldados custodiaba el lugar no permitiendo la entrada a nadie y no respondiendo a ninguna pregunta de los curiosos. Escuchó a sus vecinos decir que unos hombres habían intentado atentar contra un representante del rey y habían sido muertos. Sonrió orgullosa, a punto de estallar de satisfacción. Su Roger había tenido éxito. Sintió de pronto necesidad de dar las gracias a Dios por sus bondades y subió a San Pedro de la Rúa, penetrando en su interior, pero sin demorarse demasiado porque los hombres enviados por el tabernero podrían llegar en cualquier momento.

–Gracias, Señor; gracias, San Andrés –dijo poniéndose de rodillas y cruzando las manos–, por permitir que mi querido hijo alcance la gloria y por devolverme a mi nieto.

Se sentía generosa y, antes de abandonar la iglesia, pagó dos dineros de sueldo a la vieja de las velas y encendió una en honor a su santo preferido.

La gente continuaba arremolinada frente a la puerta del palacio, pero no se detuvo. Sabría todo sobre lo acontecido de primera mano en cuanto Roger regresara a casa. Probablemente no lo haría hasta la noche y para entonces su hijo estaría ya en su hogar, esperándolo. Habría que cambiarle el nombre, pensó mientras oreaba una vez más la antigua habitación de Blanca. Semeno era vulgar y campesino. El hijo del merino y futuro noble debía portar un nombre elegante, digno de su posición. Recordó que Roger deseaba llamar Felipe al hijo malogrado de su primera mujer, pero ahora había otro rey. Carlos sería el nombre perfecto para él. Serían una familia de nuevo. Ane y Oneka también volverían a su casa porque no querrían separarse del niño y porque ¿qué harían ellas solas en la casona del barrio viejo?, ¿de qué vivirían? Estaba dispuesta a olvidar, a perdonarlas, sobre todo a la ingrata de Oneka que tan mal le había pagado sus atenciones.

Los dos hombres enviados por el tabernero aparecieron poco después de que ella hubiese llegado a su casa. Tenían apariencia de labradores sin trabajo y, al parecer, no eran de Estella. Su aspecto era de gente honrada a pesar de la encomienda que estaban a punto de llevar a cabo. Había muchos como ellos, sin trabajo, con familias a su cargo, dispuestos a realizar los trabajos más ingratos o menos recomendables con tal de poder comprar algo de comida para los suyos. Les informó con todo detalle sobre todos los aspectos que atañían al caso: la ubicación de la casa, el físico de las dos mujeres que vivían en ella y, sobre todo, el del niño. Para estar completamente segura de que le habían entendido, les mostró el retrato de Roger pintado cuando era un niño.

–Es igual, exacto, a éste –insistió para que no quedase la menor duda.

También les hizo prometer que abandonarían la villa en cuanto le hubieran entregado a su nieto y les mostró la bolsa repleta de monedas de plata que les entregaría cuando regresaran con el niño. Los hombres abrieron la bolsa para comprobar su contenido, quedándose boquiabiertos ante la súbita fortuna que les caía del cielo, y salieron disparados hacia Lizarra.

A media tarde estaban de vuelta con Semeno.

La tarea no había sido nada difícil, según le explicaron. Reconocieron al chaval en cuanto lo vieron jugando con una niña, cerca del lugar indicado. Estuvieron observándolos durante un rato hasta que salieron corriendo por detrás de la iglesia, desapareciendo de la vista. Los siguieron y los encontraron subidos a una vieja higuera, ya seca, algunas de cuyas ramas tocaban el suelo. A la niña la dejaron amarrada al árbol con la boca tapada por una tira de tela. No les costaría mucho a sus parientes encontrarla en el momento en que la echaran en falta. Al niño lo amenazaron con cortarle la lengua si se le ocurría gritar pidiendo auxilio.

–Los críos se asustan fácilmente, pero no le hemos tocado ni un pelo –casi se disculparon.

Doña Aldonza les entregó la bolsa de las monedas y los despidió después de hacerles jurar una vez más que jamás regresarían a Estella. Cerró la puerta por dentro con la tranca en cuanto los dos hombres hubieron salido y se encaró al niño. Semeno se había agazapado en un rincón, entre el llar y el muro, y la contemplaba con ojos asustados y el atizador entre las manos.

–No temas nada, hijo –le dijo sonriendo e intentando que su voz sonara lo más amable posible–. Ésta será tu casa de ahora en adelante. Ya verás lo bien que lo pasas. Tu padre vendrá dentro de poco.

–¿Quién eres tú? –preguntó el chaval sin dejar su refugio.

–Soy tu abuela.

–¡Tú no eres mi abuela! –gritó Semeno–. ¡Mi abuela se llama Oneka y vive en Lizarra!

–Todos los niños tienen dos abuelas, ¿no lo sabías? Yo soy tu otra abuela, la madre de tu padre.

–¡Yo no tengo padre!

–Sí, claro que lo tienes. Se llama Roger Bertolín y es un hombre muy importante.

No hubo manera de sacar a Semeno del rincón ni lograr que dejara el atizador, por mucho que doña Aldonza intentó convencerlo, le ofreció bizcochos y leche, y le habló con toda la suavidad de la que fue capaz. El chaval respondía con gritos, llamando a su madre y a su abuela, moviendo el hierro con una furia extraordinaria para su tamaño cada vez que ella intentaba aproximarse a él.

–Si quieres quedarte ahí el resto de tu vida, por mí puedes hacerlo, ¡pequeño salvaje! –exclamó finalmente perdiendo la paciencia–. Tu padre se encargará de sacarte de ese rincón y darte una buena zurra.

La mujer se sentó en una banqueta junto a la puerta y decidió esperar la llegada de su hijo. El sol se había puesto y no había señales de Roger. ¿Por qué tardaba tanto? Seguro que estaría festejando su victoria en compañía del alto dignatario o se habría ido a beber a alguna taberna en compañía de aquellos dos hombres horribles que no le gustaban ni pizca. Tendría que hablar con él y aconsejarle que, en su nueva posición, no era conveniente que se hiciera acompañar de gentes tan poco recomendables. Luego trató de pensar en cosas más agradables sin conseguirlo. Los enormes ojos verdes del niño estaban clavados en ella. No había ya miedo en ellos, sino furia. A pesar de su gran parecido con Roger, en aquel momento le recordó a Oneka en las ocasiones en las que se había enfrentado a ella y dicha constatación le provocó un gran desasosiego. Había esperado aquel momento con ansiedad, imaginándose que la criatura se echaría a sus brazos, oyéndose llamar abuela por primera vez en su vida. En lugar de ello, allí estaban los dos, ella sentada en un rincón, sobre una banqueta, y el crío en la otra esquina, sucio de cenizas y con el atizador firmemente sujeto entre sus manos. Unos golpes en la puerta interrumpieron sus pensamientos. ¡Roger, por fin! Se apresuró en quitar la tranca y a abrir la puerta pero, en lugar del hijo amado, se encontró cara a cara con su antigua sirvienta.

–¡Oneka!

Habían tardado en percatarse de la desaparición de los dos niños, encontrando a Zuria amordazada y atada al árbol al poco de iniciar la búsqueda. La niña les contó entre hipos lo ocurrido y ella no tuvo que meditar mucho sobre el asunto para imaginarse quién había contratado a dos hombres con el encargo de robarle a su nieto, la misma persona que años atrás había obrado de igual forma para llevarse a Ane lejos de su lado. Ésta era presa de un ataque de nervios, lloraba a gritos llamando a su hijo y no había manera de calmarla. No sabían dónde estaban los hombres de la casa y tampoco había tiempo que perder. Dejó a su hija y a Zuria al cuidado de María, la vecina, no se entretuvo en colocarse la toca ni en cambiarse el delantal y bajó a paso veloz en dirección al burgo. Llevaba en un bolsillo de su saya el pequeño cuchillo de su marido que no dudaría en utilizar si alguien se interponía entre ella y su nieto. Al cruzar la plaza del Mercado Nuevo, la detuvo una conocida para ponerle al corriente de algo que se había sabido momentos antes: el merino había sido muerto por los soldados al intentar atacar al anterior gobernador en el palacio del burgo de San Martín. También habían muerto otros dos hombres. Sintió que su corazón dejaba de latir al escuchar la noticia.

–¿Se conoce el nombre de los otros dos? –preguntó casi en un susurro, pensando en Orti y Daniel.

–Un antiguo merino y su hijo –le informó la mujer–. Mala gente que ya una vez fueron presos.

Estuvo a punto de echarse a llorar de la emoción, pero se contuvo, se excusó aduciendo sus prisas y se despidió de su informadora. Así pues, todo aquel ir y venir de los hombres de su casa, sus conversaciones a media voz, su agitación, tenían algo que ver con la súbita muerte de Bertolín y los San Sansón. No sabía cómo lo habían hecho, ni podía siquiera imaginarlo, pero estaba segura de que había sido cosa de ellos. Antes de darse cuenta, había llegado a la rúa de San Nicolás y se encontraba delante de la vivienda de doña Aldonza, penetrando en ella sin que la pañera ofreciera resistencia alguna, tan anonadada estaba por su presencia.

–Juré no volver a poner los pies en esta casa –Oneka hablaba con calma, aunque su tono era cortante–, pero he roto mi juramento para venir en busca de mi nieto. ¡Semeno!

El niño apareció corriendo y se asió con una mano a la mujer mientras continuaba agarrando el atizador con la otra. Doña Aldonza reaccionó al verlos juntos y se interpuso entre ellos y la puerta de salida.

–¡Es tan mío como tuyo! –gritó–. ¡Ésta es su casa!

–Este niño se llama Semeno Ogaiz, su casa es la de sus antepasados y está en Lizarra.

–¡No saldréis de aquí! Mi hijo va a llegar y él se encargará de poner las cosas en su sitio.

Oneka miró a la que durante tantos años la había humillado, había utilizado a su hija de rehén y se había atrevido a contratar a dos matones para llevarse al niño, pero no había odio en su corazón, tampoco triunfo ni satisfacción vengativa, sino una inmensa pena.

–Roger ha muerto.

–¡Mientes!

Su hijo, su Roger del alma, no podía estar muerto. Ella lo había salvado de la peste, la muerte no había podido nada contra él, Dios y San Andrés lo protegían. En aquellos instantes estaba hablando con el señor de Conflant, recibiendo la recompensa por haber acabado con unos criminales peligrosos. En cualquier momento aparecería por la puerta, le daría un par de besos en las mejillas y se sentaría a su lado, junto al fuego, para hablar de la jornada y hacer planes para el futuro.

–¡Eres una embustera, hija del diablo! ¡Tu alma arderá en el infierno para toda la eternidad!

Oneka no respondió, la apartó suavemente a un lado y salió llevando al niño bien sujeto de la mano. Doña Aldonza salió tras ellos, dispuesta a retenerlos por todos los medios, pero se detuvo. Un buen número de vecinos se había concentrado delante de su casa. Pudo leer en sus miradas lástima, desprecio y hasta indiferencia, y entonces supo que la mujer había dicho la verdad. Roger estaba muerto. Se llevó las manos a la boca para ahogar un grito de horror y dolor, y entró de nuevo en la casa, cerrando la puerta tras de ella.

–Abuela, ¿quién era ésa? –preguntó Semeno cuando ya llevaban un trecho andado.

–Una mujer desgraciada.

–¿Por qué desgraciada?

–Porque está sola, siempre lo ha estado.

Las figuras de Oneka, algo encorvada, y el niño, que iba dando saltos y tiraba de su abuela, desaparecieron cuesta arriba por la estrecha calleja justo antes de que el toque de queda sonara en la noche y los portales de las poblaciones de Estella se cerraran con un golpe seco, retumbando como un aldabonazo fúnebre en la casa de la rúa de San Nicolás y la señal de un nuevo amanecer en la casona de Lizarra.

Cronología

1328 1 de febrero: Muerte de Carlos I *el Calvo* de Navarra (también llamado Carlos IV *el Hermoso* de Francia).

5 de marzo: Matanza de judíos en Estella, Funes y San Adrián.

13 de marzo: Reunión de infanzones en Gares, Puente de la Reina, en la que se decide ofrecer la Corona de Navarra a doña Juana II y Felipe de Evreux.

1329 5 de marzo: Juramento de los nuevos reyes de Navarra en Pamplona.

5 de mayo: Coronación de Juana II y Felipe de Evreux de Navarra.

1330 10 de septiembre: Aprobación de la reforma del Fuero Antiguo, conocida como Amejoramiento.

1343 26 de septiembre: Muerte de Felipe de Evreux, rey de Navarra, en Algeciras.

1348 Primavera: Llegada a Navarra de la peste negra, conocida como la "gran mortandad".

1349 6 de octubre: Muerte de Juana II, reina de Navarra, en Conflans (Francia).

1350 27 de junio: Coronación de Carlos II de Navarra en Pamplona.

1351 Descabezamiento de la Junta de Miluze: ocho hombres fueron ahorcados y dos más despeñados por orden de Carlos II.

Bibliografía

CON LOS JUDÍOS DE ESTELLA
P. Fernando de Mendoza
Príncipe de Viana, 1951

ESTELLA
Javier Itúrbide Díaz
Dirección General de Cultura-Institución Príncipe de Viana
del Departamento de Educación y Cultura, 1996

ESTELLA Y SUS CALLES
José María Jimeno Jurío
Altafaylla Kultur Taldea, 1997

HISTORIA DEL REINO DE NAVARRA EN LA EDAD MEDIA
José María Lacarra
Caja de Ahorros de Navarra, 2000

HISTORIAS ANTIGUAS Y CONTEMPORÁNEAS
DE LA CIUDAD DE ESTELLA
Juan Satrústegui
Editorial Verbo Divino, 1990

LA MUERTE EN NAVARRA A TRAVÉS DE LOS SIGLOS
Fernando Videgáin Agós
Autoedición, 1992

LOS NAVARROS ANTE EL HAMBRE, LA PESTE,
LA GUERRA Y LA FISCALIDAD
Peio J. Monteano
Universidad Pública de Navarra, 1999

NAVARRA, ESTELLA
Enciclopedia General Ilustrada del País Vasco
Editorial Auñamendi

SINAGOGA Y MERCADO
Juan Carrasco
Gobierno de Navarra, 1993

Índice

LA ABADESA

María, la Excelenta.

María Esperanza, la abadesa del monasterio de Nuestra Señora de Gracia, descubre que es la hija ilegítima de Fernando el Católico.

LA COMUNERA

María Pacheco, una mujer rebelde.

La historia de amor de María Pacheco y Juan de Padilla, los líderes de la revuelta de las Comunidades de Castilla.

LA VOZ DE LUG

La epopeya del pueblo astur.

Año 25 a.C. La resistencia del pueblo astur frente a la invasión de las tropas del emperador Augusto.

LA HERBOLERA

Una joven curandera acusada de brujería.

Catalina de Goiena, hija y nieta de curanderas, se ve involucrada en una cruel caza de brujas.

SEÑOR DE LA GUERRA

Señores y vasallos en el siglo XV.

Durante más de dos siglos, las luchas de bandos asolaron las tierras enfrentando a gamboínos y oñacinos.

LA CADENA ROTA

Una familia vasco-francesa enfrentada en la época de la Revolución.

Al final del siglo XVIII, durante la Revolución Francesa, un pequeño pueblo fronterizo se convierte en exilio obligado de sacerdotes y contrarrevolucionarios.

LAS TORRES DE SANCHO

La vida del rey Sancho el Mayor de Navarra.

Durante los 31 años de su reino, Sancho «el Mayor» de Navarra debe enfrentarse a muchos problemas e intrigas.

LA CALLE DE LA JUDERÍA

Una familia judeoconversa en el siglo XV.

Vitoria, siglo XV. Las vidas opuestas de dos hermanos de procedencia judía, Yosef y Jonah.

EL JARDÍN DE LA OCA

Un libro que te acompañará en el Camino de Santiago.

Esta apasionante novela nos presenta a tres personajes empeñados en descifrar las claves del misterioso Jardín de la Oca.

EL VERDUGO DE DIOS

Un inquisidor en el Camino de Santiago.

En el Camino de Santiago coinciden personas de las más diversas creencias y culturas, cátaros, templarios o constructores, pero también Robert Lepetit, un cruel inquisidor. Durante el viaje, todos ellos experimentan amor y pasión, crimen y devoción, y las consecuencias de la complicada situación política.

A LA SOMBRA DEL TEMPLO

Intriga y conspiración en la ciudad de Vitoria.

A comienzos del año 1522 Vitoria se convierte por unos meses no sólo en la capital del reino, sino también en el centro de la cristiandad. La ciudad está desbordada por la llegada de miles de personas y la situación se complica aún más cuando un constructor del templo de Santa María de Vitoria es asesinado.

LA UNIVERSAL

Unos personajes inolvidables con ingenio para sobrevivir en el Madrid de principios del siglo XX.

Esta novela narra la investigación de una misteriosa desaparición, y hace un retrato agridulce del Madrid de la época en el que nos deleita con una serie de personajes inolvidables dotados de un gran ingenio para adaptarse a su situación.